TECENDO RESISTÊNCIAS

TRINCHEIRAS CONTRA
A VIOLÊNCIA POLICIAL

EDITORA AFILIADA

Coordenadora do Conselho Editorial de Serviço Social:
Maria Liduína de Oliveira e Silva

Conselho de Livros:
Ademir Alves da Silva
Elaine Rossetti Behring
Maria Lucia Silva Barroco
Ivete Simionatto

Dados Internacionais de Catalogação na Publicação (CIP)
(Câmara Brasileira do Livro, SP, Brasil)

Fernandes, Francilene Gomes
  Tecendo resistências : trincheiras contra a violência policial / Francilene Gomes Fernandes. – São Paulo : Cortez, 2024.

  Bibliografia.
  ISBN 978-65-5555-456-4

  1. Movimentos sociais - Brasil 2. Policiais - Atitudes - Brasil 3. Segurança pública - Brasil 4. Violência - Aspectos sociais - Brasil 5. Violência policial - Brasil I. Título.

24-203771   CDD-363.2320981

Índice para catálogo sistemático:

1. Brasil : Violência policial : Problemas sociais   363.2320981

Cibele Maria Dias - Bibliotecária - CRB-8/9427

FRANCILENE GOMES FERNANDES

TECENDO RESISTÊNCIAS

TRINCHEIRAS CONTRA A VIOLÊNCIA POLICIAL

São Paulo – SP

2024

TECENDO RESISTÊNCIAS: TRINCHEIRAS CONTRA A VIOLÊNCIA POLICIAL
Francilene Gomes Fernandes

Direção editorial: Miriam Cortez
Coordenação editorial: Danilo A. Q. Morales
Assessoria editorial: Maria Liduína de Oliveira e Silva
Assistente editorial: Gabriela Orlando Zeppone
Preparação de originais: Silvana Cobucci
Revisão: Ana Paula Luccisano
      Tuca Dantas
      Tatiana Tanaka
Diagramação: Linea Editora
Capa: Desígnios Editoriais/ Maurelio Barbosa
Foto de capa: Ponte Jornalismo

Nenhuma parte desta obra pode ser reproduzida ou duplicada
sem autorização expressa da autora e do editor.

© 2024 by Autora

Direitos para esta edição
CORTEZ EDITORA
R. Monte Alegre, 1074 – Perdizes
05014-001 – São Paulo-SP
Tel.: +55 11 3864 0111
editorial@cortezeditora.com.br
www.cortezeditora.com.br

Impresso no Brasil – junho de 2024

Sumário

Prefácio 7
Introdução 15

CAPÍTULO I A gênese da polícia militar no Brasil 19

1. A origem da polícia militar: compreendendo a constituição da lógica da violência institucional 19
   1.1. A polícia e a questão social 30
   1.2. A história da polícia militar brasileira: compreendendo a especificidade deste modo de ser da polícia 34
   1.3. A polícia militar do estado de São Paulo, sua gênese e constituição 44
   1.4. A gênese da militarização no Brasil 46
   1.5. A violência policial como expressão da militarização da vida 63
   1.6. O genocídio como expressão da necropolítica brasileira..... 83

CAPÍTULO II Movimentos sociais e mídias alternativas no enfrentamento da violência policial 118

1. Breve resgate histórico das teorias dos movimentos sociais na contemporaneidade 118
2. Movimentos sociais no contexto brasileiro, alguns elementos de análise 131

3. Movimento Mães de Maio: a transformação do luto em luta 142

4. Mães de Osasco.......... 150

5. Mídias alternativas contra-hegemônicas 153

6. Mídia e resgate histórico 154

7. Mídia hegemônica brasileira.......... 166

8. Mídias alternativas, estratégia de resistência.......... 176

CAPÍTULO III Movimentos sociais e mídias alternativas, articulação imprescindível no enfrentamento da violência policial.......... 184

1. Violência policial.......... 186

    1.1. Compreensão da violência policial.......... 187

    1.2. Percepção sobre a violência policial no Brasil e em São Paulo 193

    1.3. Desafios impostos por essa violência.......... 197

2. Enfrentamento da violência policial.......... 202

    2.1. Percepção sobre a mídia brasileira 207

    2.2. Função da mídia hegemônica para a violência policial.......... 210

    2.3. Mídia radical alternativa e sua função social 213

3. Articulação entre os movimentos sociais e as mídias alternativas.......... 217

    3.1. Quais mídias radicais alternativas apoiam os movimentos no enfrentamento da violência policial?.......... 217

    3.2. Sobre a articulação entre mídias alternativas e movimentos sociais no enfrentamento da violência policial.......... 219

Conclusão.......... 223

Referências 233

Prefácio

Tomo a liberdade de neste prefácio aumentar a lente do *zoom* para a pesquisadora, sem que esta opção traga algum prejuízo no que se refere à qualidade e à fecundidade das reflexões desenvolvidas por Francilene Gomes Fernandes, balizadas na banca de defesa da tese, assim como sua produção teórica e militante ao longo de sua trajetória profissional. Priorizar a pesquisadora tem a ver com sua representação social e o fato de ela própria ser sobrevivente de familiares de vítimas fatais da violência de Estado. Sua imersão nos estudos sobre violência, desde a graduação, quando foi minha aluna e participou do Núcleo de Violência e Justiça, sob minha coordenação, está diretamente vinculada à exposição cotidiana nos territórios violentos desta metrópole. Mulher negra, casada, hoje mãe de três filhos, trabalhadora assalariada, assistente social de formação, com mestrado e doutorado em Serviço Social pela PUC-SP, cuja centralização dos processos investigativos está no campo da Ética e Direitos Humanos, Violência de Estado, via Polícia Militar, genocídio de jovens negros e pobres. Jovens como sua irmã, morta na violência urbana, e o irmão, vítima de desaparecimento forçado desde 2006, no período de 12 a 18 de maio de 2006 — Crimes de Maio. Vida marcada e remarcada pela violência fatal do Estado.

Análises, reflexões teóricas e políticas estão dimensionadas neste livro, na medida em que busca o resgate histórico da Polícia Militar, dos movimentos sociais e da imprensa desde os primórdios e foca as mídias alternativas, o que responde aos seus anseios pela socialização do conhecimento, transparência nas notícias e formação democrática e ampliada dos segmentos sociais alvos da arbitrariedade, do abuso de poder e da exploração do grande capital. Teoria social crítica é sua referência, sua base substantiva para desenvolver sua redação qualitativa e analítica. Também a sustenta no distanciamento necessário entre ser sujeito pesquisador e sujeito pesquisado.

Delineia os traços autoritários e hierárquicos da Polícia Militar, marca o uso exacerbado da força e do poder que a autoridade instituída a este órgão e aos seus agentes institucionais foram definidos pela CF, as legislações. Ostensividade em detrimento de prevenção, proteção e segurança do universo populacional e, principalmente, aos segmentos sociais mais expostos às desigualdades sociais e à violência e suas diferentes expressões; as vítimas fatais são adolescentes, jovens pobres e negros. Braço do Estado alinhado com a defesa do capital e, que segundo Ianni (2004a), nestes termos se divorcia da sociedade, se omite ou se retira de sua responsabilidade para com a execução correta e precisa das políticas públicas junto aos seus demandantes prioritários, os trabalhadores.

Para os movimentos sociais e as mídias alternativas se centraliza nas demarcações dos processos de resistência e lutas sociais diante das raízes do pensamento autoritário, do avanço do conservadorismo e da violação de direitos humanos. Sujeitos que se mobilizam e se organizam politicamente para enfrentarem ações estatais e governamentais pelo uso da força e não da política, dos atos, decretos e leis produzidos, burocraticamente, sem o incentivo à participação social e, principalmente, que respondam de forma efetiva aos direitos sociais e políticos conquistados, escritos na letra da lei e com distanciamento abismal do movimento do real, com o rebatimento mais pesado sobre aqueles que vivem do trabalho e outros milhões determinados à mera sobrevivência diária.

Retomando a primazia pretendida neste prefácio, ressaltamos que na singularidade desta mulher/trabalhadora/pesquisadora e militante, temos mais referências para perceber por onde são traçados vínculos, laços de amizade, solidariedade entre os parceiros políticos nas relações sociais na sua expressão entre os sujeitos individuais, na microscopia do cotidiano. Vínculos desenvolvidos, fortalecidos mutuamente e que impulsionam ações, denúncias coletivas, atividades, projetos políticos, busca de alianças visando minimizar o sofrimento psíquico — afetivo, o ético e o político. Aprender e reaprender a administrá-los para seguir adiante frente ao aviltamento da violação de direitos a que, como familiares de vítimas fatais, vivem nas peregrinações institucionais na busca por justiça; ou no mínimo, a realização de investigação policial rigorosa, instauração de inquéritos policiais, julgamentos justos. Entre 1985 e 2015, o Ministério Público Federal identificou a não investigação de 95% dos homicídios; nos dias de hoje, o estado de São Paulo soma 65%.

Redes primárias e secundárias saltam na escrita de Fran como elementos fundamentais para suportar os sentimentos de injustiça, indignação, revolta e a própria lucidez enquanto sobrevivente de homicídio/desaparecimento forçado pelo Estado. Provoca a academia para fazer-se presente diante da pesquisa e produção de conhecimento desta realidade por dentro, pela lógica interna das tramas da violência, conhecida pela observação ou vida nestas regiões determinadas por todos os feixes de forças sociais entre Estado, grupos do crime organizado, o narcotráfico e suas formas de domínio nos condomínios populares, nas favelas, nos quarteirões dos bairros periféricos, na delimitação de territórios dominados, cuja convivência tem regras e dinâmicas estabelecidas por estes grupos e na articulação com a ausência/conivência do Estado.

Enquanto mulher que é, também assumiu as demandas do trabalho "invisível", o dos cuidados, gerenciamento da vida doméstica em família e da vida conjugal. Apoio mútuo com seu pai e sua mãe, tal o enredamento a que ambos foram postos diante da morte violenta de dois filhos, irmãos de Fran. Desenvolveu um câncer importante, administrado e não superado. Transformou-se e foi transformada em militante política junto ao coletivo das "Mães de Maio" e suas demais células na Região Metropolitana de São Paulo. Coletivo, enquanto força social feminina no enfrentamento do Estado para alçar justiça diante de seus familiares vítimas de mortes violentas. Como assistente social concursada, tem atividades concentradas com as vítimas de violência doméstica e urbana. Participa do CRESS-SP, em diferentes cargos e ocupações, preocupada que é com a qualificação, competência e ética profissional no exercício da profissão.

Descrição toda para marcar como uma mulher negra jovem, filha de família daqueles que vivem do trabalho, imersa em relações violentas estruturais e estatais vai conquistando os lugares sociais de profissional de nível universitário, docente e pesquisadora, e na sua singularidade esta condição de vida só foi e é possível estar presente em todos os espaços e lugares porque buscou e constituiu inúmeras redes de familiares, amigos e amigas de maior proximidade, e todas as criadas no mundo do trabalho, na docência e como profissional para que a vida pudesse ter sentido, para que a força interior fosse energizada e renovada para manter-se nas lutas sociais e, principalmente, no fortalecimento pessoal e de sua inserção e permanência nos coletivos citados de que participa e faz disso sua linha de pesquisa e de processos investigativos sociais, com vista a produzir conhecimento socializado com as parcerias das lutas populares e as do mundo acadêmico e profissional.

Nenhuma linearidade nesta trajetória de vida, pelo contrário, sempre carregada de contradições e conflitos éticos e políticos diante de tantas e intensas demandas, muito semelhante a outras mulheres em condições de vida com duplas ou triplas jornadas de trabalho. As inclusas nos segmentos sociais mais vulneráveis, estes elementos se tornam mais complexos quando articulados com o fato de serem negras e pobres. A invisibilidade forçada destas condições de vida é fruto da naturalização imposta e decantada pelos discursos patriarcais internalizados e incorporados nas e pelas organizações, reproduzidos diariamente. Prevalece a igualdade formal entre homens e mulheres, entre brancos e negros, entre pobres e os que têm maior poder aquisitivo. O mundo da produção do conhecimento científico não ficou distante nem se libertou destes marcadores históricos. Um dos exemplos desta situação refere-se aos prazos rigorosos das agências de fomento de pesquisa. Prazos estes nem sempre consoantes com as desigualdades de gênero. Vida produtiva e reprodutiva são distintas, mas articuladas num mesmo sujeito pensante e podem ocorrer de forma concomitante, para homens, mulheres e todos e todas do segmento LGBTQIA+, no entanto, de forma diferenciada e desigual para todas que se identificam com o feminino.

Mulheres trabalhadoras dos segmentos sociais mais vulneráveis, como as dos coletivos ou grupos femininos ou feministas nas lutas por Direitos Humanos nas periferias, nos sindicatos, nos partidos e nos movimentos sociais os diferenciais da reprodução humana, a sobrecarga física e mental diária delas na vida doméstica, nos cuidados de familiares, sejam recém-nascidos, infantes, idosos ou pessoas adoecidas no grupo familiar, mais o trabalho profissional são expostas aos marcadores sociais de desigualdades históricas de gênero. Marcadores estes não considerados na vida destas mulheres nem daquelas que, como Fran, na formação continuada nos cursos de pós-graduação são consideradas ou ponderadas no mercado da titulação e produção acadêmica. Mercado burguês e voraz diante das exigências produtivistas e como prestigiador de titulações de jovens mestres e doutores que, contraditoriamente, nem sempre encontram eco nos processos seletivos de docentes de graduação e pós. Formação universitária, cada vez mais em ritmo acelerado através de cursos híbridos e os EAD em grande escala no Serviço Social (SS) pelo país afora. Sem contar que para o SS, uma disciplina de intervenção profissional com maioridade intelectual de produção de conhecimentos, o investimento no exercício profissional direto com os segmentos sociais parece ser fundamental, considerando o avanço do pensamento autoritário, conservador, a exacerbação das restrições de direitos trabalhistas, sociais, previdenciários, as opções pelo uso cada vez maior da alta tecnologia em detrimento dos trabalhadores com repercussões no mercado de trabalho, onde há a precarização das condições de trabalho, contratos por tempo determinado e os intermitentes, desempregos, dependência do Estado para manter a família. Precarização da vida. Exposição à violência na sua totalidade, via diferentes expressões, vem tomando o protagonismo da cena brasileira.

Tecendo Resistências: trincheiras contra a violência policial, nesta linha de raciocínio, é um exemplo individual de uma mulher persistente na busca das articulações entre o mundo real das periferias, o da violência estrutural, a estatal, especialmente, a policial que atinge sua família dentre milhares de outras nas mesmas condições há pelo menos mais de quatro décadas neste país. A produção do conhecimento acadêmico científico, definitivamente, é fundamental para a compreensão do ontem, do hoje e do futuro para buscarmos alternativas superadoras do genocídio demarcado pelo endereçamento periférico, pela adolescência e juventude de negros.

As redes sustentadoras de Fran estiveram e estão presentes nos agrupamentos e organizações populares de mulheres no enfrentamento da violência de Estado, como as do Rio de Janeiro: Mães de Acari, as da Candelária e as de Vigário Geral na década de 1990. Todas foram constituídas como formas de superarem a categoria de vítimas indiretas ou de familiares sobreviventes de mortes violentas ou dos desaparecimentos forçados buscando se unirem umas às outras, buscando se incluírem em outros lugares sociais que não fossem determinados e reiterados pelas desigualdades de gênero, pela subalternidade ou submissão aos poderes instituídos pautados pela cultura do masculino dominante e machista, fosse na casa, na rua ou no Estado. Transformar o luto em verbo, numa sociedade capitalista, patriarcal e racista se configura num processo longo e numa construção conjunta neste campo das injustiças e, principalmente, pelo absoluto desrespeito e descaso dos Sistemas de Segurança e Justiça ao não responderem à busca por justiça. É a devolutiva da violência, é a permanência da vida em violência e, mais uma vez, da violência de gênero, porque são mulheres, porque são negras, pobres e periféricas e, na visão institucional autoritária das forças policias e da hierarquia e burocracia dos processos criminais no Ministério Público e no Judiciário, mulheres na condição de mães de vítimas de mortes violentas praticadas pelo Estado não seriam reconhecidas como sujeitos representativos políticos, como interlocutoras familiares com estas organizações estatais.

No reforço das desigualdades de gênero, este reconhecimento só ficaria válido na interlocução delas, representantes familiares nas relações com o Estado, quando se trata das políticas sociais de Saúde, da Habitação, da Assistência Social, da Educação em todo o território nacional.

Mulheres, enquanto familiares de vítimas fatais pelo Estado, de sobreviventes de homicídio ou feminicídio, estão presentes "antes, durante e depois" desta violência. No exercício da maternidade responsável e da maternagem, definidas pelo pensamento masculino dominante, estas seriam as responsabilidades supervalorizadas de um feminino dominado, sem levar em conta a sobrecarga inclusa em ser mãe. Importante sinalização analítica da pesquisadora e que deste mesmo lugar de subalternidade de gênero e de forma contraditória, há uma subversão deste quadrado determinado, implodindo-o, fraturando os limites e alçando a constituição de um novo lugar, o de Sujeito social e político, distanciado da voz passiva e se constituindo em voz ativa. A legitimidade das lutas destas mulheres está no conhecimento das dinâmicas da violência de gênero, articulada, com classe e raça, no interior de suas famílias de origem, na sua família, na maternidade solo, nas relações de vizinhança e nas de trabalho, assim como a expressa pelo Estado pela indiferença de seu luto por morte violenta.

Naturalização das mortes de jovens negros, pobres e periféricos tem sido o demarcador estatal, na medida em que as vítimas são transformadas em números de Boletim de Ocorrência, nem sempre registrados exatamente como as circunstâncias e os fatos ocorreram. Nesse sentido, estas mulheres movimentam-se, unem-se, articulam-se diante da violência de Estado, e buscam a superação de seu desconhecimento sobre o funcionamento da Polícia e dos demais órgãos do Sistema de Segurança e Justiça, através dos fluxos dos inquéritos e dos processos judiciais.

Educação em direitos é inexistente no Brasil, prevalece nos círculos jurídicos, há um domínio deste saber que atua como impedimento para uma democratização da participação social nas instâncias judiciárias e, portanto, no acesso à justiça. Estes elementos transparecem fortes nestas mulheres, até porque são expostas a uma peregrinação institucional infindável, em que sempre falta uma informação, um documento, uma orientação. Humilhação social, mecanismos de produção e reprodução da violência são materializados nesta trajetória de constituir-se Sujeito de direitos que aprendeu que tem direito a ter direitos.

A dominação ou domesticação de gênero, entre algumas situações, é rompida quando o sofrimento oriundo desta condição de vida explode ou quando outras referências de pensamentos e valores são apresentadas ou observadas e, a partir daí, a consciência intelectual toma outra forma, em que o Sujeito se reconhece enquanto tal. Neste reconhecimento, estas mulheres buscam constituir, para além de agrupamentos, redes de solidariedade, redes de amizades, redes de autoproteção, nas quais aprendem e reaprendem a movimentar-se no meio urbano violento, ultrapassam os muros periféricos, buscam alianças e parcerias políticas que contribuam com seus intentos. Aprendem a buscar a mídia, a alternativa, nesta pesquisa, na medida em que esta se vincula à luta pelos Direitos Humanos e por uma ética jornalística democratizada de socialização das informações, das notícias que visem contribuir com a ampliação e aprofundamento do conhecimento crítico sobre a realidade da vida nas periferias e das formas de resistência criadas pela população destes territórios para, mais que sobreviverem, viverem uma vida centrada naquela realidade distante de visões imobilizadoras ou produtoras de medo e de conformidade diante das contradições e pressões feitas por todos e todas que compactuam com a força e o poder do grande capital, sua financeirização em prejuízo da vida de trabalhadores.

Fran, militante e pesquisadora, procurou dar visibilidade política fundamentada nas análises e reflexões teóricas da teoria social crítica, demonstrando as raízes autoritárias do Estado, via Polícia, a subversão de gênero destas mulheres, assim como a opção ética e política de mídias alternativas em manter um jornalismo comprometido com os Direitos Humanos, e de enfrentamento e superação da violência estrutural, estatal, institucional, produzida e reproduzida de forma incessante e densa nos territórios esquecidos/abandonados/isolados, intencionalmente, pelo Estado.

Profa. Dra. Graziela Acquaviva
Pontifícia Universidade Católica de São Paulo (PUC-SP)

Introdução

Meu interesse em pesquisar a articulação entre movimentos sociais e mídias alternativas surge das inquietações do cotidiano profissional como assistente social e docente em cursos de Serviço Social, mas sobretudo da militância na área de direitos humanos. Neste livro, apresento uma análise aprofundada dos movimentos sociais que lutam por direitos humanos na contemporaneidade e como estes se articulam com as mídias alternativas.

Somam-se a tais inquietações as considerações obtidas na pesquisa de mestrado, apresentada em 2011, intitulada *Barbárie e direitos humanos: as execuções sumárias e desaparecimentos forçados de maio (2006) em São Paulo*. A dissertação desvelou os fatos ocorridos durante os Crimes de Maio de 2006 à luz do resgate histórico do surgimento da polícia militar no Brasil e da legitimidade da violência perpetrada por essa instituição para a manutenção do *status quo*.

Nesse trajeto, pautei minha convicção ético-política sobre a importância da articulação do Serviço Social com os movimentos sociais que lutam por direitos humanos, abrangendo os direitos civis, políticos, sociais, econômicos e culturais. Minha premissa de análise foi o entendimento de que tal barbárie é decorrente das formas de reprodução da sociedade capitalista, que, no contexto da sociedade contemporânea, sob a égide do neoliberalismo e da mundialização do capital, tem resultado no aprofundamento das desigualdades e da pobreza.

No doutorado, dei continuidade aos estudos do mestrado, aprofundando o estudo sobre a polícia militar. Pesquisei as estratégias de enfrentamento da violência policial, tendo como foco os movimentos sociais de direitos humanos de São Paulo e as mídias alternativas, apostando que ambos têm potência para se contrapor à lógica hegemônica, por serem capazes de materializar a ética e os direitos humanos para fazer frente à barbárie em curso.

Ao longo do doutorado, a militância em direitos humanos me permitiu vivenciar o acirramento da violência policial e, concomitantemente, o acirramento da banalização das milhares de mortes perpetradas por essa força de Estado. Nesse processo de pesquisa e sistematização do conhecimento, não faltaram momentos de desmotivação diante da desumanização representada por esse tipo de genocídio, ao perceber as diferentes maneiras com que nossa sociedade reage a esse tipo de morte violenta, reações frequentemente marcadas por um caráter racista.

Minha investigação teve como objetivo geral compreender o papel dos movimentos sociais de direitos humanos e das mídias alternativas no enfrentamento da violência policial. Nessa perspectiva, os objetivos específicos foram: refletir sobre a dimensão política da atuação dos movimentos sociais que fazem o enfrentamento da violência policial; analisar a dinâmica ético-política dos movimentos estudados; identificar os desafios e as possibilidades de luta; detectar as mediações construídas por esses sujeitos de pesquisa para se contrapor aos discursos policialescos da mídia tradicional.

Visando responder aos objetivos antes elencados, fiz uma pesquisa qualitativa, desenvolvida em duas fases, a primeira apoiada em fontes secundárias, direcionada para o estudo das seguintes temáticas: história da polícia militar no Brasil e em São Paulo, militarização, violência policial, genocídio, necropolítica e teoria dos movimentos sociais. Além disso, estudei alguns movimentos sociais de familiares de vítimas da violência policial, tais como: Mães de Maio e movimento Mães de Osasco, bem como a mídia hegemônica e a mídia alternativa.

TECENDO RESISTÊNCIAS: TRINCHEIRAS CONTRA A VIOLÊNCIA POLICIAL

Para tanto, recorri ao levantamento e à análise da literatura relativa ao objeto de estudo (livros, depoimentos, textos, teses, dissertações, artigos, jornais, revistas, vídeos), além de assistir a *lives*, mais utilizadas pelos movimentos sociais na fase pandêmica.

Entrevistei quatro pessoas: duas mulheres, mães de jovens executados pela polícia militar paulistana, fundadoras e coordenadoras de dois movimentos sociais, e dois jornalistas de mídias alternativas que fazem a cobertura dessa expressão de violência. Os sujeitos foram escolhidos de acordo com os seguintes critérios: familiares de vítimas da violência policial de São Paulo; mães que se articulam coletivamente e construíram movimentos sociais de relevância e reconhecimento local e nacional; jornalistas de mídias alternativas independentes de São Paulo; jornalistas especialistas e dedicados à cobertura contra-hegemônica da violência policial.

A tese, agora compartilhada como livro, está estruturada da seguinte forma:

O *Capítulo 1* apresenta os antecedentes históricos da polícia no Brasil, demonstrando a origem da instituição e suas transformações ao longo dos séculos. Discuto a questão da violência policial, cujo elemento estrutural é o racismo, uma vez que o genocídio da juventude negra, pelas mãos da polícia militar, é expressão de racismo e uma das faces da necropolítica.

O *Capítulo 2* debate os movimentos sociais, com destaque para as principais teorias clássicas, enfatizando o quanto elas estão na contramão do marxismo. Além disso, também verifica em que medida tais teorias podem contribuir para a compreensão dos movimentos sociais formados por familiares de vítimas. Abordo as mídias hegemônicas, discutindo o papel da mídia tradicional na produção das narrativas da violência policial e, a partir dessa premissa, como as mídias alternativas se contrapõem a tais narrativas. Procuro identificar as ferramentas midiáticas aptas a construir narrativas que não culpabilizam as vítimas da violência e democratizam a mídia, dando visibilidade à violência, demonstrando sua utilidade para a pauta dos movimentos sociais.

O *Capítulo 3* apresenta o desenvolvimento da pesquisa e a análise dos dados a partir de três categorias: violência policial; enfrentamento da violência policial; a articulação entre mídias alternativas e movimentos sociais no enfrentamento à violência policial.

Espero que este livro ajude a compreender a necessária articulação entre movimentos sociais e mídias alternativas no enfrentamento da violência policial em São Paulo, demonstrando que apesar do cenário de barbárie, marcado pelo genocídio sistêmico da juventude negra e periférica, há possibilidades de resistência. Além disso, espero que as reflexões a seguir possam contribuir para a teoria e a prática do Serviço Social e de outras profissões que lidam com as expressões da questão social, tais como a violência policial e seus desdobramentos.

CAPÍTULO I

A gênese da polícia militar no Brasil

1. A ORIGEM DA POLÍCIA MILITAR: COMPREENDENDO A CONSTITUIÇÃO DA LÓGICA DA VIOLÊNCIA INSTITUCIONAL

Nos estudos sobre violência realizados desde a graduação em Serviço Social, aprendi que a violência e a arbitrariedade são traços marcantes nas relações sociais entre Estado e sociedade. Embora, juridicamente, o Brasil seja um Estado democrático de direito, implantou-se no país um padrão de controle social que está na contramão dessa perspectiva. Minhas reflexões apontam que, em pleno regime democrático, ocorrem as mais bárbaras violações de direitos, feitas pela polícia brasileira, o que nos indica que a denúncia sobre estes arbítrios e a defesa intransigente dos direitos humanos são questões ético-políticas fundamentais.

É primordial apreender o papel da Polícia na sociedade e, para tanto, entender que a função policial tem as mais altas e longínquas origens, sendo descrita por egípcios e hebreus. No mais antigo povo egípcio, já se distinguiam princípios como: polícia repressiva, acusação como dever cívico das testemunhas do fato criminoso, entre outros (VIEIRA; SILVA, 1955).

Na Idade Moderna, no século XVI, a França foi o primeiro país a introduzir na linguagem jurídica a palavra *polícia*, visando definir a atividade e os fins do Estado. Na mesma linha, a Alemanha adotou o *jus politiae* (direito policial), apropriando-se do conceito francês que se refere à boa ordem da sociedade civil sob a autoridade do Estado em contraponto à boa ordem moral e religiosa. O *jus politiae* outorgava ao Estado o "direito de prover pela força o bem-estar comum [...] e a possibilidade de recair seu poder sobre todas as atividades individuais dos cidadãos, ficando a titular do poder público absoluto" (VIEIRA; SILVA, 1955, p. 14).

O Estado moderno atribui à polícia dois deveres fundamentais: prevenir ou impedir os perigos da vida cotidiana; e estabelecer normas coercitivas para submeter as atividades da liberdade pessoal e da propriedade aos limites exigidos pelo bem público.

> A polícia se apresenta numa grande variedade de formas, do Departamento de Polícia da cidade de Nova York até a "Polícia do Povo" (*Druzini Kji*) da ex-União Soviética, da *Gendarmerie* francesa até o Regimento Policial Armado Provincial na Índia, do xerife de condado americano até o *Lensman* rural norueguês. (BAYLEY, 2017, p. 19)

Uma definição muito interessante, problematizada por Bayley (2017), atribui à palavra *polícia* o significado de pessoas autorizadas por um grupo para regular as relações interpessoais dentro desse grupo com a aplicação de força física. Essa definição é constituída por três partes essenciais: força física, uso interno e autorização coletiva.

Para o autor, a competência exclusiva da polícia é o uso de força física, real ou por ameaça, para afetar o comportamento. A polícia se distingue não pelo uso real da força, mas por ter autorização para usá-la: "o policial, e apenas o policial, está equipado, autorizado e requisitado para lidar com qualquer exigência para qual a força deve ser usada para contê-la" (BITTNER, 1974, *apud* BAYLEY, 2017, p. 20). Mesmo quando não usa de força, ela está por trás de toda interação que acontece.

Outras agências podem recomendar medidas coercitivas e mesmo direcionar seu uso, como fazem, respectivamente, as legislações e cortes, mas os policiais são os agentes executivos da força, eles a aplicam de fato. Embora os policiais não sejam os únicos agentes da sociedade com permissão para pôr as mãos nas pessoas visando controlar seu comportamento, eles seriam irreconhecíveis como policiais se não tivessem essa autoridade.

Para Bittner (1974, *apud* BAYLEY, 2017), é importante compreender essa autorização, pois ela permite que se possa excluir do termo *polícia* as outras pessoas que fazem uso da força na sociedade, para propósitos não coletivos, como assaltantes, rebeldes, terroristas, pais, empregadores, proprietários de terra, professores e membros da Igreja. Convém destacar também que a polícia não se cria sozinha; ela está presa a unidades sociais das quais deriva sua autoridade, que não emana exclusivamente do Estado.

Bayley (2017) afirma que o desenvolvimento do policiamento público é tão antigo quanto a existência de comunidades soberanas, que autorizam a coerção física e criam agentes dirigidos e mantidos por elas. Schwartz e James Miller (1964, *apud* BAYLEY, 2017), autores da única pesquisa sistemática das instituições policiais nas sociedades primitivas, descobriram que 20 das 51 sociedades primitivas estudadas tinham policiamento público, mas os casos mais bem documentados do desenvolvimento do policiamento público foram encontrados em Roma e remontam a 27 a.C.

Mesmo com a queda de Roma e a ascensão das Nações-Estado modernas, o policiamento já se tornara extremamente descentralizado. Gradualmente, formaram-se novos reinos, delegando o poder para montar uma força policial, mas mantendo o direito de criar leis. Mais tarde foram instituídos oficiais de polícia públicos, diretamente responsáveis junto ao poder soberano.

Antes do século XVIII, os xerifes e os "juízes comerciais" londrinos eram os únicos agentes de manutenção da lei na Inglaterra que podiam ser considerados públicos. Em 1735, teve início uma série de experimentos para nacionalizar a polícia, como, por exemplo, as duas paróquias londrinas que, com um estatuto, foram autorizadas a pagar por uma vigília com impostos locais. Registra-se também que mais tarde, naquele período, magistrados da Bow Street começaram a pagar homens e mulheres como *constables* que patrulhavam à noite.

De acordo com as pesquisas de Hart (1951, p. 26-27, *apud* BAYLEY, 2017, p. 43), até 1829 Londres era uma colcha de retalhos de forças policiais públicas e privadas, e tinha uma força policial municipal, enquanto nos demais lugares as forças policiais eram mantidas por igrejas, paróquias, magistrados e cortes legais. Na Inglaterra, instituiu-se um oficial de polícia especializado, na figura do *constable,* sete séculos antes de ele se tornar um funcionário público dirigido e mantido com dinheiro público.

Na França, a primeira polícia pública pode ter sido o superintendente de Paris, cargo criado por São Luís no século XIII. Com sede na Châtelet, que era também a prisão da cidade, o superintendente era auxiliado por uma equipe de comissários investigadores e "sargentos". Ele comandava uma pequena divisão de tropas militares montadas e uma patrulha noturna, cuja participação dos cidadãos homens era obrigatória. Foi criada uma força militar maior para patrulhar as estradas e reprimir os bandos de saqueadores, formados por cavaleiros desempregados, mercenários estrangeiros e desertores do exército. Com o tempo, suas responsabilidades aumentaram, passando a abranger o combate ao crime nas vias públicas do Reino (cf. BAYLEY, 2017, p. 43).

O policiamento público chegou aos Estados Unidos com os primeiros colonizadores. Nova Amsterdã, que mais tarde se tornaria Nova York, criou uma vigília burguesa em 1643, um ano após ser fundada, mas não pagava por seus serviços até 1712. Delegados e vigilantes eram indicados ou eleitos em todos os assentamentos, mas já com a perspectiva de que, para garantir um desempenho eficiente, precisariam ser remunerados. Na comparação com outros países, a polícia pública tornou-se importante nos Estados Unidos quase ao mesmo tempo que na Inglaterra, um pouco depois da França, muito tempo depois da Índia ou da China, e na mesma época que na Prússia e na Rússia.

Alda Rodrigues (2018) esclarece que o termo *polícia* origina-se do grego *politeia*, tendo diversos significados, como: em sentido individual, a qualidade e os direitos dos cidadãos; em sentido coletivo, medidas de governo, regime político, forma de governo, cooperação dos órgãos do Estado e interpenetração das suas funções; em sentido geral, ciência dos fins e deveres do Estado, governo dos cidadãos por si próprios.

O significado de polícia está ligado ao vocabulário político, pois se origina do grego *polis* (cidade, Estado), que entre os antigos helênicos indicava a constituição do Estado, o bom ordenamento. Para Paulo Tadeu Rosa (2000), a polícia como instituição passou por toda a evolução, mas não perdeu sua importância na preservação da ordem pública, essencial para a existência do Estado e dos direitos e garantias fundamentais do cidadão.

Em sua penúltima aula do curso *Segurança, território e população*, ministrado em 1978 no Collège de France, Michel Foucault (2009) analisa o papel da polícia no âmbito que ele denomina história da governamentalidade, afirmando que:

> [...] a polícia funciona como um conjunto de tecnologia política instalada num campo relacional de forças *a serviço de uma certa arte de governar*, ainda e simultaneamente: suporte e perpassamento de um jogo fundado numa nova racionalidade política — inserida agora numa razão do Estado — cujo governo exercitava-se agora não apenas sobre/no território, mas intensificado sobre/na população. (FOUCAULT, 2009, p. 240; grifos nossos)

Para o autor, o objetivo da polícia é a própria vida, ou melhor, uma técnica dentre outras numa arte de governar que engloba tudo: as relações entre os homens e suas relações com as coisas, a coexistência dos homens num território, as relações de propriedade, o que produzem, o que comercializam etc.

Foucault reitera que o termo polícia está vinculado à noção de *polis* grega, o que explica a relação originária entre o conceito de policial e o de cidadania, sendo que o policial, nesses termos, era entendido como aquele que cuida da civilidade. O sentido se modifica a partir do século XVII. "A polícia vai ser o cálculo e a técnica que possibilitarão estabelecer uma relação móvel, mas apesar de tudo estável e controlável, entre a ordem interna do Estado e o crescimento de suas forças" (FOUCAULT, 2009, p. 421).

Nessa nova polícia no século XVII, observam-se as formas de absorção da vida pelo capitalismo emergente no período pós-Revolução Industrial, vida entendida no sentido macro e que alcança todo o corpo social. Nesse contexto, a polícia passa a ser uma "grande máquina intensificadora de um governo feito sobre homens, sobretudo sobre a vida cooptada nos seus múltiplos aspectos e milimetricamente calculada" (LEAL, 2015, p. 238).

No início do século XVIII, surge uma nova concepção do termo polícia, adaptado do francês *police*, no sentido de força de segurança que assegura a ordem pública. A partir desse período, a polícia assume o papel de organismo estatal responsável pela aplicação das leis, disciplinando a liberdade individual com o objetivo de manter a ordem pública, em seu aspecto da segurança pública.

Embora os estudos sobre a polícia tendam a reafirmar a "imprescindibilidade" dessa força de segurança para a sociedade, há outras referências relevantes para o debate sobre o "uso legítimo da força":

> A polícia está, salvo exceções em que são impostos limites, habilitada a intervir em todos os lugares, em todos os tempos e em relação a qualquer um. Nesse sentido *a força pública é, em seu território, universal* e, caso se faça questão de conservar a ideia de monopólio, pode-se dizer que *a polícia detém o monopólio da força em relação a todos*. Mas não é indispensável atribuir à polícia um "monopólio" no sentido mais restrito do termo para definir sua especificidade. O monopólio não é necessário se a polícia detém força suficiente para regular o emprego que dela fazem todos os outros detentores. (MONJARDET, 2012, p. 26; grifos nossos)

Para Monjardet (2012), a polícia tem uma função elementar em toda a sociedade: *a regulação pública da violência privada*. Essa força pública é calibrada de maneira a vencer qualquer força "privada". Se acaso falhar nisso, todas as legislações, sem exceção, preveem o recurso às forças armadas para "ajudar" a polícia e, na prática, elas mesmas se tornarem polícia por algum tempo. Assim, toda manifestação de força policial é sempre suscetível de escalada, até atingir o *quantum* de força requerido.

O autor também observa que, nas democracias ocidentais, a polícia recorre com muito menos frequência "à força bruta", dando prioridade à força "simbólica" ou à representação da força. De acordo com P. K. Manning, citado por Monjardet (2012), o uso da força deve ser bem mais raro, por revelar logo seus limites:

> [...] a violência, como poder, funciona melhor como ameaça. Ao recorrer-se a ela, ela testemunha os limites da polícia, a dependência do policial individual em relação aos outros, e o potencial de queixas, de processos civis e de escândalos policiais [...]. O recurso à violência é a fonte mais comum dos problemas disciplinares e dos escândalos públicos. (MANNING, 1993, p. 16, *apud* MONJARDET, 2012, p. 27)

Com base nessa análise do autor, posso afirmar que o Brasil, como parte desta "democracia" ocidental, de fato é uma exceção, pois, como mostrarei adiante, aqui nossas polícias recorrem muito mais à "força", como confirmam os dados fornecidos pelas Secretarias de Segurança Pública dos estados. Tais dados são um flagrante retrato da barbárie em curso no Brasil. Ainda de acordo com Manning (*apud* MONJARDET, 2012), a polícia é a instituição encarregada de possuir e de mobilizar os recursos de força decisivos, com o objetivo de garantir o domínio (ou a regulação) do emprego da força nas relações sociais internas. A força física é apenas o mais espetacular do conjunto dos meios de ação não contratuais que fundam o instrumento policial e que ele detém. A polícia, compreendida como encarregada de satisfazer ou de manter a ordem, é a corrente substancial dos "interesses coletivos". Aqui, oscila-se entre o que é comum a toda polícia, seus meios de ação, e o que é próprio de cada polícia, aquilo em nome do que ou em vista do que esses mesmos meios de ação lhe são confiados, isto é, as finalidades que a sociedade lhe atribui.

Com uma perspectiva de análise interessante e fundamental sobre a função da polícia na sociedade, Manning observa que o saber transmitido pela escola é substancial, que a saúde pública previne ou cura doenças, ao passo que a polícia aplica a força, que não tem conteúdo: ela é pura relação. A falta de conteúdo exige um suplemento de valores, por isso, de todas as instituições, a polícia é realmente a que mais tem normas. Na maior parte das democracias ocidentais, as missões da polícia são objeto de enunciados detalhados, sob a forma de "leis de polícia" ou "*police acts*", isto é, sob forma legislativa.

Essa perspectiva ajuda-nos a compreender a constituição da polícia e, no caso brasileiro, a entender que o apelo de parte da sociedade à violência policial decorre exatamente do fato de o conteúdo dessa instituição ser pura relação. A necessidade de um código preciso, com normas explícitas, num "sistema poderoso de controle de um aparato policial pode acomodar, aqui e ali, em suas fendas ou zonas de sombra, 'derrapagens' de fato deliberadas por parte da autoridade encarregada da polícia" (MANNING, 1993, p. 16, *apud* MONJARDET, 2012, p. 29).

Na França, por exemplo, há dois textos jurídicos essenciais, mas nem um nem outro têm *status* de lei. Na hierarquia das normas jurídicas, o primeiro em data, a Declaração dos Direitos do Homem e do Cidadão, de 1789, é de ordem superior; o segundo, muito recente, é de ordem inferior, por ser um decreto simples, o código profissional (deontologia) da Polícia Nacional, publicado no *Journal Officiel* (Diário Oficial) de 19 de março de 1986. O art. 12 da Declaração dos Direitos do Homem e do Cidadão faz referência à polícia, enunciando duas proposições lapidares: "a garantia dos direitos do homem e do cidadão necessita de uma força pública; esta é, portanto, instituída em benefício de todos, e não para utilidade particular daqueles a quem ela é confiada" (MONJARDET, 2012, p. 31).

O art. 12 da Declaração francesa também afirma que, como "os direitos do homem e do cidadão podem ser colocados em perigo pela força, é necessário instituir uma força superior que tem como única razão assegurar sua garantia". Traçando um paralelo com as legislações brasileiras, que são inúmeras, desde a Constituição Federal de 1988 até as regulamentações estaduais, como a do estado de São Paulo, esse arcabouço legal não diz respeito ao que a força deve garantir, mas ao que ela deve respeitar em sua ação, isto é, "um quadro de limites e, de fato, as restrições que encerram uma ação policial cujas finalidades são definidas em outros termos" (MONJARDET, 2012, p. 33). Assim, o objetivo de garantir os direitos dos cidadãos é absolutamente se-cundarizado e a legislação paulista expressa exatamente a realidade da violência policial, da qual trataremos em breve.

Problematizando a questão do uso da força pela polícia, Monjardet observa que toda força é, em princípio, ameaça ao direito, e tanto a força privada quanto a pública estão nas mãos de um poder. Em outros termos, *toda força é sempre suscetível de ser desviada por seu detentor em proveito próprio*, e essa suspeita de um desvio possível é, no espírito dos redatores da Declaração, a propriedade mais notável da instituição policial.

Monjardet (2012, p. 32) também destaca a importância de distin-guir as duas formas latentes de desvio do uso "legítimo da força". Em primeiro lugar, e mais notório, há um desvio partidário provocado pela autoridade política à qual a força pública é confiada. Dele se conhecem diversas modalidades, desde a manipulação de informações a seu favor até a repressão física dos opositores, potenciais ou declarados, que se pauta na manipulação do policial que possivelmente reforça a confiança do cidadão no poder no momento. A segunda forma, menos documentada, é o desvio corporativo, para "uso particular" do grupo profissional ao qual é confiada a força pública. Esse grupo utiliza-se dos meios da polícia para fins individuais (corrupção) e mesmo da prioridade, conferida ou não, dos serviços prestados pela instituição à população, auferidos pelo volume de presença policial nas ruas.

Tanto no âmbito nacional como no paulista, temos vivenciado a materialização dessas duas formas de desvio do uso da força policial, uma vez que o governo fascista de Bolsonaro e o de seus apoiadores, o ex-governador de São Paulo João Doria e o atual Tarcísio de Freitas, fizeram um uso partidário e particular da força policial, à custa de inúmeras vidas ceifadas em nome desse abuso de poder.

A polícia é um exemplo privilegiado de "aparelho de Estado". Essa concepção é recorrente em outros países, pois a segurança é uma prerrogativa *regalista* — por defender os interesses e as regalias do Estado —, só podendo ser assegurada pela autoridade do Estado. Ademais, qualquer que seja o escalão territorial, o órgão policial sempre está subordinado a uma autoridade policial:

> [...] a responsabilidade final do comando da força pública, pela definição de suas orientações gerais, fixação de suas prioridades conjunturais; alocação de seus meios e, em consequência, pela qualidade de suas prestações, é política [...] as cúpulas do aparelho policial são providas por nomeações, sinal de que os postos são políticos e estão à disposição do governo, que nomeia e substitui de forma discricionária [...]. O Estado é responsável pela ação ou inação policial perante seus eleitores. (MONJARDET, 2012, p. 45)

Essa contribuição do autor é fundamental, pois dialoga com a exigência que os movimentos de vítimas da violência policial fazem junto ao Estado para que este assuma a sua responsabilidade pelas mortes perpetradas pela polícia. É inaceitável a forma como o Estado tem se eximido nessas situações. Aqui me refiro não apenas ao Poder Executivo, mas também ao Judiciário, que, pela ação de alguns defensores públicos, juízes e promotores, referenda a omissão dos governos, enterrando no campo jurídico qualquer possibilidade de responsabilização dos governantes. E, no campo legislativo, noto o silêncio, mesmo no campo da esquerda, dos representantes, vereadores, deputados estaduais e federais, quando no exercício de seus cargos, "representando" o povo.

Para Bayley (2017), a manutenção da ordem é função essencial do governo, sendo viabilizada pela polícia. Com base nessa premissa, o autor estranha a ausência de pesquisas acadêmicas e científicas sobre a instituição.

A discrepância entre a importância dessa instituição na vida social e a atenção dada a ela pelo meio acadêmico impressiona o autor, que apresenta quatro interessantes ponderações, importantes para nossa discussão:

1. a polícia raramente desempenha um papel importante nos grandes eventos históricos, não está envolvida em batalhas épicas, marchas históricas etc. Suas atividades são rotineiras e disseminadas demais, sua clientela é comum demais para ser objeto de um grande tema. A polícia dedica-se a problemas humanos de um modo muito particular;

2. "o policiamento não é uma atividade glamorosa, de alto prestígio, suas tarefas, mesmo aquelas ligadas à investigação criminal, são maçantes e repetitivas conduzidas por pessoas bastante comuns" (BAYLEY, 2017, p. 18); na maioria dos países, o policiamento é visto como pouco profissional e, portanto, do ponto de vista de sua importância política e social, a polícia dificilmente se qualifica como membro da elite que o meio acadêmico se interessa em estudar;

3. o policiamento pode ser negligenciado porque é moralmente repugnante. Embora a coerção, o controle e a opressão sejam necessários na sociedade, não são agradáveis, ao contrário da guerra que, apesar de também não ser algo agradável, ao menos pode parecer heroica;

4. como há pouco interesse no tema, a bibliografia auxiliar do trabalho analítico é pequena, o que exige uma paciência "desmedida" para colher informações e certamente contribui para desencorajar a escolha da polícia como objeto de estudo acadêmico.

Essas reflexões de Bayley me ajudaram a entender minha dificuldade em encontrar referências bibliográficas sobre o tema em minhas pesquisas realizadas desde a graduação em Serviço Social. Acredito que a complexidade do tema exige uma produção científica que componha um estado da arte capaz de nos levar a apreender todas as determinações presentes na conformação da polícia.

1.1. A polícia e a questão social

A responsabilização e a criminalização das vítimas civis das polícias brasileiras são absolutamente inaceitáveis. Segundo Marilda Iamamoto (2010), os dilemas do trabalho e da satisfação das necessidades sociais são obscurecidos, em favor das mercadorias e do dinheiro, enquanto produtos do capital. Nesse processo que conduz à banalização da vida humana está a "raiz da questão social na era das finanças" (IAMAMOTO, 2010, p. 21).

Nesse viés, minha premissa de análise é de que a violência policial e a criminalização das vítimas e de seus familiares, sendo processadas sob o predomínio do capital fetiche, devem ser entendidas como expressão da questão social que:

> [...] é mais do que expressão de pobreza, miséria e exclusão. Condensa a banalização do humano, que atesta a radicalidade da alienação e a invisibilidade do trabalho social — e dos sujeitos que o realizam — na era do capital fetiche, a subordinação da sociabilidade humana às coisas — ao capital-dinheiro e ao capital mercadoria —, retrata, na contemporaneidade, um desenvolvimento econômico que se traduz como barbárie social. (IAMAMOTO, 2010, p. 125)

Essa afirmação de Iamamoto é absolutamente pertinente para a discussão aqui apresentada, pois, nesta parte do livro, quero mostrar que a violência policial, perpetrada por agentes do Estado, contribui para a reprodução do modo de produção capitalista, que, para ser bem-sucedido, requer o controle e a eliminação das manifestações que possam colocar em risco a ordem social. Nessa direção, Ianni

(2004b) nos ensina que a pobreza, como expressão da questão social, tem sido criminalizada ao longo da história da sociedade brasileira.

> Não é episódica, ao contrário, é permanente, a convicção de setores dominantes e governantes, civis e militares, de que as manifestações operárias e camponesas ameaçam a ordem pública, a paz social, a segurança, a ordem estabelecida ou a "lei e a ordem". Qualificam essas manifestações como problema de polícia ou também militar [...]. (IANNI, 2004b, p. 109)

Tal posicionamento do Estado e das classes dominantes, estas representadas pelo primeiro, tem ideologicamente a função de identificar a classe trabalhadora como "perigosa", o que se faz necessário para a manutenção do modo de produção vigente, garantindo seu êxito. A resposta da burguesia às expressões da questão social, bem como às demandas populares, requer desse grupo uma reação que garanta a manutenção do *status quo*.

Compreender isso é muito importante, pois "as particularidades históricas do liberalismo no Brasil fazem com que as ideias de universalismo, de liberdade do trabalho, de igualdade perante a lei coexistam historicamente com a escravatura, o arbítrio e o favor. *O interesse privado torna-se medida de todas as coisas, obstruindo a esfera pública e a dimensão ética da vida social, terreno favorável ao neoliberalismo*" (CHAUI, *apud* IAMAMOTO, 2010, p. 38; grifos nossos).

As contribuições das autoras são importantes para fundamentar a historicidade na qual a violência policial está inscrita, dando-nos a dimensão de sua complexidade e de seu impacto na sociabilidade humana. Para justificar suas barbáries, tendo a polícia como seu braço forte de ação, a classe dominante e o Estado atuam no sentido de naturalizar as expressões da *questão social*. Assim, diante de uma realidade social:

> [...] muito problemática, incômoda, às vezes explosiva, uma parte do pensamento social prefere "naturalizá-la", considerá-la como fatalidade

ou apenas herança arcaica pretérita. Dentre estas explicações vale a pena destacar duas: *uma tende a transformar as manifestações da questão social em problemas de assistência social*. O sistema nacional de previdência e o serviço nacional de assistência social são as expressões mais evidentes dessa forma de explicar e resolver a questão social. *Outra explicação tende a transformar as manifestações da questão social em problemas de violência, caos*. Daí a resposta óbvia: segurança e repressão. Toda manifestação de setores sociais subalternos na cidade e no campo pode trazer o "gérmen" da subversão da ordem social vigente. A ideologia das forças policiais e militares, bem como dos setores dominantes e de tecnocratas do poder público, está impregnada dessa explicação. (IANNI, 2004a, p. 112)

Essa perspectiva de análise de Ianni é muito pertinente, pois a assistência social e as forças de segurança e repressão por vezes operam em conjunto, articuladas, almejando o objetivo comum: a manutenção do *status quo*. Além dessa estratégia, o Estado adota medidas para ajudar a manter o *status quo*: "reformar alguma coisa para que nada se transforme. Isto é, modernizar instituições para que grupos e classes permaneçam sob controle, não ponham em causa a paz social ou a lei e a ordem" (IANNI, 2004a, p. 113).

Assegurar que as classes subalternas fiquem sob controle exige que a *questão social* seja criminalizada. Parte do pensamento social brasileiro — base das políticas de poder público e setores dominantes — preconiza a criminalização de grupos e classes sociais subalternas. Há conjunturas em que amplos segmentos da sociedade civil são criminalizados em linguagem conspícua, que se apresenta como se fora científica. (IANNI, 2004a, p. 113; grifos do autor.)

Com base nessas considerações, é possível reunir subsídios teóricos para compreender o significado da *questão social* em tempo de "capital fetiche", que, como nos ensina Iamamoto (2010), tem particularidades que se expressam no Brasil contemporâneo, no lastro da formação histórica brasileira. Imprescindível também destacar o papel que o Estado cumpre nesse modo de dominação, pois a polícia militar é o braço forte que viabiliza a ação estatal.

> O Estado tem o papel-chave de sustentar a estrutura de classes e as relações de produção. O marxismo clássico já estabelecia as funções que pertencem ao domínio do Estado: criar as condições gerais da produção, que não podem ser asseguradas pelas atividades privadas dos grupos dominantes; controlar as ameaças das classes dominadas ou frações das classes dominantes, através do seu *braço repressivo, exército, polícia, sistema judiciário e penitenciário*; e integrar as classes dominantes, garantindo a difusão de sua ideologia para o conjunto da sociedade. (IAMAMOTO, 2010, p. 120; grifos nossos)

No que se refere à discussão sobre a *questão social*, categoria central para compreender as particularidades na sociedade brasileira, identificamos um cenário contemporâneo no qual milhares de trabalhadoras e trabalhadores não conseguem garantir sua reprodução social. Nesse contexto de reestruturação produtiva, ficam ainda sujeitos a toda forma de repressão desse poder dominante, que os percebe como risco, sujeitos criminosos em potencial, por não terem trabalho. Nessa perspectiva, a atuação pelo "uso legítimo da força" pela polícia tem um papel crucial. Dessa forma:

> O operário e o camponês são submetidos a uma dupla exploração. Dupla no sentido próprio, de cem por cento mais. São expropriados de modo a garantir os interesses dos setores dominantes na sociedade brasileira. E expropriados de modo a garantir os interesses de setores estrangeiros, com os quais aqueles se acham articulados. *E tudo isso é garantido por um aparato bastante modernizado e altamente repressivo, no qual as forças policiais e militares são essenciais para a garantia da lei e da ordem.* (IANNI, 2004a, p. 120; grifos nossos)

A afirmação de Ianni é acertada, tendo em vista que o processo de dominação instaurado na relação violenta transforma o diferente em desigual, cria uma hierarquia entre os desiguais, desqualifica a vítima e a transforma em coisa. Oliveira e Pavez (2002), também a partir de Chaui, observam que esse processo se torna ainda mais sofisticado quando a parte dominada incorpora a forma de pensar do dominante. Essa lógica nos leva a pensar — particularmente no caso da violência que discutimos — que os jovens, vítimas da violência policial cotidiana, introjetam de tal forma a violência do agressor — agente do Estado — a ponto de saberem que suas vidas, dependendo do lugar onde moram, como se comportam e sobretudo se forem negros, estão ameaçadas, sendo potencialmente sujeitos vítimas dessa violência.

Com base nesses subsídios teóricos para compreender a origem da polícia, sua transformação ao longo dos séculos e seu papel no trato da questão social pelo Estado, podemos agora discutir o surgimento dessa instituição no Brasil.

1.2. A história da polícia militar brasileira: compreendendo a especificidade deste modo de ser da polícia

A presença da polícia no Brasil data de 1530, 30 anos após a invasão portuguesa, quando da chegada da expedição de Martim Afonso de Souza, e passou por sucessivas reformulações nos anos 1534, 1538, 1557, 1565, 1566, 1603 até a chegada da família real ao país em 1808.

A aventura colonial dos europeus no século XV não foi exclusivamente um ato de expansionismo geográfico, com o objetivo de conseguir novas áreas de dominação e rotas comerciais marítimas (cf. MOURA, 1994, p. 125, *apud* ALMEIDA, 2015, p. 141). Esses foram os objetivos visíveis desse processo violento. Foi um processo vertical, que o autor vê como um complicador étnico, mutilador e estrangulador cultural. Para ele, foi um complicador étnico porque introduziu compulsoriamente nas áreas colonizadas — América do Norte, Caribe e América do Sul — o componente africano, que veio não apenas dinamizar demograficamente essas áreas, mas também involuntariamente consolidar, com seu trabalho, o escravismo nessas colônias. Tratou-se de um processo mutilador e estrangulador cultural por ter recorrido à violência, direta ou indireta, para impor os seus padrões culturais e valores sociais, usando desde a morte e a tortura até a catequese refinada, a chamada "evangelização", para dominar os povos escravizados.

Os traços iniciais da organização policial no país datam do período colonial, mais precisamente, em 1532, quando se inicia uma forma administrativa de Colônia regida pela busca da boa ordem pública, sob a vigilância constante de suas autoridades. A legislação da época eram as Ordenações Filipinas, resultantes da reforma do código manuelino, que vigoraram em Portugal e seus territórios ultramarinos até 1867, quando foram revogadas pelo Código Civil Português, também chamado de Código de Seabra (VIEIRA; SILVA, 1955, p. 9).

De acordo com Paulo Tadeu Rosa (2000), a chegada da família real foi um marco importante por ter evidenciado que as forças militares aqui presentes eram extremamente frágeis, mal instruídas, precariamente armadas e destituídas de articulação enquanto organismos militares. Diante da competição com as colônias espanholas vizinhas, Portugal viu-se obrigado a criar um exército que protegesse a conquista portuguesa numa época de ebulição mercantil. Coube a D. Rodrigo de Souza Coutinho, Ministro dos Negócios Estrangeiros e da Guerra, considerado a pessoa mais lúcida e mesmo mais enérgica dentre os que cercavam D. João VI, a tarefa de organizar o exército (cf. MOTTA, 2001, *apud* LEAL, 2015). Por sua vez, desde os primeiros tempos da colonização, os soldados da Companhia de Jesus frustraram qualquer tentativa de ensino militar consistente no Brasil, por terem como prioridade o ensino das "coisas da fé" em detrimento das "coisas da guerra" (cf. MOTTA, 2001, *apud* LEAL, 2015). Em 10 de agosto de 1808, um alvará régio criou o cargo de intendente-geral da polícia, ocupado pela primeira vez pelo desembargador Paulo Fernandes Viana, incumbido de criar suas diversas seções. Em 1841, instituiu-se o cargo de chefe de polícia em cada uma das províncias do país.

Após a separação de Portugal em 1822, as Ordenações Filipinas tiveram uma sobrevida de quase cinco décadas no Brasil, mesmo depois de sua revogação em território português, e vigoraram até ser substituídas pelo Código Civil brasileiro de 1916. As penas previstas nessas Ordenações eram consideradas severas e bastante variadas, destacando-se a apreensão e o confisco de bens, o desterro, o banimento, os açoites, a morte atroz (esquartejamento) e a morte natural (forca). Mas, como típica sociedade estamental da época, informantes ou pessoas que gozassem de privilégios, como os fidalgos, os cavaleiros, os doutores em cânones ou leis, os médicos, os juízes e os vereadores não podiam ser submetidos às penas.

Quase dois séculos após a chegada dos portugueses ao Brasil, Portugal voltou a avaliar a separação dos dois poderes, justiça e polícia, criando, em 25 de junho de 1760, a Intendência-geral da Polícia. No entanto, como as funções permaneceram separadas, essa medida não resolveu o problema. Em 1780, o intendente-geral da polícia, atendendo a novo alvará, poderia prender cidadãos por qualquer tipo de crime, "prender as pessoas que o merecessem, conservando-as na prisão o tempo que julgar proporcionado à desordem que tiverem cometido e lhe parecer necessário para a emenda" (VIEIRA; SILVA, 1955, p. 31).

Apenas com a elevação do Brasil à categoria de Reino — Reino Unido com Portugal e Algarve —, em 16 de dezembro de 1815, estabeleceu-se a completa autonomia das justiças, fato que alimentou um embate para a separação das justiças de Brasil e Portugal, conquistada apenas a partir da regência de D. Pedro I, na "Independência" do Brasil.

No que diz respeito à polícia, o Brasil manteve-se sob as diretrizes dos alvarás régios até 4 de novembro de 1825, já no regime imperial. Nessa data, na província do Rio de Janeiro, foi instituído o cargo de comissário de polícia, a ser ocupado por pessoas com reconhecida honra, probidade e patriotismo, que serviriam nos distritos designados pelo intendente-geral e seus delegados. Os comissários tinham como função fiscalizar o cumprimento das ordens e dos editais da polícia, assim como dar ou requisitar as providências necessárias para prevenir os delitos. Poderiam propor um ou mais cabos de polícia, a fim de ajudá-los a monitorar seus respectivos distritos, remetendo os acontecimentos aos juízes territoriais. Em agosto de 1832 foram criadas as guardas nacionais, tendo como objetivo defender a Constituição, a liberdade, a independência e a integridade do império, além de manter a obediência às leis.

Para Vieira e Silva (1955, p. 61), a promulgação do Código de Processo Criminal representou um avanço significativo no sistema policial-judiciário, ao alterar as formas de procedimento criminal e abandonar os enquadramentos previstos nas Ordenações Filipinas. As querelas passaram a se denominar queixas, que se tornaram prerrogativa do ofendido. A denúncia passou a ser entendida como ação do Ministério Público. As Ouvidorias de Comarca, os Juízes de Fora e Ordinários e a Jurisdição criminal foram extintos, mantendo-se apenas o Senado e o Supremo Tribunal de Justiça.

Em 3 de dezembro de 1841, o projeto de Bernardo Pereira de Vasconcelos tornou-se lei, criando em cada município da Corte e em cada província um chefe de polícia com os delegados e subdelegados necessários, com a jurisdição policial e criminal, nomeado pelo imperador ou pelos presidentes das províncias. A referida lei consagrou a divisão das funções policiais em polícia administrativa e judiciária:

> O ministro da Justiça, como primeiro chefe e centro de toda a administração policial do Império; os Presidentes de Províncias, nas configurações geográficas sob seu governo, como seus primeiros administradores e encarregados de manter a segurança e tranquilidade pública e de fazer executar as leis; os Chefes de Polícia, no município da Corte e nas Províncias; os Delegados e Subdelegados, nos distritos de sua jurisdição; os Juízes Municipais, nos termos respectivos; os Juízes de Paz, nos seus distritos; os Inspetores de Quarteirão, nos seus quarteirões; e as Câmaras Municipais, nos seus municípios e pelos seus fiscais. (VIEIRA; SILVA, 1955, p. 61)

Já naquele período, com os avanços legislativos citados, não faltaram condutas de abuso de atribuições por parte da polícia administrativa, procedendo quase a "uma devassa". Foi necessária a intervenção do governo, declarando "que, por maior que fosse a solicitude do zelo da autoridade no descobrimento e punição dos criminosos, deve sempre guiar-se pelas disposições da Lei, cuja violação não pode ser justificada sobre pretexto algum" (VIEIRA; SILVA, 1955, p. 80).

Após inúmeros embates, a lei sancionada em 20 de setembro de 1871 conseguiu tirar a função judiciante da polícia e estabeleceu novas regras para a prisão preventiva, para a fiança, a extensão do *habeas corpus* e da defesa no sumário da culpa, o inquérito policial etc., marcando definitivamente a linha divisória entre a polícia e a justiça, e extinguindo toda a jurisdição das autoridades policiais para julgamento. A polícia foi incumbida de proceder a diligências para descobrir crimes e suas circunstâncias, fixaram-se prazos para o indivíduo se defender e juntar provas ao processo, além de se extinguir a jurisdição dos chefes de polícia, delegados e subdelegados de polícia.

Essa organização policial manteve-se até o advento da República. Desde o final de 1889 até 1955, o intuito das legislações foi restringir as ações da polícia na realização de prisões, corpo de delito, bem como de buscas e apreensões.

Como vimos, a constituição da polícia no Brasil como é conhecida nos dias de hoje remonta a tempos longínquos. A lógica policial esteve presente nos somaneiros, homens encarregados do chamado policiamento civil do povoado no decorrer das semanas ou *somanas*, como se dizia na época (daí a sua denominação); depois, na vigilância dos quadrilheiros, que receberam esse nome por serem sorteados entre os moradores de uma quadra. Por volta de 1700, os quadrilheiros foram substituídos pelos guardas municipais e policiais, mais tarde sucedidos por capitães de bairro, todos estes considerados forças disciplinadas pelos alcaides e supervisores dos ouvidores.

Com a instituição do cargo de juiz de paz, em 15 de outubro de 1827, a polícia, em todo o território nacional, ficou incumbida da vigilância e prevenção dos delitos e da manutenção da ordem pública.

Em 10 de outubro de 1831, visando combater as insurgências contra o novo Império, foi criada a função de policiais armados, nacionais, com o encargo de defender a ordem interna e restabelecer a necessária pacificação. O governo pôde também criar os primeiros núcleos de corporações militarizadas, incumbidos de cuidar da "manutenção da ordem interna" (VIEIRA; SILVA, 1955, p. 153).

Segundo os autores, foi com o respaldo nessa lei que o brigadeiro Rafael Tobias de Aguiar, presidente da província de São Paulo, defendeu, junto ao Conselho do Governo provincial, a criação da companhia de infantaria com efetivo de cem praças e os oficiais competentes, e uma cavalaria com 30 soldados, comandada por um tenente. Em 5 de julho de 1832 foi aprovada a criação da Guarda Municipal Permanente de São Paulo, da qual se origina a Força Pública do estado de São Paulo.

A perspectiva de distinção dos papéis da polícia começa a ser discutida e viabilizada a partir das sucessivas modificações históricas, mais estruturais a partir de 1841. Daquele ano em diante, cada província passa a contar com a figura do chefe de polícia, com delegados e subdelegados necessários, com jurisdição ainda policial e criminal. As nomeações eram feitas pelo imperador, e só desembargadores e juízes de direito podiam ocupar o cargo. Os oficiais de quarteirão passaram a se denominar Inspetores de Quarteirão.

Datam desse período dois princípios fundamentais para a compreensão da polícia: a centralização e hierarquização do sistema policial, e a divisão das funções policiais em polícia administrativa e polícia judiciária. A polícia administrativa atuava na prevenção de delitos e na repressão de condutas que prejudicassem a ordem pública, entre outras funções. A polícia judiciária era incumbida de proceder a exames de corpo de delito, de prender culpados, conceder mandados de busca e apreensão e julgar os crimes. Foi sob essas bases policiais que as províncias passaram do regime imperial para o republicano.

O período republicano foi o mais expressivo, com grandes avanços para a instituição policial. Em fins de 1905, em São Paulo, a organização policial foi transformada em polícia de carreira, modelo expandido para os demais estados do Brasil. A polícia organizou-se em chefes de polícia, delegados auxiliares e delegados circunscricionais da capital. Foram criados também os distritos policiais, onde atuavam os subdelegados.

Nessa organização, os cargos eram nomeados pelo presidente do Estado e os candidatos precisavam ser bacharéis de Direito. Com a Lei n. 1.342, de 1912, foram feitas novas modificações organizacionais, entre as quais a separação entre a função judiciária e a administração policial. "À Polícia caberia o uso do poder, objetivado no emprego dos seguintes meios: a) regulamentos, ordens e proibições; b) permissões ou autorizações; c) coerção ou o uso da força destinada a reprimir o mal" (VIEIRA; SILVA, 1955, p. 232).

Esse período foi muito importante para a configuração da instituição policial. Em 1916, houve uma segunda reforma, que criou as regiões policiais e as respectivas delegacias regionais. Em 1924, a terceira reforma criou na capital as delegacias especializadas, com o objetivo de atender a demandas do campo da criminalística. A quarta reforma, de 1928, limitou-se a definir melhor as atribuições das respectivas autoridades, dividindo o território do estado em regiões, municípios, circunscrições, distritos e quarteirões.

O resgate da história da polícia no Brasil e em São Paulo evidencia que, nesse processo, sempre estiveram presentes o autoritarismo, o "uso da força" e a perspectiva de controle social. Em 1928 houve também uma modificação significativa, que definiu as atribuições das respectivas autoridades policiais, algumas vigentes até os dias de hoje. Ao que nos importa nesta pesquisa, cabe destacar o papel da figura dos inspetores responsáveis pelo policiamento dos quarteirões, de responsabilidade das subdelegacias de cada distrito. Aos inspetores cabia:

> a) Informar a autoridade policial sobre contravenções e delitos que se cometessem, assim como sobre os indivíduos suspeitos, vadios,

vagabundos, gatunos, cáftens e mais contraventores e criminosos, que achassem no quarteirão;

b) Prender em flagrante delito e lavrar os respectivos autos, marcando prazo para apresentar-se o delinquente à autoridade competente, quando o delito fosse daqueles em que o réu se livra solto;

c) Conter os ébrios e turbulentos que por palavras ou ações ofendessem a tranquilidade pública e a paz das famílias;

d) Prender os pronunciados ou não afiançados e os condenados à prisão, se para isso tivessem aviso e segundo as instruções da autoridade policial;

e) Vigiar tudo quanto pertencesse à prevenção dos crimes e contravenções;

f) Fazer o cadastro de seu quarteirão e informar as modificações que ocorressem. (VIEIRA; SILVA, 1955, p. 232)

O grande momento para os Anais da Polícia do Brasil foi a 2ª Conferência Nacional de Polícia, realizada entre os dias 3 e 8 de dezembro de 1951. Os temas principais foram os de ordem política e unificação das polícias, representadas por seis teses:

1. lidar com os atos ilícitos perante o direito de reunião e associação e as medidas policiais que os previnem;

2. propaganda subversiva falada e escrita;

3. alianças clandestinas de partidos e associações na ilegalidade;

4. intervenção da polícia na repressão às doutrinas contrárias ao regime democrático;

5. uniformidade de organização e ação dos organismos políticos;

6. necessária unidade de ação ante as atividades político-sociais de fins subversivos.

Quero me deter especialmente na quinta tese. Até aquele momento, as polícias dos estados não tinham nenhuma unidade de ação e a subversão comunista era vista como um risco eminente à ordem vigente. Por esse motivo, a Conferência concentrou-se em estudar formas de estabilizar as tradições democráticas para a segurança pública, de modo a combater os "inimigos da Pátria". Para construir a unidade proposta, o defensor dessa tese, Dr. Roberto de Pessoa, secretário da Segurança Pública do estado de Pernambuco, sugeriu um Regulamento Geral de Polícia ou mesmo um Código Nacional de Segurança Pública, em que seriam fixadas normas gerais para a manutenção da ordem e da segurança pública. Além disso, o policiamento ostensivo poderia ser executado com pleno êxito pelas polícias militares, ficando estas subordinadas às Secretarias de Segurança Pública, garantindo que cada estado tivesse uma única chefia e orientação.

No que se refere ao ensino militar, as pesquisas que realizei mostram que desde 1698 há experiências dessa natureza, que consistiam no curso de "Uso e manejo de artilharia" ministrado aos condestáveis, que tinham cargos em navios e fortalezas, e aos artilheiros da praça do Rio de Janeiro. Apesar da resistência da Coroa portuguesa, em 4 de dezembro de 1810, Dom Rodrigo conseguiu aprovar o Estatuto da Escola Militar e já em 23 de abril de 1811 começaram a ser ministradas as primeiras aulas na Real Academia. O efetivo de militares da época era de quatro mil homens para quatro milhões de habitantes.

Para Leal (2015), analisar a emergência da Real Academia Militar em 1810, pensada sistematicamente mais de dois séculos após a conquista portuguesa, exige ver que o ensino militar brasileiro como um encadeamento de uma tradição portuguesa é de negligência no que se refere ao preparo de seu exército, de uma terra que foi por séculos a fio local de soldados valentes, mas de chefes improvisados, que desconheciam a ciência da guerra.

Até o final do século XIX, houve no Brasil uma efervescência nascida nos quartéis por mudanças sociais profundas que buscavam romper com uma dada superficialidade demagógica que ressaltava apenas o aspecto formal da Proclamação da República, ocorrida em 1889. Sorrateiramente, desde 1859 e com o Decreto n. 5.884, de 8 de março de 1875, começou-se a buscar um alijamento do militar da vida pública.

Havia na época uma incontestável cultura de integração militar no bojo da discussão política do país, integração que se dava inclusive no processo formativo do militar como composição dos quadros intelectuais de matiz republicano para a nação e de pensamento político participativo fundado na democracia, na contramão de qualquer veio aristocrático de dignidade sanguínea, do paradigma militarista da guerra, da caserna como fábrica, da separação social militares/civis e de qualquer tipo de intervencionismo ditatorial sobre a sociedade livre. Essa era a premissa que foi desarticulada com o advento das reformas, ocorridas sobretudo após a Revolta da Escola da Praia Vermelha.

O militarismo republicano, prévio ao levante da Escola Militar em 1904, posicionou-se contra os interesses da monarquia, colidindo frontalmente com o Império vigente, a exemplo do que fez contra a perseguição dos escravizados.

Segundo Faoro (2001, *apud* LEAL, 2015), o carisma militar devia ser desmobilizado para evitar que provocasse lealdade no povo. Essa desmobilização foi colocada em prática com a redução dos efetivos de 100 mil, durante a conflagração, para 19 mil em 1871, acompanhada da diminuição do orçamento de 40% em 1850 para 34% em 1872.

Os oficiais do fim do Império brasileiro eram formados na Escola Militar da Praia Vermelha. Oriunda da antiga Academia Real Militar de 1810, era dividida em ensino de engenharia civil (que originou o ensino civil de engenharia do Brasil) e na histórica Escola Central, futura Escola Politécnica. Com a entrada do positivismo na escola, esta passou a ser um grande centro de estudos de matemática, filosofia e letras, em detrimento, dizia-se, das disciplinas propriamente militares. Após a Revolta da Vacina, um grande redirecionamento na formação nas Forças Armadas trouxe às polícias um modelo de militarismo empregado nas escolas de formação policial-militar, sobretudo na Força Pública paulista.

Em 1904, no contexto da revolta popular que eclodiu poucos dias antes no Rio de Janeiro em oposição à Lei de Vacinação Obrigatória contra a Varíola, um grupo de jovens oficiais do Exército protagonizou uma tentativa de golpe de Estado. Tratava-se do movimento conhecido como "Revolta da Escola Militar", que teve como seu líder intelectual o tenente-coronel Lauro Sodré, constantiniano convicto. A Lei da Vacinação foi o pretexto para o levante, motivado por outros interesses: Lauro Sodré, figura-chave, era líder do Partido Republicano Federal e a política nacional oligárquica do início do século XX facilitava a emergência de descontentamento entre os políticos sem poder; tratava-se de "uma disputa de grupos políticos intraelites" (cf. CASTRO, 2012, *apud* LEAL, 2015, p. 227).

A constituição da polícia militar no âmbito do estado de São Paulo acompanha todo o processo histórico de seu surgimento no Brasil. Adiante, veremos quais são as características da gênese da PM paulistana, uma das polícias que mais matam no mundo.

1.3. A polícia militar do estado de São Paulo, sua gênese e constituição

A polícia militar do estado de São Paulo foi criada em março de 1832, após reunião do Conselho da Província de São Paulo presidida pelo brigadeiro Rafael Tobias de Aguiar. O efetivo inicial era de cem homens a pé e trinta cavalos. Em 1880, foi instituído o Corpo de Bombeiros, formado por 21 homens e nascido no interior da corporação policial. Em 1888, começou a se formar o 1º Batalhão de Polícia de Choque (atualmente, Rondas Ostensivas Tobias de Aguiar — Rota), obra concluída em 1892 (cf. RODRIGUES, 2018).

Em 1906, com o intuito de modernizar a instituição, o estado de São Paulo contratou militares franceses, que permaneceram na cidade até 1924, deixando como legado a criação das escolas de formação de policiais militares, da escola de educação física, bem como o uso de bicicletas e de cães, entre outros.

A polícia militar de São Paulo participou em duas frentes na Segunda Guerra Mundial: interna, atuando nos postos de vigilância do Parque Industrial de São Paulo, na guarda de navios e de presos estrangeiros; e externa, na Itália, com um efetivo de 79 policiais. Foi esse o pelotão que deu início à atual Polícia do Exército. A consolidação da polícia militar em São Paulo só ocorreu em 1970, após a unificação da guarda civil com a força pública. A aviação da PM ressurgiu com a criação do Grupamento de Radiopatrulha Aérea, o 1º Águia.

Há nas PMs duas cadeias de comando, duas estruturas organizacionais, convivendo no interior de cada polícia militar, em cada estado da federação. Uma delas estrutura a hierarquia, ligando os praças aos oficiais, ao comandante geral da PM, ao secretário de segurança e ao governador; a outra é vinculada ao comandante do exército, ao ministro da defesa e ao presidente da República. É importante destacar que, apesar da autoridade estadual sobre "orientação e planejamento", a principal cadeia de comando subordina a PM ao exército. Essa duplicidade assimétrica expressa que as PMs estaduais constituem, potencialmente, poderes paralelos que subvertem o princípio federativo (SOARES, 2019).

As PMs estão organizadas como pequenos exércitos desviados de função, o que resulta em: "ineficiência no combate ao crime, incapacidade de exercer controle interno (o que implica envolvimento criminoso em larga escala) e insensibilidade no relacionamento com os cidadãos" (SOARES, 2019, p. 32). Essa afirmação do autor é fundamental para compreender a violência policial, a qual abordaremos em breve.

Considerando a história do surgimento da polícia no Brasil, pode-se afirmar que se trata de profissão relativamente recente, com padrões de competência e de responsabilidade pouco desenvolvidos se comparados aos estabelecidos pelas profissões mais tradicionais, regulada por padrões definidos segundo critérios de profissionais que não são policiais — juristas, acadêmicos, políticos, militares e, mais recentemente, até jornalistas. Nesse contexto, o conceito de violência policial tende a ser formulado de acordo com critérios estabelecidos fora das organizações policiais e incorporados livremente ou à força pelas organizações policiais e pelos policiais. Para melhor compreender essa forma de violência de Estado nos dias de hoje, faz-se importante entender as origens da militarização.

1.4. A gênese da militarização no Brasil

Com base na discussão feita até o momento, pode-se constatar que a instituição Polícia tem suas origens marcadas pelo autoritarismo, pela violência e pelo controle de forças que se opunham ao Estado. Vimos que essas oposições foram distintas ao longo da história do país, e aqui nos deteremos na fase da ditadura militar brasileira.

O golpe militar de 1964 colocou os militares como autores de atrocidades, de violências, de arbitrariedades e de torturas, ações incompatíveis com as Forças Armadas, indicando a deterioração dessa instituição diante das condições políticas. Na história do Brasil, as Forças Armadas foram várias vezes utilizadas para conquistas de poder. Para Nelson Werneck Sodré (2010), os golpes que afetaram a composição do poder foram os seguintes:

> [...] o de 1937, que estabeleceu o Estado Novo; o de 1945, que impediu a retomada da norma democrática, impondo a continuação do estadonovismo sob outra forma; o de 1954, que levou ao suicídio de Vargas; a tentativa de 1955, forjada pelo ministro Teixeira Lott em 11 de novembro; o de 1961, para impedir a posse do vice-presidente eleito; o de 1964, que resultou vitorioso e radical. [...] sempre com o mesmo sentido: intervir pela força militar contra o processo democrático normal. (SODRÉ, 2010, p. 483)

No Brasil, a segurança pública limitou-se historicamente a ações de contenção social, via forte repressão policial, principalmente após a ditadura militar (1964-1985). Em que pesem a redemocratização e o advento da Constituição Federal de 1988, marcas desse sistema centralizador e autoritário persistem até os dias de hoje, determinando os sistemas de segurança vigentes.

A base para a compreensão desse fenômeno é a própria construção histórico-cultural da sociedade brasileira. Nota-se que tendemos a minimizar os problemas de segurança pública, reduzindo-os a uma questão estritamente policial, que visa ao controle das chamadas "classes perigosas". Tal controle se sustenta pela "emergência de propostas, provenientes de distintos grupos, classes e categorias sociais, favoráveis a um rigoroso, rígido e mesmo autoritário controle repressivo da ordem pública" (SOUZA, 2015, p. 40).

Nosso aparato de segurança pública é voltado para a contenção e o controle dos mais pobres, com base em sistemas de justiça criminal e segurança "altamente seletivos, discricionários, autoritários, com baixo controle social, eficiência e transparência" (SOUZA, 2015, p. 41). Essa perspectiva está na contramão da concepção de segurança como bem público, tarefa do Estado em sua provisão. A Constituição Federal de 1988, em seu art. 144, define que:

> A segurança pública, dever do Estado, direito e responsabilidade de todos, é exercida para a preservação da ordem pública e da incolumidade das pessoas e do patrimônio, através dos seguintes órgãos: I — Polícia Federal; II — Polícia Rodoviária Federal; III — Polícia Ferroviária Federal; IV — Polícias Civis; V — Polícias Militares e Corpo de Bombeiros Militares. (BRASIL, 1988, *apud* SOUZA, 2015, p. 50)

No debate sobre os deveres da polícia militar com base na nossa Carta Magna, entre as atribuições do poder público, destaca-se a preservação da ordem pública, de competência exclusiva de determinados entes federados:

> A preservação da ordem pública, em seu aspecto de segurança pública, é atribuição privativa do Poder Executivo. Essa prerrogativa é reservada à União e aos Estados membros da Federação, que exercem suas funções

por meio das forças policiais que têm como missão a preservação do patrimônio e da incolumidade do cidadão. (RODRIGUES, 2018, p. 20)

Apesar de não existir supremacia entre os direitos fundamentais, alguns deles são de relevância primordial, pois sua violação resulta na inviabilidade de efetivação dos demais. Nessa perspectiva, a segurança pública tem estreita relação com a sobrevivência. É o que confirma o diploma legal da Declaração Universal dos Direitos Humanos das Nações Unidas, que em seu art. 3º aponta três direitos basilares: "todo ser humano tem direito à vida, à liberdade e à segurança pessoal".

Para Souza (2015), a segurança é mesmo um dos direitos fundamentais mais elementares do ser humano, certamente o direito que vem imediatamente depois do direito à vida. Esse direito é reconhecido não só na Constituição, mas também nos principais diplomas internacionais que incidem sobre direitos humanos. Além disso, a segurança pública corresponde a um Estado que possibilita e viabiliza o livre exercício de direitos, liberdades e garantias consagradas na Constituição e na lei. Nessa perspectiva, a segurança é simultaneamente um bem individual e coletivo.

Demarcar o marco constitucional é importante, pois devemos compreender que a política de segurança pública é dever do Estado. Essa premissa implica outra compreensão importante, a de que o Estado é o detentor do uso legítimo da violência, responsável pela segurança de todos, com vista à manutenção da ordem social. Vemos que, no cotidiano da vida vivida nas periferias das cidades e mesmo em locais mais empobrecidos, a classe trabalhadora sofre com acesso nulo ou inexpressivo às políticas públicas. A meu ver, o acesso à segurança pública chega a esse segmento social de outra forma, a ser discutida mais adiante.

Nesse viés de análise, Soares (2019) considera que o Brasil não reage à violência, pelos motivos expostos a seguir.

Em primeiro lugar, a direita combate os inimigos da ordem, vendo-os como criminosos, e defende a aniquilação do mal, do Outro, que tem classe, cor e endereço. Como vimos anteriormente, com base em Iamamoto e Ianni, trata-se da criminalização da questão social. Para enfrentar esse "inimigo", arma e aparelha a polícia, autorizando-a a matar, em nome da guerra às drogas.

Em segundo lugar, visto que para o autor não há liberais no Brasil, no sentido tradicional do termo, da linhagem de John Stuart Mill, daqueles que transcendem o livre mercado, o centro político brasileiro é cooptado pela direita. O liberalismo tupiniquim tem sido representado por "falcões conversadores que apoiam o Estado mínimo" (SOARES, 2019, p. 13). É a esquerda, em sua pluralidade e limitações, que tem se erguido contra essa situação.

Em terceiro lugar, a esquerda cumpre bem seu papel de denunciar os abusos do Estado, mas não se convenceu de que precisa

[...] assumir a responsabilidade de propor e construir alternativas institucionais e práticas. Afinal, por mais atraente que seja o ideal de uma sociedade sem classes e sem Estado — portanto, sem polícia — , sua efetivação não está posta no horizonte histórico. Há Estado e haverá Estado por muito tempo e, enquanto esse for o caso, será preciso apresentar opções e preparar-se para governar sem repetir os erros denunciados [...]. Há também um misto de ingenuidade intelectual e tibieza política: crê-se, com frequência, que tudo se resume à luta de classes, às mudanças da ordem econômica, e que seria perda de tempo, além de ilusório, ocupar-se das polícias, da Justiça Criminal, das penitenciárias, da política criminal, da arquitetura institucional da segurança pública. Outros acreditam que o Estado burguês consiste numa ditadura de classe, mesmo que a forma seja democrática, não restando espaço para resistência, reformas, processos contraditórios de mudança. Ou seja: revolução ou barbárie. E a tibieza política talvez derive do temor de que o mero ato de falar em segurança pública e em sua dimensão policial [...] contagie o locutor com a mácula de conservador, burguês, direitista. Como se o tema fosse necessariamente patrimônio da direita. (SOARES, 2019, p. 13)

Destaco esse terceiro ponto, pois, nestes anos de pesquisa sobre violência policial e militância na área, tem sido recorrente identificarmos, em setores da esquerda, sobretudo os que ocupam o Poder Executivo e Legislativo, que essa pauta está longe de ser tratada e enfrentada como se deve. O fosso entre a retórica desses grupos e a prática em ações prejudica eminentemente a vida cotidiana. Ao não ocupar devidamente o espaço nessa pauta, esses setores da esquerda entregam o debate às forças conservadoras, e "no vácuo de concepções e proposições democráticas, objetivas e inteligentes, avançam a demagogia e sua cópia mais perversa, o fascismo" (SOARES, 2019, p. 14).

O quarto motivo apresentado pelo autor refere-se à não participação dos policiais militares no debate sobre segurança pública. Quem fala em nome da categoria policial são os comandantes, os quais, na verdade, representam os governos que os nomeiam.

O quinto motivo é o debate público, que constitui uma questão bastante polêmica, por exigir conhecimento técnico, envolver valores e princípios e mobilizar muitos afetos, como o pavor e o horror, entre outros. Esse medo generalizado, presente em parte significativa de nossa sociedade, da burguesia a parcelas da classe trabalhadora, alimenta lideranças fascistas.

O sexto motivo está ligado à herança da escravidão, arrastada à modernidade híbrida pela via autoritária do desenvolvimento do capitalismo. Nessa perspectiva, as vidas não têm o mesmo valor.

Diante dessas seis questões fundamentais, faz-se imprescindível a compreensão dos personagens da barbárie que é a violência policial no Brasil. De um lado, está o policial, autorizado a matar segundo seu próprio arbítrio; do outro, o suspeito, majoritariamente jovem, negro, periférico, filho da classe trabalhadora, como vimos anteriormente. Ainda de acordo com Luiz Eduardo Soares, para que o ato de matar do policial seja isento de responsabilização são necessárias cinco condições:

> 1) Que haja a anuência explícita dos superiores hierárquicos, a qual se manifestará por palavras (ou silêncio), gestos (ou omissão) e obras (justificativas oficiais após cada ato); 2) que as instituições responsáveis

pelo controle externo da atividade policial (Ministério Público — MP) e pela persecução criminal (Polícia Civil, MP e Justiça) não atrapalhem; 3) que a vítima seja pobre e, preferencialmente, negra (porque a sociedade autoriza a brutalidade que confirma o racismo estrutural e a desigualdade); 4) que o território em que se realize o ato seja socialmente vulnerável — uma favela, por exemplo (espaço estigmatizado); 5) que o potencial matador não tenha escrúpulo moral, vestígio de compromisso ético nem superego — ou os tenha em modo perverso. (SOARES, 2019, p. 16)

No Brasil essas cinco condições estão presentes, efetivando-se cotidianamente, uma vez que vivemos uma questão histórica e arraigada em nossa sociedade. Esse cenário de barbarização da vida é exaltado pelos governadores que premiam as execuções sumárias com gratificações que não só suplementam os salários dos PMs envolvidos, mas também são incorporadas ao rendimento mensal. Tal medida absurda já ocorreu no Rio de Janeiro no governo de Marcello Alencar, do PSDB, nos anos de 1995 a 1998, em que a gratificação foi apelidada de "gratificação faroeste".

O incentivo à violência policial, por todas as razões já discutidas por Soares, expressa-se numa realidade de barbárie. O Anuário Brasileiro de Segurança Pública de 2023, com base em dados de 2022, mostrou que as polícias do país mataram um total de 6.430 pessoas no último ano, em serviço ou de folga, mantendo certa estabilidade em relação a anos anteriores. Em 2021, foram 6.524 mortes decorrentes de intervenção policial (MDIP), uma redução de 1,4%. Constatou-se que 83% dos mortos pela polícia eram negros, e 76% tinham entre 12 e 29 anos. A realidade desses dados escancara que o racismo estrutural não é retórico; ele é real e terrível.

O que podemos apreender com base nos estudos ora apresentados é que, nestes mais de 30 anos de Constituição, a segurança pública herdada da ditadura permaneceu intocável. "A transição democrática não se estendeu ao campo da segurança pública, até hoje confinado em estruturas organizacionais ingovernáveis, incompatíveis com as exigências [...] do Estado democrático de direito" (SOARES, 2019, p. 25).

Numa sociedade democrática, o objetivo da instituição policial deveria ser garantir direitos dos cidadãos. Para tanto, ela dispõe de mandato para recorrer ao uso comedido e proporcional da força — se, quando e na medida do estritamente indispensável — e para proceder a investigações, conforme previsto nos marcos legais vigentes. No entanto, no Brasil,

> [...] os objetivos do aparato de segurança, na prática, têm sido, preponderantemente, sustentar a segurança do Estado, encarcerar jovens negros e pobres para atender ao clamor por produtividade policial, "fazer a guerra" contra os suspeitos de envolvimento com crimes — por meio, inclusive, de execuções extrajudiciais — e criminalizar movimentos sociais, reprimindo-os de forma arbitrária. Na medida em que a realização desse objetivo inconstitucional envolve a aplicação seletiva (portanto, iníqua) das leis — as quais são refratadas por filtros de cor, classe e território, entre outros —, esse processo reproduz, aprofunda e promove desigualdades sociais. (SOARES, 2019, p. 26)

A Constituição brasileira define que as polícias militares são forças auxiliares e reserva do Exército (art. 144, § 6º) e sua identidade tem expressão institucional por intermédio do Decreto n. 88.777, de 30 de setembro de 1983, do Decreto-lei n. 667, de 2 de julho de 1969, modificado pelo Decreto-lei n. 1.406, de 24 de junho de 1975, e do Decreto-lei n. 2.010, de 12 de janeiro de 1983. A compreensão desse arcabouço legal é importante para entender que o Exército é responsável pelo controle e pela coordenação das polícias militares, e as secretarias de segurança dos estados têm autoridade sobre sua orientação e planejamento. As PMs estão obrigadas a obedecer a regulamentos disciplinares inspirados no regimento vigente no Exército (art. 47 do Decreto-lei n. 88.777/83). Os PMs obrigam-se a obedecer a regulamentos disciplinares pautados no regimento vigente no Exército e a seguir o regulamento de administração desse órgão.

Num mundo desregulamentado, flexível, plural, competitivo e repleto de incertezas, no qual cada um de nós é lançado à própria sorte e as pessoas estão cada vez mais estimuladas a construir muros e a comprar vigilância privada, o sentimento de insegurança é crescente. Os "outros" tornam-se ameaçadores, provocando medo e maior sensação de restrição ao direito de ir e vir, numa tendência de transferência de responsabilidades da esfera pública para a esfera privada, em que "os estranhos são a projeção dos nossos medos" (BAUMAN, 2003, p. 130, *apud* SOUZA, 2015, p. 56).

Para justificar a necessidade de dar respostas a esse estado de barbarização da vida no Brasil, observa-se que o Estado vem assumindo o lugar de transferir para a sociedade, organizações não governamentais e grupos privados, as responsabilidades do controle da violência e do crime. Essa conduta de partilha, a nosso ver, de desresponsabilização de suas funções constitucionais, encontra respaldo na própria Carta Magna, que atribui a todos a responsabilidade pela segurança pública.

A tendência de militarização da vida social está presente no mundo, marcado por privatizações/terceirizações da segurança. Nos Estados Unidos, há cerca de três mil empresas de segurança privada e são mais outras três mil ao redor do mundo, com crescimento anual de 300%. Esse rentável ramo empresarial movimenta cerca de US$ 100 bilhões ao ano e emprega de 19,5 a 25,5 milhões de pessoas. Muitas dessas empresas possuem cotação em bolsas de valores. No Brasil, de acordo com dados da Polícia Federal, existem hoje 2.963 empresas especializadas na prestação do serviço de segurança privada e outras 1.841 empresas orgânicas, ou seja, aquelas que podem, com autorização da Polícia Federal, executar a sua própria segurança, sendo que 240 novas empresas solicitam registro a cada ano. Calcula-se que, em 2021, segundo estimativas da Federação Nacional das Empresas de Segurança e Transporte de Valores (Fenavist), as empresas privadas de segurança privada tiveram um faturamento da ordem de R$ 36,3 bilhões.

Este cenário de organização da segurança privada evidencia um fenômeno amplo:

[...] a profusão de vários níveis e modalidades de preparação para guerra entre os cidadãos de bem da chamada "sociedade civil" indicando uma naturalização do convívio com a violência [...]; podemos destacar a expansão da posse (legal e ilegal) de armas, o aprendizado de técnicas de defesa pessoal, a blindagem de casas e automóveis, a utilização de câmeras de vigilância, o isolamento em condomínios fechados, a contratação de seguranças privados, a formação de milícias e gangues para eliminação dos indesejáveis [...]. A militarização é um sismógrafo dos abalos do poder legalmente instituído e um nutriente para ascensão dos regimes ditatoriais, a militarização atual desenvolve-se associada a um fortalecimento institucional e ideológico do chamado regime democrático. (BRITO; VILLAR; BLANK, 2013, p. 238)

A perspectiva de segurança pública como política e direito de cidadania é recente no Brasil. Até meados da década de 1990, não era possível dizer que tínhamos uma política no país:

O que existia era um sistema de segurança estatal não público, a serviço de determinadas classes e interesses (políticos e econômicos), montado para proteção patrimonial dos segmentos abastados e cuja burocracia, essencialmente militarizada, respondia às demandas de elites nacionais. (SOUZA, 2015, p. 62)

O resgate histórico que apresentei até aqui deixa nítido que, desde o surgimento da polícia no Brasil, desde os primórdios, a "segurança pública" que existia estava assentada numa estrutura que privilegiava as elites, em detrimento da classe trabalhadora.

Outro aspecto muito importante que quero discutir aqui se refere à questão federativa no âmbito da política de segurança pública. Ao contrário de outras políticas sociais, como educação, saúde e assistência social, a política de segurança pública é, segundo Souza (2015), uma "colcha de retalhos". Há indefinições legislativas, de financiamento, estruturais e em procedimentos operacionais, fatores que contribuem para uma desordem institucionalizada, com repercussões trágicas para a sociedade. Tais indefinições não têm sido enfrentadas pelos governos nos três níveis.

Os processos de descentralização, oriundos da Constituição Federal de 1988, não alteraram os arranjos tradicionais da política, advindos de um modelo autoritário e centralizador. No âmbito da segurança pública, a atual organização federativa expressa-se por alguns gargalos, quais sejam:

> [...] a burocracia altamente insulada e armada, sendo parte militarizada (policiais militares) e parte civil (policiais civis), diferente em cada um dos estados, com grandes disjunções e disputas entre as duas corporações e, internamente às polícias, entre diferentes hierarquias; na crescente participação dos municípios na política de segurança sem definição clara sobre o papel desses entes na política; nos históricos problemas de legitimidade das agências de segurança pública frente à opinião pública, deteriorando em alguns estados a relação entre essas instituições e a sociedade; nas graves violações de direitos, principalmente no sistema prisional; na baixa articulação entre os principais atores que compõem o sistema (polícias, Ministério Público, Judiciário, sistema prisional). Portanto, a onda descentralizadora que impactou as políticas públicas no Brasil, nas últimas décadas, teve efeito quase nulo no campo da segurança pública. (SOUZA, 2015, p. 87)

A segurança pública não se reduz à existência ou à inexistência de crimes; não se esgota na presença ou na ausência de fatos visíveis e quantificáveis, embora tenha relação com a experiência emocional, física e/ou simbólica da violência intolerável; incorpora a dimensão subjetiva, como o medo; é indissociável de algumas dimensões políticas fundamentais, como democracia ou ditadura, e da regência de formas locais de poder; diz respeito a toda a coletividade; seu alcance envolve as esferas públicas e privadas; depende de contextos específicos e de histórias singulares — é social, histórica. Nas palavras de Soares:

Segurança Pública é a estabilização universalizada, no âmbito de uma sociedade em que vigora o Estado democrático de direito, de expectativas positivas a respeito das interações sociais, ou da sociabilidade, em todas as esferas da experiência individual. (SOARES, 2019, p. 90)

Nessa perspectiva, a política de segurança pública tem como finalidade fazer com que as instituições do Estado, criadas com esse objetivo, como é o caso da polícia, cumpram seu mandato constitucional e tornem efetivos os compromissos fundamentais, afirmando os direitos. Esses compromissos são aqueles assumidos pela nação no contrato social que a Constituição expressa.

Ao analisar as modificações subsequentes ao período ditatorial que possibilitaram maior controle da ação policial e deveriam culminar na diminuição da violência desta, Paulo Sérgio Pinheiro e Guilherme Assis de Almeida (2003) destacam que, na Constituição Federal de 1988, as polícias militares e civis ficaram subordinadas aos governadores estaduais, que passaram a ser responsáveis pela formulação e pela implementação de políticas de segurança pública nos estados (CF, art. 144, § 6º). O referido dispositivo legal permitiu que os governos estaduais fortalecessem as secretarias de segurança pública e, através delas, passassem a organizar, preparar e empregar as polícias de acordo com políticas e estratégias voltadas para a segurança pública e não para a defesa nacional, contudo, com organização e funcionamento regulados pela legislação federal. Assim, os governadores recuperaram a prerrogativa de poder nomear os comandantes e chefes das polícias, mas não podem reestruturar individualmente o aparato policial.

Arthur Costa (2004) considera inovadora a atribuição ao Ministério Público (MP) da função de exercer o controle externo da atividade policial, conforme consta do art. 129, VII, da Constituição. Quanto ao que nos interessa aqui, o controle das atividades de polícias estaduais, civis e militares cabe ao Ministério Público estadual. Em São Paulo, esse controle externo está previsto tanto na Constituição Estadual de 1989 quanto na Lei Complementar n. 734/93 (Lei Orgânica do Ministério

Público de São Paulo), que determina que o Ministério Público de São Paulo o exercerá por meio de medidas administrativas e judiciais.

Apesar da importância da função do Ministério Público, fundamental para o controle externo das polícias, este não tem por hábito requerer outras investigações, solicitando o arquivamento dos casos mesmo quando a análise dos laudos cadavéricos aponta casos com características de abuso do poder letal, quando mostram a existência de disparos à queima-roupa, típicos de execuções sumárias, bem como apresentam lesões corporais não relacionadas a ferimentos à bala, fato que sugere que o suspeito poderia já ter sido dominado pelos policiais antes da execução. Partindo dessa premissa, entendo que o referido órgão tem sido alheio à sua prerrogativa de garantir o controle externo das polícias, fato que favorece o atual contexto aqui discutido. Minha afirmação baseia-se na experiência militante junto ao Movimento Mães de Maio, em quase 18 anos da existência deste. Dos casos de violência policial que acompanhamos desde Maio de 2006, incluindo dos nossos familiares, o MP não cumpriu seu papel constitucional, e são raros os exemplos contrários.

Na esfera do Poder Judiciário, a transferência da Lei Federal n. 9.299/96 da Justiça Militar para a Justiça Comum — mediante aprovação pelo Congresso Nacional e sanção do presidente da República, Fernando Henrique Cardoso — foi importante, uma vez que dispõe sobre a competência para julgar PMs acusados de crimes dolosos contra a vida de civis e de crimes praticados fora do serviço com armamento da PM. No entanto, conforme análise de Paulo de Mesquita Neto (1999), essa lei não abrange todos os tipos de crimes praticados por PMs, sendo insatisfatória do ponto de vista do controle policial.

Ainda no que diz respeito à justiça militar, sob a égide do Código Penal Militar, a maioria dos delitos cometidos por policiais é julgada pelo colegiado militar, mesmo no caso de crime de tortura previsto na Lei n. 9.455/97. A justiça militar não é o único obstáculo para o controle judicial da polícia. Além de serem julgados por seus pares, os desvios de conduta dos policiais são investigados por eles próprios. O que queremos ressaltar é que o julgamento de policiais militares acusados de desvio de conduta é realizado por seus pares. Os Inquéritos de Policiais Militares (IPMs) são "mal conduzidos ou instruídos, prejudicando o funcionamento da justiça" (COSTA, 2004, p. 112). Observa-se ainda que, nos casos de mortes de civis por ferimentos de arma de fogo, a abertura de inquéritos é insignificante. Segundo Ignácio Cano, do total de inquéritos remetidos ao Ministério Público Militar, 98% foram arquivados, pois geralmente os réus são absolvidos a pedido dos promotores, de acordo com representantes da defesa, sob a alegação de insuficiência de provas.

> Os IPMs remetidos ao Ministério Público continham, basicamente, os seguintes tipos de provas: laudo cadavérico para os casos de morte, perícia do local do incidente e depoimento de testemunhas. [...] poucos inquéritos possuem depoimentos de terceiros, normalmente civis [...]; a maior parte dos inquéritos continha apenas depoimentos de outros militares. (COSTA, 2004, p. 113)

A nosso ver, a justiça militar no Brasil não oferece condições para atender às demandas de responsabilização de militares por crimes cometidos contra civis. A discussão está no âmbito da Ação Direta de Inconstitucionalidade (ADI) n. 5.032, apresentada em 2013 pela Procuradoria-geral da República e, até a finalização do livro, ainda não julgada pelo STF. A ação pede que a Suprema Corte considere inconstitucionais trechos de uma legislação (Lei Complementar n. 136/2010), que aumenta a competência da justiça militar, permitindo que os próprios militares julguem colegas autores de crimes contra a vida de civis, causando uma ineficiência da administração do sistema de apuração e responsabilização dos militares pela prática de atos ilícitos. Até a conclusão deste texto, o julgamento da referida ADI não tinha sido concluído.

Entendo que, se um militar praticar o crime de tortura contra um civil durante uma operação do Exército e mesmo das PMs, este deve ser investigado e processado pela justiça comum, em uma ação independente; do contrário, o Brasil permanecerá como um violador de suas próprias leis e de tratados internacionais de direitos humanos. No portal da organização *Conectas*[1], o advogado e militante Gabriel Sampaio afirma que:

> A Justiça Militar no Brasil não oferece condições para atender às demandas de responsabilização de militares por crimes cometidos contra civis. Não há estrutura de atendimento às vítimas, nem de apuração independente, além disso, seus órgãos colegiados são majoritariamente compostos por militares que, sem formação jurídica, zelam pela hierarquia e disciplina militar, o que reforça sua legitimidade restrita a decidir sobre crimes funcionais e não condutas e crimes comuns praticados contra civis, como os de abuso de autoridade, tortura, homicídio, entre outros.

Cabe destacar que os mecanismos de controle da violência policial, anteriormente citados, representam um avanço em relação à situação vigente durante o regime militar — quando ainda inexistiam —; entretanto, tais mecanismos estão sujeitos a graves limitações que dizem respeito não apenas à sua existência e funcionamento, mas também e principalmente à sua efetividade. Dependem do funcionamento do Executivo, do Legislativo e do Judiciário, os quais, por sua vez, dependem do papel desempenhado pelos partidos políticos, que podem facilitar ou dificultar as ações voltadas para o acompanhamento, o monitoramento e a punição da violência policial.

O Judiciário, o MP e as corregedorias de polícia tendem a atuar principalmente depois de verificada a prática da violência policial para identificar e punir os responsáveis. Não há empenho quanto à prevenção da prática da violência policial. É importante ressaltar que

---

1. Cf. STF decide se crimes cometidos por militares devem ser processados pela Justiça Civil. *Conectas*, 9 fev. 2023. Disponível em: https://www.conectas.org/noticias/stf-decide-se-crimes-cometidos-por-militares-devem-ser-processados-pela-justica-civil/. Acesso em: 10 dez. 2023.

esses mecanismos formais/legais, quando funcionam, concentram-se na identificação e na punição de policiais responsáveis pela prática de violência, isentando o Estado pela condução de uma polícia letal. Diante de todo o contexto histórico aqui citado, vemos que, apesar de todas as mudanças institucionais, as práticas cotidianas da polícia permanecem violentas, arbitrárias e ilegais. O Estado, o principal defensor de direitos, "o defensor *pacis*, o maior garantidor de pacificação, simplesmente não está a serviço dos cidadãos [...]; não há Estado útil, acessível, requisito básico de uma democracia consolidada" (PINHEIRO; ALMEIDA, 2003, p. 50).

A polícia percebe o Estado de direito como obstáculo e não como garantia efetiva de segurança pública, entendendo que o seu papel — da polícia — é proteger a sociedade dos marginais de qualquer forma, ainda que à margem da lei.

As vítimas da PM são vistas como pessoas de menor importância, julgadas na ação policial como bandidos *a priori*, diferentes do conjunto dos "autênticos" cidadãos. São, conforme entende Paulo Arantes (2007, p. 63), "as classes torturáveis que não por acaso são compostas de presos comuns, pobres e negros". Corroborando nossas reflexões acerca dos processos crescentes de criminalização da pobreza, bem como compreendendo a violência policial como expressão da violência do Estado — presente em distintos períodos da história da sociedade brasileira —, identificamos que nos dias de hoje:

> Incorporando o antigo "inimigo interno" do passado ditatorial à atual consigna internacional de "guerra ao terrorismo", as polícias transferiram essa "guerra" para o imenso contingente das populações periféricas pobres das cidades, formado em grande parte por negros, que por sua fragilidade está mais próxima dos pequenos crimes contra o patrimônio das classes A e B e do pequeno tráfico de drogas. O "inimigo interno" passou a ser este contingente populacional. A violência institucional passou a ser essencialmente uma forma de controle social dessas "classes perigosas". (ALMEIDA, 2007, p. 12)

As raízes da militarização da vida no Brasil, como vimos, provêm de uma construção histórica marcada pelo autoritarismo e pela violência, que perpassou a fase colonial, imperial e republicana brasileira, retomada na fase ditatorial (1964-1985). Em que pesem a redemocratização e o advento da Constituição Federal de 1988, que, conforme expusemos anteriormente, traz em sua redação garantias de direitos previstos como deveres do Estado, o plano prático de sua implementação jamais ocorreu.

Nossa condição de país de economia periférica no capitalismo provoca a subordinação do Estado nacional ao capital financeiro. Tal condição expressa-se pelo endividamento público, somado às privatizações via Organizações Sociais e ao sucateamento dos serviços públicos. Segundo Marcela Pontes (2017), esses três fatores são fortes entraves à universalização dos direitos sociais da classe trabalhadora brasileira, sendo que a Constituição Cidadã:

> [...] chega de mãos dadas com o neoliberalismo [...]. A década de 1990 inaugura a aliança entre a burguesia neoliberal (nacional e estrangeira) [...]. ao mesmo tempo, os chamados territórios da pobreza passam a ser criminalizados em larga escala. (PONTES, 2017, p. 42)

Essa legalização da criminalização agudizou-se nos idos dos anos 2000. A Lei n. 11.343/2006, que institui o Sistema Nacional de Políticas Públicas sobre Drogas, conhecida como Lei Antidrogas, representou um aumento de 62% de encarcerados no país entre 2007 e 2010, com uma maioria de réus primários sem vinculação com o crime organizado. Marcela Pontes aponta como significativos o processo de expansão territorial das favelas, o aumento das pessoas em situação de rua e de espaços caracterizados como *locus* de consumo de crack, como a cracolândia, condições que favorecem a universalização da ideologia criminalizadora. O modelo de acumulação capitalista do período neoliberal caracteriza-se por um processo de lumpemproletarização da classe trabalhadora e pelo agigantamento do Estado punitivo de controle como forma de gerir a pauperização dos de baixo.

A partir de 2011, três fatores determinantes do modelo neodesenvolvimentista das políticas de Estado foram marcas do governo Dilma Rousseff, tendo as seguintes características:

> [...] expansão geográfica do Capital no campo; expansão geográfica do Capital através do reordenamento dos grandes centros urbanos com vistas à especulação capitalista e militarização das áreas nobres e dos territórios da pobreza; e incremento da acumulação financeira via pilhagem de recursos públicos. [...] a cidade do Rio de Janeiro é emblemática da sincronia de intervenções do Estado desenvolvidas para impor, cirurgicamente, uma verdadeira reestruturação da acumulação produzida pela reordenação dos espaços urbanos. (PONTES, 2017, p. 44)

O ano de 2008 é considerado um marco significativo para a compreensão da militarização da vida no Brasil. Naquele ano, foi instituído o Decreto n. 6.703, que aprovou a estratégia nacional de defesa, ratificando a participação das Forças Armadas em operações internas de Garantia da Lei e da Ordem, momento no qual é inaugurada a guerra aos pobres, sob a justificativa de guerra às drogas. Essa estratégia de repressão baseava-se na ação conjunta dos braços repressivos do Estado, envolvendo Forças Armadas, polícias civil e militar, incluindo a Força Nacional de Segurança e a Polícia Rodoviária (PONTES, 2017). A invasão ao Morro do Alemão em 2010 foi um exemplo dessa estratégia repressiva. Na ocasião, em uma semana, 22 mil homens armados foram destacados para essa ação, o dobro do contingente utilizado na intervenção no Haiti e um quinto do número de militares na invasão dos EUA no Afeganistão. Sob a lógica de que os moradores das comunidades são "classe perigosa" e deles se quer apartação, após a invasão da Rocinha, uma das medidas iniciais foi a instalação de câmeras de monitoramento 24 horas. O controle militarizado implementado é ultratecnológico, visando garantir a vigilância constante sobre a classe trabalhadora.

A Lei Antiterrorismo n. 13.260 regulamentou o art. 5º da Constituição Federal, disciplinando o terrorismo, e foi sancionada por Dilma

Rousseff em 2016 na esteira da realização das Olimpíadas no país. O objetivo original da proposta no Congresso era conter *Black Blocs* presentes em diversas manifestações no país. Na época, a proposta original no Congresso não trazia qualquer ressalva a movimentos sociais. Ao longo do debate legislativo, foi incluído um artigo que excluía da legislação manifestações políticas, movimentos sociais, sindicais, religiosos, de classe ou de categoria profissional. Na ocasião, Dilma sancionou a legislação por ser uma demanda do Grupo de Ação Financeira do G-20, mas vetou oito artigos polêmicos após pressão dos movimentos sociais.

A partir desse respaldo legal, a repressão, já existente desde sempre, foi legitimada, ocorrendo o endurecimento da repressão e o avanço da criminalização de partidos e movimentos de esquerda. Essa premissa é confirmada por inúmeros casos de invasões a sedes e acampamentos do Movimento dos Trabalhadores Rurais Sem Terra (MST). Nesse sentido, enquanto o capital não for destruído, o terrorismo burguês, que impõe a lumpemproletarização e a miséria através da apartação da terra ou do produto do trabalho, permanecerá sobre os despossuídos: desde sempre, máquina superestrutural pública e privada — de acumulação primitiva, genocídio e encarceramento (PONTES, 2017).

1.5. A violência policial como expressão da militarização da vida

Apesar de estarmos num Estado dito democrático e de direito, vemos diuturnamente e de forma sistemática a violência perpetrada pelo Estado via seus agentes, pela violência policial. Segundo Fernandes (2011), essa ação ao arrepio da lei é expressão da ideologia repressora que se enraizou no contexto ditatorial e não teve fim com o término da ditadura; ao contrário, se disseminou ao longo das últimas décadas, agregando elementos próprios dos contextos em que se deu e se dá, incorporando ainda valores ideoculturais.

Nos Crimes de Maio de 2006, a violência atingiu e dilacerou brutalmente a vida de muitas famílias no estado de São Paulo, na capital e na Baixada Santista. Foram mais de 600 vidas dizimadas por execuções sumárias, com uma média de seis tiros por vítima, em sua maioria jovens, negros e periféricos, de 15 a 24 anos de idade, entre os dias 12 e 20 de maio daquele ano. Mortes brutais perpetradas pelo Estado brasileiro, através de seu braço armado, a Polícia Militar de São Paulo (PM-SP). Houve, ainda, cinco jovens vítimas de desaparecimentos forçados, perpetrados por policiais da Rota — tropa de elite da PM-SP — e por sua força tática. Novamente, são os agentes do Estado que têm legitimidade para matar, exterminar, tirar a vida de outro ser humano e fazer desaparecer o corpo, visto que sem este não existe crime.

Entre as práticas presentes no contexto latino-americano, destaca-se a violência policial, sobretudo por ser cometida por agentes do Estado contra os cidadãos. Para ter uma ideia da dimensão dessa questão, é preciso compreender a instituição policial e a especificidade da violência por ela cometida, bem como alguns conceitos importantes presentes nesse processo.

Para não cometer uma negligência teórica, cabe antes esboçar um quadro sucinto da perspectiva de violência que fundamenta meus estudos e produções, desde a graduação. Marilena Chaui entende a violência como relação de força no campo das relações interpessoais e das relações interclasses sociais. Assim:

> [...] a violência é a conversão de uma diferença e de uma assimetria numa relação hierárquica de desigualdade com fins de dominação, de exploração e de opressão [...]. Entende também como violência as ações que coisificam o ser humano, tirando-lhe a condição de sujeito: quando a atividade e a fala de outrem são impedidas ou anuladas, há violência. (CHAUI, 2006, p. 35)

Mesmo inserida numa lógica de banalização do mal, como vimos, a sociedade brasileira é marcada pelo mito da não violência, que se baseia em dois procedimentos principais, significativos para fundamentar nossa análise acerca da violência:

> 1. *um procedimento de exclusão*: *afirma-se que a nação brasileira é não violenta e que os brasileiros não são violentos, portanto, se há violência, é praticada por gente que não faz parte da nação brasileira* [...]. O mito produz a imagem de um "nós", contra um "eles", que coloca estes últimos fora da nação, em suas margens;
> 2. *um procedimento de distinção entre o essencial e o acidental*, por essência (ou por natureza), *a nação é não violenta e, portanto, a violência é algo acidental, um "surto", uma "onda" uma "epidemia"* [...]; a violência é passageira, momentânea e pode ser afastada. (CHAUI, 2006, p. 125; grifos nossos)

O segundo procedimento tem como função garantir que, caso ocorra, a violência seja entendida como praticada por "eles", em momentos pontuais, de "surto". Diante do exposto, conclui-se que o mito da não violência está encarregado de negar a realidade das formas de dominação engendradas pela divisão social das classes no modo de produção capitalista, afirmando a unidade social como unidade nacional e apresentando como violação acidental tudo o que manifeste a existência da divisão, da exploração e da dominação, tal como ocorre na violência policial, recorrentemente justificada. Dessa maneira:

> [...] o acidente violento pode ser legítima e legalmente eliminado na qualidade de perturbador da ordem e da paz social. Quanto mais pública a violência se torna, isto é, *quanto mais revela sua determinação socioeconômica, tanto mais o mito ganha força, pois é construído justamente para retirar a violência do contexto que a origina.* (CHAUI, 2006, p. 133; grifos da autora)

A partir dessa definição de violência, discutimos anteriormente que as polícias são instituições "autorizadas a usar a força", entendimento quase unânime entre os autores apresentados. No entanto, é preciso "diferenciar entre uso da força e violência policial. A linha demarcatória entre essas duas categorias não é muito nítida e varia de acordo com a época e a sociedade" (COSTA, 2004, p. 12). Assim, determinada prática policial vista como legítima, legal e até natural pode ser interpretada como violenta, ilegítima e ilegal em outra época ou sociedade.

Considerando esse aspecto, Arthur Costa discute expressões dessa violência, ao invés de defini-la. A seu ver, inúmeras práticas são reconhecidas como violência policial. Mencionamos seis dessas práticas, que para nós são as mais emblemáticas:

1. *Tortura*: trata-se da imposição deliberada de força e sofrimento físico ou psicológico contra cidadãos detidos pela polícia. Geralmente é empregada para facilitar a obtenção de informações, confissões ou mesmo para punir suspeitos supostamente envolvidos em atividades criminosas. Na América Latina a prática de tortura por parte de policiais tem uma longa história, porém, foi durante as ditaduras militares, dos anos 1970 e 1980, que essa prática se tornou mais conhecida;

2. *Detenções violentas*: uso injustificado da força para deter suspeitos;

3. *Mortes sob custódia*: cidadãos detidos e sob custódia policial. Não raras vezes, morrem sob circunstâncias suspeitas. As mortes sob custódia representam um tipo específico de violência policial: o assassinato de detidos por parte de policiais, seja como forma de punição, seja na forma de "queima de arquivo";

4. *Abuso da força letal*: supostamente, a força letal, ou seja, a permissão para matar, deve ser usada apenas em casos extremos, quando a vida do policial ou de outro cidadão estiver em perigo. Há três formas de aferir a frequência do uso da força letal. A primeira delas diz respeito à *relação entre civis mortos e feridos pela polícia*. Espera-se que o número de feridos supere o de mortos. Do contrário pode-se inferir que o poder letal não está sendo usado apenas para a proteção de vidas. Outra medida para estimar o uso letal da força policial é a relação entre policiais e cidadãos mortos em confrontos armados. A expectativa é de que as baixas entre policiais sejam menores, uma vez que se supõe que sejam mais bem treinados e equipados;

5. *Controle violento de manifestações públicas*: uso da força como instrumento principal para controlar manifestações públicas e motins, em detrimento de outras técnicas, como negociação, isolamento e dispersão de multidões, também é uma das formas de violência policial. Uma das variações desse tipo de violência policial é o controle violento de rebeliões nas prisões. O uso indiscriminado de força para conter os levantes nas penitenciárias, em lugar do emprego de técnicas de negociação, também é uma forma de violência;

6. *Operação Polícia*: quando a violência é dirigida contra suspeitos, toma forma de detenções violentas ou abuso da força letal, mas, quando é dirigida contra determinadas populações, normalmente grupos sociais vistos como perigosos, constitui uma forma específica de violência policial e intimidação e vingança, caracterizada pela violência cometida por policiais que organizam grupos paramilitares para submeter grupos sociais ou dissidências políticas. (COSTA, 2004, p. 13, grifos nossos).

É importante ressaltar que a violência policial institucional é composta por um conjunto de atos que culminam numa cadeia única de fatos que:

> [...] começa pela abordagem truculenta e desrespeitosa, segue-se de maus-tratos e torturas não apenas dentro dos órgãos do sistema penal, mas também nos camburões, nas ruas e até nas casas das vítimas, culminando, em seu estágio limite, nas execuções sumárias. (ALMEIDA, 2009, p. 5)

Segundo a autora, essa violência é dirigida especificamente contra a classe social pobre. Desse modo, trata-se de uma:

> [...] guerra social do Estado contra a pobreza [...], as execuções sumárias, que são apoiadas por grande parte da opinião pública, quando não ignoradas como fato banal. Policiais e agentes do Estado naturalmente olham antes de atirar. Não fosse assim, as execuções sumárias não atingiriam especificamente os habitantes do território da pobreza, em seus bairros e favelas ou nas ruas das cidades. (ALMEIDA, 2009, p. 5)

Os organismos internacionais discutem o "alto grau de letalidade" das polícias brasileiras. Elas mais matam do que prendem, geralmente são orientadas para o confronto e em certa medida o criam, desde que se trate de coibir atos infracionais cometidos pelas populações periféricas pobres das grandes cidades (cf. ALMEIDA, 2009).

A militarização levou a polícia militar de São Paulo a ser mais violenta que toda a polícia dos EUA. Segundo relatório da organização não governamental Human Rights Watch[2], as polícias de São Paulo e Rio de Janeiro juntas matam mais que todos os países que têm pena de morte no mundo. Os dados divulgados pela organização contradizem pelo menos 51 dos mais de 11 mil casos registrados como auto de resistência seguido de morte pelos policiais, desde 2003. Em 33 casos, técnicas forenses vão contra as versões oficiais para os homicídios e em 17 mostram que a vítima recebeu um tiro à queima-roupa. O documento *Força letal: violência policial e segurança pública no Rio de Janeiro e em São Paulo*[3] também mostra que as polícias dos dois estados estão entre as que mais matam em todo mundo.

É revoltante que, durante estes anos de pesquisa sobre o tema, a letalidade policial tenha crescido tão absurdamente, como revelam os dados que representam de forma subnotificada essa tragédia brasileira. Em 2019, o Brasil teve ao menos 5.804 pessoas mortas por policiais, um dado maior que em 2018 (cf. VELASCO; GRANDIN; REIS, 2019). No mesmo período, 159 policiais foram assassinados — número bem menor que o do ano anterior. Os dados são provenientes de um levantamento também feito pelo *G1* com base nos dados oficiais de 25 estados e do Distrito Federal, com exceção de Goiás, que se recusa a fornecer seus dados oficiais. A alta vai na contramão da queda de mortes violentas no país, que em 2019 teve 41.635 vítimas de crimes

---

2. Cf. Relatório afirma que polícias de SP e RJ são as mais violentas do mundo. *Sedep*. Disponível em: https://www.sedep.com.br/noticias/relatrio-afirma-que-polcias-de-sp-e-rj-so-as-mais-violentas-do-mundo/. Acesso em: 5 maio 2019.

3. Disponível em: https://www.hrw.org/pt/report/2009/12/08/256012. Acesso em: 20 fev. 2024.

violentos, menor número desde 2007, ano em que o Fórum Brasileiro de Segurança Pública passou a coletar os dados. Já o número de policiais mortos caiu 51% — foram 326 oficiais assassinados em 2018. É o terceiro ano seguido em que há um aumento de mortes por policiais e uma diminuição de policiais mortos. Os dados, inéditos, compreendem todos os casos de "confrontos com civis ou lesões não naturais com intencionalidade" envolvendo policiais na ativa (em serviço e fora de serviço).

No ano de 2020, em plena pandemia da covid, que levou os estados a adotarem diversas medidas de isolamento social, houve alta na violência, mesmo com menos pessoas nas ruas. No primeiro semestre daquele ano, ao menos 3.148 pessoas (cf. VELASCO *et al.*, 2020) foram mortas por policiais em todo o país. O número é 7% mais alto que o registrado no mesmo período do ano anterior, quando houve 2.934 mortes. Os casos de policiais que morreram em serviço e fora de serviço também aumentaram nos primeiros seis meses daquele ano. Foram 103 policiais mortos, contra 83 no ano anterior, o que representa um aumento de 24%.

No que se refere aos dados paulistas, os seis primeiros meses de 2020 foram marcados por um recorde histórico: 498 pessoas perderam a vida nas mãos de policiais militares, 435 mortos por PMs em serviço e os demais por policiais de folga. É o maior número já registrado num primeiro semestre desde que a Secretaria da Segurança Pública passou a disponibilizar esses dados, em 1996.

Segundo matéria da *Ponte Jornalismo* (cf. SALVADORI, 2020), os homicídios cometidos pela polícia explodiram na gestão do governador João Doria (PSDB). Entre outubro de 2020 e junho de 2021, o governo registrou três trimestres consecutivos em que as mortes ficaram acima da média registrada desde 2016 (antes disso, as estatísticas não informavam as mortes cometidas por policiais de folga).

Infelizmente, os casos de violência policial são diários. No intervalo entre a defesa da tese de doutorado e a elaboração deste livro, fomos mais uma vez vítimas dessa violência quando nossos jovens periféricos, em sua maioria negros, foram assassinados na Operação Escudo[4], deflagrada pela Secretaria de Segurança Pública de São Paulo (SSP) em 28 de julho de 2023, um dia após a morte do soldado da Rota Patrick Bastos Reis, em Guarujá, e encerrada no início de setembro do mesmo ano, com ao menos 28 mortes[5].

Laudos do Instituto Médico Legal (IML) revelam que 15 dos 24 mortos considerados suspeitos pela polícia e que teriam entrado em confronto com as equipes tinham 46 tiros. Uma dessas vítimas foi Felipe Vieira Nunes, que levou sete tiros disparados por agentes da Rota em Guarujá. A ação não foi registrada porque a câmera estaria sem bateria.

Segundo nota[6] de importantes organizações de direitos humanos, como: Comissão Arns, Conectas, Instituto Igarapé, Instituto Sou da Paz e NEV/USP, nos últimos anos, a polícia militar do estado de São Paulo implementou uma série de medidas visando ao controle do uso da força. Entre as inovações mais efetivas, está o programa "Olho Vivo", que equipou policiais com câmeras portáteis (COPs) que gravam a rotina operacional. A nota diz que estudo realizado pelo Fórum Brasileiro de Segurança Pública indicou uma queda geral de 62,7% na letalidade policial, entre 2019 e 2022, com especial ênfase nas unidades já equipadas com as COPs. Análise realizada pelo CCAS/FGV, com colaboração da PMESP, indica que as câmeras foram responsáveis diretamente por 57% de redução no número de mortes decorrentes de intervenção policial e queda 63% nas lesões corporais causadas por policiais militares. Estudo recente do Instituto Sou da Paz revela que

---

4. Cf. TJ decide que policiais militares não são obrigados a usar câmeras em operações após ataques. *G1*, 13 dez. 2023. Disponível em: https://g1.globo.com/sp/sao-paulo/noticia/2023/12/13/tj-decide-que-policiais-militares-nao-sao-obrigados-a-usar-cameras-em-operacoes-apos-ataques.ghtml. Acesso em: 20 dez. 2023.

5. Uma nova fase da Operação Escudo, denominada Operação Verão 2024, foi lançada em 2 de fevereiro de 2024, após a morte do policial militar da Rota Wesley Cosmo, em Santos. Até dia 20 de fevereiro, ao menos 30 pessoas foram mortas em supostos confrontos com a PM.

6. Organizações alertam sobre risco de desmonte da política de uso de câmeras corporais pela polícia de São Paulo. Disponível em: https://soudapaz.org/o-que-fazemos/conhecer/analises-e-estudos/analises-e-estatisticas/letalidade-policial/?show=documentos#10403-3. Acesso em: 20 fev. 2024.

os casos de mortes de jovens (entre 15 e 24 anos) caíram 46% após a implementação das câmeras.

As entidades também afirmam que um importante resultado do uso das câmeras corporais é a significativa redução no número de mortes de policiais. Em 2020, 18 PMs foram vítimas de homicídio durante o trabalho no estado de São Paulo; em 2021, foram quatro (-77%); em 2022, foram seis (-66%). Há evidências científicas de que as câmeras diminuem a necessidade do uso da força, mas não a capacidade da polícia de contribuir para a redução dos índices de criminalidade. Pelo contrário, policiais com COPs produzem mais notificações no sistema interno da PMESP, o que gerou, por exemplo, um aumento de 102% nos registros de violência doméstica.

Apesar dessas evidências, o governo de Tarcísio de Freitas tem trabalhado para a desconstrução da política de controle do uso da força. As entidades que subscreveram a nota destacam que, durante a campanha eleitoral de 2022, Tarcísio de Freitas deu declarações contrárias ao uso das câmeras. Uma vez eleito, o governador tem ignorado as múltiplas evidências sobre os efeitos positivos das COPs e trabalhado para frear o seu uso, ao congelar o cronograma de implementação das câmeras e cortar o orçamento previsto para a manutenção dos equipamentos. Segundo o planejamento orçamentário aprovado na Assembleia Legislativa de São Paulo (Alesp), no ano de 2022, o programa "Olho Vivo" deveria contar com R$ 152 milhões em 2023, valor que já foi reduzido em mais de 20%. O planejamento da Alesp previa ainda a compra de mais 5 mil câmeras para a polícia militar (um crescimento de aproximadamente 50%), mas o atual governo não fez os aportes necessários para tal.

No contexto de um Estado fascista, o Tribunal de Justiça de São Paulo, acompanhando o governador Tarcísio, na sua sanha por destruir o programa "Olho Vivo", decidiu, no dia 13 de dezembro de 2023, que policiais militares não são obrigados a usar câmeras corporais em operações que tenham o objetivo de responder a ataques sofridos por agentes das forças de segurança do Estado, como no caso da Operação Escudo, na Baixada Santista. A decisão do presidente do

TJ, desembargador Ricardo Anafe, foi seguida pelos outros 24 desembargadores. Em setembro daquele ano, uma liminar de primeira instância determinou que o uso da câmera nessas operações deveria ser obrigatório. Horas depois, o presidente do Tribunal de Justiça derrubou a decisão por entender que o aumento de gastos com as câmeras interferia diretamente no planejamento orçamentário do governo e na definição das políticas de segurança pública.

A matéria citada registra que tanto o governador como o comando da polícia militar alegam que os policiais matam em legítima defesa, dizem que a explosão das mortes foi decorrente de um aumento nos confrontos com supostos criminosos, mas os números não corroboram essa tese. No mesmo período, o número de pessoas presas em flagrante foi de 52.671, o menor número desde 2011, o que representa uma redução de 19% em relação às 65.042 pessoas presas em flagrante no primeiro semestre de 2019. "Não se prende morto em flagrante delito, por isso a alta em um e redução no outro", é o que diz o tenente-coronel aposentado da PM paulista, Adilson Paes de Souza, mestre em Direitos Humanos pela Universidade de São Paulo.

Existem "causas históricas" que explicam o aumento da letalidade policial: "a ideia de eliminação do inimigo, o apelo popular para matar pessoas, achando que pode trazer segurança", e também o "discurso de aumento do uso de armas" (SOUZA, 2015, p. 53).

Os sujeitos da classe trabalhadora e a juventude pobre e marginalizada, com os quais as/os assistentes sociais lidam cotidianamente, devido às suas condições sociais de vida, têm sido alvo dessa violência policial. Sobretudo jovens negros, residentes em áreas periféricas das cidades, têm sido vítimas de um extermínio deliberado, fomentado por muitos governantes. Durante a gestão do Executivo por um presidente de ultradireita, o então governador paulista, João Doria, não manifestava nenhum tipo de constrangimento com suas posições.

Em 15 de janeiro de 2019, em entrevista no lançamento do programa "Rodovia Mais Segura", o governador disse que, a partir da sua gestão, o bandido que fosse imobilizado e ainda assim reagisse não iria mais para prisão, mas sim para o cemitério. No mês seguinte, em visita a Minas Gerais em 12 de fevereiro de 2019, no início de sua gestão como governador de São Paulo, João Doria mostrou-se alinhado com o pensamento do então presidente Jair Bolsonaro sobre segurança pública. Durante o evento Conexão Empresarial, realizado em Nova Lima, na região metropolitana, Doria garantiu energia para lidar com os criminosos:

> *"A ordem é imobilizar o bandido e, se ele reagir, vai para o cemitério.* Não tem conversa, o bandido não é bobo, já sabe, o recado está dado. Força, determinação e nenhuma condescendência com facções criminosas", afirmou. Ele também defendeu a escolha do general Pires de Campos para comandar a Secretaria de Segurança Pública paulista. "Vai gerir a segurança pública quem tem força, determinação, conhece estratégia para pronta-resposta e não tem nem medo de bandido nem medo de quem vem em nome dos direitos humanos dizer que a gente tem que tratar bandido com carinho", garantiu. "Temos que tratar pessoas de bem, proteger os nossos policiais. Essas pessoas merecem. *Bandidos têm que ir para a cadeia e, volto a dizer: se reagir, vai para o cemitério."* (SIMONINI, 2019, grifos nossos)

Observa-se uma criminalização da pobreza, sobretudo entre os jovens negros. O que ocorre é uma verdadeira guerra contra as favelas e a periferia:

> As mortes em massa por homicídio no Brasil acomodam-se ao funcionamento cotidiano do regime democrático em voga no país. Contudo, formam um painel social tão horripilante que ultrapassa, em termos de média anual, o somatório de mortes dos doze maiores conflitos armados espalhados no mundo. [...] No Brasil, não há guerras civis nem enfrentamentos étnicos e/ou religiosos oficialmente declarados ou reconhecidos. [...]
> Os ecos da escravidão ainda retumbam implacavelmente no quadro brasileiro de homicídios [...]. A distribuição espacial dos homicídios no

Brasil é assimétrica: algumas localidades apresentam taxas equivalentes às menores do mundo, ao passo que outras, às maiores. O peso da seletividade, por conseguinte, é econômico, étnico e espacial. (BRITO; VILLAR; BLANK, 2013, p. 216-217)

Os homicídios no Brasil são marcados pela seletividade econômica, étnica e espacial, e encontram-se no andamento do processo democrático. Dado o enredamento crescente da violência com os regimes democráticos, cria-se um problema nestes tempos de democracia: "a manutenção da própria democracia como um persistente estado de exceção sob os influxos das leis férreas da acumulação capitalista" (BRITO; VILLAR; BLANK, 2013, p. 220). Ocorre um espalhamento da exceção (incrustada na regra), em nome da defesa da regra, cuja reprodução, contudo, é cada vez mais envolvida na exceção e dependente dela.

Pelos estudos já realizados, constatei que a maioria das mortes perpetradas pela polícia são execuções sumárias — "homicídios legalizados" —, que se concretizam via supostos confrontos entre policiais e infratores; a rotina segue o roteiro repetitivo justificado por tiroteios na maior parte das vezes não comprovados. Um acontecimento sem lógica é que, num suposto enfrentamento, morrem um, dois, três "bandidos" e nenhum policial é sequer ferido de raspão. Assim:

> Trata-se de execuções sumárias, uma justiça feita expeditivamente pelo arbítrio do policial em um país em que não há pena de morte [...]. Outro indício, em quase todas as descrições jornalísticas o "bandido" é colocado ferido dentro do carro policial, porém não resiste, e chega morto ao hospital. Há comentários de médicos de hospitais que confirmam, pelo estado do corpo, que a execução se dá dentro do carro, minutos antes. Acontece também de o "bandido" ser colocado já morto no carro policial e entregue ao hospital para que conste como "local da morte". (ALMEIDA, 2007, p. 8)

De fato, vimos pelos dados apresentados anteriormente que o número de vítimas civis e policiais é absolutamente incompatível com a falsa narrativa de confronto entre ambos. Não há lógica nenhuma na versão policial; nada explica uma vítima com tiro certeiro na cabeça e no peito estando correndo da PM. Não há resistência do civil quando da "abordagem" policial. Há a certeza dos policiais em matar, executar as vítimas com requintes de crueldade, tiros em regiões letais, muitos tiros por vítimas.

Quanto ao perfil das vítimas, estas podem ser consumidores de droga ou pequenos traficantes que ficaram devendo a propina pedida pelos próprios policiais. Há sempre um alvo, uma pessoa visada, como temos problematizado neste capítulo, jovens negros e periféricos. Os outros morrem por estarem no local e poderem testemunhar. Aqui cabe uma ressalva de que, no interior do movimento social, no debate sobre genocídios, temos discutido que, em comunidades e regiões periféricas, as vítimas executadas são os varejistas nas vendas das drogas, entendendo que os traficantes de fato, os que têm o controle sobre os produtos, estão é no asfalto, bem longe dali, e vinculam-se à classe dominante, operam milhões de reais com a comercialização das drogas. Nessa perspectiva, usarei a menção de que algumas vítimas são consumidoras de drogas, pois se trata de uma relação comercializada e impiedosa, que lhes custa a vida.

Após a execução, "a polícia fardada comparece, recolhe as cápsulas deflagradas e 'desarranja' a cena do crime" (ALMEIDA, 2007, p. 12). Sobre essa típica violação à cena do crime, por parte dos policiais, a Resolução SSP-05, de 7 de janeiro de 2013, da Secretaria de Estado da Segurança Pública de São Paulo, foi instituída para evitar que as vítimas sejam removidas da cena do crime sem o devido atendimento médico, que, como temos estudado, é mais uma das ações do *modus operandi* da violência policial. No entanto, cabe-nos destacar que a referida resolução não tem sido cumprida, e a violação da cena do crime, perpetrada pelo próprio policial militar, continua ocorrendo, impune e diuturnamente. Essa conduta impede o processo de investigação por parte da polícia civil, de modo que os inquéritos não avancem nem se chegue aos autores da violência. Vê-se um ciclo de impunidade que nos parece perene.

Soares (2019) afirma que, durante os turnos de trabalho, a máquina da polícia utiliza os canais hierárquicos de comando para terminar os trajetos de patrulhamento nos quais os subalternos deverão efetuar a vigilância. Essa operacionalização depende da subserviência do policial na ponta, do qual se exige "renúncia à dimensão profissional de seu ofício, à liberdade de pensar, diagnosticar, avaliar, interagir para conhecer, planejar, decidir e mobilizar recursos multissetoriais [...]. A inexorável discricionariedade da função policial será exercida nos limites impostos pela abdicação do pensamento e do protagonismo profissional. Será reduzida ao arbítrio" (SOARES, 2019, p. 36).

Nessa vigilância operada pelos PMs, nesse cotidiano permeado pela lógica exposta, caberá à tropa procurar o flagrante, flagrar a ocorrência, capturar o suspeito, sempre considerando os marcos legais já citados. Os grupos sociais mais vulneráveis a essas ações em princípio legais e todas as outras ilegais, violadoras de direitos humanos, são os filhos e filhas da classe trabalhadora, que em suas vidas e em seus corpos materializam as desigualdades sociais do Brasil e o racismo estrutural existente.

Nos territórios empobrecidos, as tropas da PM atuam ocupando-os, com o objetivo de enfrentar o "inimigo". Com essa falácia, justificam as milhares de execuções sumárias dizendo que houve reação e resistência dos civis. Tais atos são "abençoados pelo MP sem investigações e arquivados com o aval e cumplicidade da Justiça, bem como com a omissão da mídia burguesa e de parte da sociedade" (SOARES, 2019, p. 36).

Diante desse cenário de barbárie, é urgente tomar providências que visem a mudanças nesse modelo de segurança pública. Para tanto, será necessária a mudança de visões hegemônicas sobre guerra, inimigos internos e a descartabilidade dos vulneráveis. Tais visões são construídas e se alicerçam de forma rígida, quase perene, a partir de um discurso midiático ostensivo, que será abordado mais detidamente no segundo capítulo deste livro.

A ditadura não inventou a tortura e as execuções extrajudiciais, nem a ideia de que vivemos uma guerra contra inimigos internos.

Tais práticas perversas e as correspondentes concepções, racistas e autoritárias, têm a idade das instituições policiais no Brasil, as quais, como problematizamos no início deste capítulo, já existiam de outras formas antes de serem criadas oficialmente. Nunca faltaram capatazes nem capitães do mato para caçar, supliciar e matar escravizados fugitivos ou rebelados. A ditadura militar e civil de 1964 simplesmente reorganizou os aparatos policiais, intensificou sua tradicional violência, autorizando-a e adestrando-a, e expandiu o espectro de sua abrangência, que passou a incluir militantes de classe média. Ainda assim, foi o regime que instituiu o modelo atualmente vigente (SOARES, 2019, p. 41).

Nestes anos de pesquisa sobre violência policial e pela experiência cotidiana junto aos familiares de vítimas dessa violência brutal e avassaladora, temos a convicção e defendemos a premissa de que polícias nada têm a ver com exércitos. Segundo Soares (2019), a polícia é uma instituição destinada a garantir direitos e liberdades dos cidadãos, que estejam sendo violados ou com risco de sê-lo, e para tanto deve fazer uso de meios pacíficos ou do uso comedido da força. Deve pautar-se nos marcos da legalidade e em consonância com os direitos humanos. Nesse sentido, qualquer proposta de reforma das polícias militares exige a mudança de métodos de gestão e "racionalizar o sistema operacional, tornando-o menos reativo e mais preventivo (fazendo-o apoiar-se no tripé diagnóstico-planejamento-avaliação), precisa começar advogando o rompimento do cordão umbilical com o Exército e a desmilitarização" (SOARES, 2019, p. 32).

A defesa da desmilitarização é urgente, e é uma das pautas de luta dos movimentos de familiares. Desmilitarizar é retirar os órgãos militares da estrutura estatal e propiciar a reforma completa do modelo policial, apoiados em dois eixos que têm adesão da maioria dos policiais civis e militares, mesmo que haja muita resistência nos estratos superiores das corporações, entre oficiais e delegados. O primeiro eixo seria a revogação da divisão vigente entre as instituições, uma que investiga, a polícia civil, e a outra que atua ostensivamente sem investigar, a polícia militar. Nessa perspectiva, ambas se tornariam civis e passariam a cumprir o ciclo completo da atividade policial: investigação e prevenção ostensiva.

Isso não implicaria necessariamente a unificação. Em estados como São Paulo, onde a polícia militar tem, segundo dados de janeiro de 2023, 79.392 policiais militares, o menor contingente desde 1996, e a polícia civil, com base em dados de junho de 2023, conta com 28.294 policiais, seria extremamente complexo fazer uma unificação. Apesar da defasagem de policiais nas duas polícias, resultado de anos de descaso dos governadores de São Paulo, unificar as polícias seria impraticável e geraria danos políticos, mas essa unificação poderia ser bem-sucedida em estados pequenos.

O segundo eixo seria a instauração da carreira única no interior de cada instituição, sendo este um antigo pleito da massa policial. Luiz Eduardo Soares destaca que em cada uma das duas polícias há oficiais e praças, delegados e agentes (detetives, inspetores, peritos etc.). Trata-se de dois mundos distintos, competindo entre si e cada vez mais hostis. São diferentes nos salários, no prestígio, nas chances de ascensão na carreira, no acesso ao poder, pois as regras de ingresso no estrato superior dificultam esse acesso. Atualmente há duas portas de entrada para as polícias: uma para cargo de delegado e demais cargos; uma para posição de oficial e para os praças.

> Por que não oferecer a possibilidade de que a evolução na carreira se realize via concursos públicos internos e avaliação de desempenho ao longo do tempo? Carreira única [...] significa que a todos os que ingressarem na instituição serão dadas oportunidades iguais, de partida, para construção de suas respectivas trajetórias profissionais. (SOARES, 2019, p. 51)

No aspecto legislativo da desmilitarização, é importante destacar a PEC n. 51/2013, apresentada pelo senador Lindbergh Farias, que propõe que todas as polícias do Brasil sejam civis, o que significaria, conforme já citado anteriormente, que a polícia militar se tornaria civil e não seria mais força de reserva do Exército, ao qual deixaria de estar institucionalmente ligada. A perspectiva dessa PEC visa à adoção de um policiamento comunitário, metodologia que nada tem a ver com o pronto emprego da força, e defende que o policial na rua não se restringe a cumprir ordens, fazendo ronda e vigilância ou patrulhamento determinados pelos superiores, em busca de prisões e flagrantes. O tipo de policiamento proposto requer uma organização horizontal, descentralizada e flexível, justamente o oposto da estrutura militar. Nessa perspectiva, o policial é um profissional responsável por agir como gestor local de segurança pública, sendo capaz de:

> a) diagnosticar os problemas e identificar prioridades, em diálogo com a comunidade, mas sem reproduzir preconceitos; b) planejar ações, mobilizando iniciativas multissetoriais do poder público, na perspectiva de prevenir e contando com o auxílio da comunidade, o que se obtém ao respeitá-la. (SOARES, 2019, p. 62)

A referida PEC também toca num assunto muito importante e pouco abordado, relativo à formação das polícias. Ao contrário de muitas profissões, como médicos, engenheiros, psicólogos e assistentes sociais, as polícias não contam hoje com uma padronização de suas formações, no que diz respeito a tempo de estudo, mínimo de disciplinas exigidas, ciclo básico comum, etapas práticas supervisionadas, quantidade e qualidade dos professores. As escolas de formação policial não observam parâmetros nacionais, não atendem a nenhum rigor estipulado para as outras profissões, não estão sujeitas a fiscalizações para aferição de sua qualidade formativa, ou seja, não há o mínimo controle de qualidade dessa formação, fato que culmina em impactos negativos para os futuros policiais e para toda a sociedade. Diante da gravidade da questão, que, como vemos no cotidiano dos movimentos sociais, leva a execuções sumárias e desaparecimentos forçados, a PEC n. 51 propõe que a União assuma a responsabilidade quanto à formação das polícias. Infelizmente, essa proposta foi arquivada no final de 2018.

Segundo Soares (2019), a polícia militar deve ser reformada mesmo que a desmilitarização não seja aprovada. Tal reforma deve incluir a mudança do regime disciplinar draconiano, que viola os direitos individuais dos policiais, que são punidos com prisão, por decisão administrativa do superior hierárquico. O autor propõe o estabelecimento de um Código de Ética em âmbito nacional, como já existe na PM de Minas Gerais e Rio Grande do Sul. Os métodos de gestão devem ser modernizados para aumentar a efetividade, com a adoção de um modelo de gestão voltado para resultados, com as etapas de: diagnóstico, planejamento, implementação, monitoramento e avaliação corretiva, pois sem esta última é impossível aprender com os erros e evoluir. Outro aspecto importante refere-se à remuneração dos policiais, que geralmente é insuficiente, condição que tem levado à busca de um segundo emprego ou bico. Além disso, o autor também considera estritamente necessárias a intensificação do treinamento e a adoção de um processo de formação continuada. Deve-se também levar em conta que a principal causa da desistência dos policiais da profissão são os salários defasados.

A reforma da polícia exigiria, ainda, a autonomia da perícia em relação à polícia civil, passando a ser vinculada diretamente ao secretário de Segurança Pública, com investimentos para acesso à tecnologia e melhores condições de trabalho. No âmbito buro-crático, seria importante a substituição do inquérito policial, que hoje é excessivamente formal e se torna repetido, caso se converta em processo judicial após o Ministério Público aceitar a acusação e prestar a denúncia. Simplificar esse processo resultaria em mais agilidade e melhor comunicação entre os agentes e as respectivas agências institucionais.

O debate da reforma da polícia é bastante complexo e polêmico. Segundo Giselle Florentino e Fransérgio Goulart, pesquisadores da organização Iniciativa Direito à Memória e Justiça Racial (IDMJR), do Rio de Janeiro, o campo político de segurança pública construiu uma narrativa de enfrentamento à letalidade policial através da im-portância do acesso universal a políticas sociais e da instauração de políticas públicas que garantam direitos sociais básicos à população, como forma de combater a intensa e contínua morte da juventude negra, favelada, periférica e pobre.

> Ocorreram várias tentativas de controle das polícias, seja através da criação de protocolos de atuação, ou melhorias na formação policial, uso de material não letal ou treinamento humanizado (*sic*). Todas fracassaram. Por um motivo simples, não há qualquer possibilidade de reforma, melhora ou humanização de uma instituição que foi criada para matar pessoas. *Da mesma forma que não é possível criar um capitalismo mais humanizado, não é possível criar uma polícia cidadã.* [...] Ao observamos a atuação policial em outros países, fica evidente que não basta a população negra ter acesso e usufruir de melhores condições de vida para evitar ser assassinada pela polícia, seja por um sufocamento na rua, como o George Floyd, ou ser alvejado dentro de sua própria residência, como o João Pedro. (FLORENTINO; GOULART, 2020, n. p., grifos nossos)

As PMs são entendidas como força reserva do Exército, submetidas a um modelo à sua imagem e semelhança, têm até 13 níveis hierárquicos com uma estrutura fortemente verticalizada e rígida, na contramão do preconizado num Estado democrático de direito, pois o dever das polícias é prover segurança aos cidadãos, garantindo o cumprimento da lei, protegendo seus direitos e suas liberdades contra eventuais transgressões que os violem. Cabe destacar que os confrontos armados que exigem pronto emprego da força representam uma pequena parcela, mas, nessa forma militarizada de organização, essas ações são as priorizadas. Policiais com a presença uniformizada e ostensiva nas ruas, com propósitos preventivos, requerem ações pautadas em alguns atributos, quais sejam:

> [...] descentralização; valorização do trabalho na ponta; flexibilidade no processo decisório nos limites da legalidade, do respeito e dos direitos humanos e dos princípios internacionalmente concertados que regem o uso comedido da força; plasticidade adaptativa às especificidades

locais; capacidade de interlocução, liderança, mediação e diagnóstico; liberdade para adoção de iniciativas que mobilizem outros segmentos da corporação e intervenções governamentais intersetoriais. Idealmente, o(a) policial na esquina é um(a) gestor(a) da segurança em escala territorial limitada com amplo acesso à comunicação intra e extrainstitucional, de corte horizontal e transversal. (SOARES, 2019, p. 34)

A problemática do contexto de militarização das polícias no Brasil é constantemente camuflada por mais elementos de realidade que tornam a situação ainda mais grave. Recorrentemente, quando, como defensores dos direitos humanos, fazemos a defesa da desmilitarização, deparamo-nos com a questão dos salários insuficientes dos policiais, condições de trabalho desumanas, ausência de qualificação, falta de apoio psicológico permanente e códigos disciplinares medievais.

Segundo Luiz Eduardo Soares, esses códigos deveriam inclusive ser questionados constitucionalmente por serem tão absurdos. Há neles penalização para cabelo comprido, coturno sujo, atraso do soldado, além de punição severa, e até prisão, para faltas disciplinares cometidas dentro dos quartéis. No entanto, esses mesmos códigos são transigentes com a extorsão, a tortura, o sequestro e o assassinato. Esse cenário, contrário à perspectiva dos direitos humanos e de Estado democrático, expressa-se não somente na ação violenta dos PMs nos patrulhamentos que lhes cabem, mas também após as ações violentas, quando os casos de execuções sumárias e outras ações, como abordagens violentas, torturas e desaparecimentos forçados, chegam às corregedorias das PMs.

> O crime perpetrado contra civis é empurrado para as gavetas kafkianas da corregedoria, de onde frequentemente é regurgitado para o labirinto burocrático, em cuja penumbra repousa, até que o esquecimento e o jeitinho corporativista o sepultem nos arquivos. (SOARES, 2019, p. 32)

Esse modo de tratar os crimes praticados pela polícia militar contra os civis tem um caráter de classe e raça, como evidenciam os dados das execuções sumárias e dos desaparecimentos forçados, bem como de abordagens e detenções violentas.

A partir dessas aproximações teóricas fundamentais para a reflexão que proponho a você, leitor, discutirei a questão do racismo e do genocídio como expressão da necropolítica. Essa tríade é central para a compreensão da violência de Estado na contemporaneidade e das formas de resistência que estudaremos no segundo capítulo.

1.6. O genocídio como expressão da necropolítica brasileira

Assim como a maioria dos países da América Latina, o Brasil foi fundado como Estado-nação a partir da colonização de países europeus, sobretudo Portugal, tendo como principal força de trabalho, durante cinco séculos, pessoas sequestradas do continente africano. Os descendentes desse povo escravizado são a população negra, considerada por diversos intelectuais negros como integrantes da diáspora africana, diáspora partilhada com negras e negros de distintas partes do mundo, em especial com os residentes de países da América Latina e do Caribe, unidas pelo Atlântico Negro (ORTEGAL, 2018).

Com base em Almeida (2015), é importante destacar que os negros africanos e seus descendentes não tiveram outra opção senão lutar para sobreviver aos abusos a que foram submetidos. Na dinâmica colonial, a imposição dos padrões civilizatórios eurocêntricos pelos grupos dominantes não foi impingida sem que houvesse resistência dos grupos dominados. Muito pelo contrário, a memória da Diáspora Negra não só traz a marca da escravidão, como também das lutas de negação desse padrão de sociabilidade. A escravidão negra não pode ser esquecida porque houve muitas resistências a ela. No Brasil, a resistência se deu através de fugas, assassinatos, levantes e construção de quilombos, sendo o mais conhecido o Quilombo de Palmares.

Konrad (2007, *apud* ALMEIDA, 2014) afirma que uma das poucas referências sobre a República de Palmares chegou até nós através do estudo intitulado *Relação das guerras feitas aos Palmares de Pernambuco no tempo do governador D. Pedro de Almeida, de 1675-1678*. O autor afirma que:

> [...] a denominação República de Palmares refere-se à reunião de vários quilombos, durando aproximadamente um século (1597-1697) na Serra da Barriga, em Alagoas. [...] Ressalta-se que o tráfico transatlântico, que perdurou por mais de trezentos anos no Brasil (o último país a abolir a escravidão no Planeta), só foi considerado crime contra a humanidade em 2001, na Conferência de Durban (África do Sul). Embora o regime escravocrata tenha findado formalmente em 1888, o Estado brasileiro não apresentou nenhuma política reparatória para a população negra e sequer garantiu direitos de cidadania no regime republicano vindouro. (KONRAD, 2007, p. 116, *apud* ALMEIDA, 2014, p. 141)

A memória da escravidão está viva nas mazelas sofridas pela população negra até os dias de hoje. A violência policial contra essa população é uma dessas faces. As refrações da questão social que incidem sobre essa população têm suas raízes na escravidão e foram reconfiguradas no trabalho livre. Assim, o tráfico de africanos no século XV é concebido como um rentável investimento comercial que envolveu elites lusitanas, africanas e brasileiras. Essa economia garantiu o enriquecimento de uma aristocracia que acumulou grandes fortunas, alicerçada em terras e escravos, retirando benefícios do trabalho escravizado.

> O tráfico negreiro, portanto, consistiu no sequestro forçado de milhões de vidas, e foi, indubitavelmente, a maior extradição não consentida de um incomensurável contingente de pessoas na história da humanidade, inaugurando o pioneirismo lusitano nesse tipo de comércio. Estudos sobre a escravidão afirmam que o Brasil recebeu em torno de cinco milhões de africanos, tornando-se o maior país com população negra fora do continente africano. (PRANDI, 2000, p. 52, *apud* ALMEIDA, 2014, p. 142)

A República não trouxe nenhuma melhoria para a população negra. O *modus operandi* do Estado no atendimento às necessidades de negros e negras tem demonstrado que seus problemas na Diáspora Negra, na grande maioria, estão sem respostas concretas às principais necessidades. O Estado tem deixado a população negra à sua própria sorte. Somente após anos de denúncia do racismo e de suas mazelas é que o movimento negro tem feito algumas alianças com outros setores progressistas no Brasil, na luta pelo combate ao racismo.

De fato, concordamos com a autora sobre este aspecto, pois, em que pesem mais de 18 anos de militância no Movimento Mães de Maio, um dos mais reconhecidos do país no enfrentamento à violência policial, é nítido como, mesmo com nossas inúmeras denúncias sobre o genocídio direcionado à população negra, estamos longe de uma conscientização coletiva acerca do racismo estrutural que funda e atravessa o debate sobre violência de Estado. Com o passar dos anos, temos percebido manifestações de estranhamento por parte das pessoas que tomam conhecimento de lutas dessa natureza. Notam-se certo descaso e banalização, mesmo por parte de muitos sujeitos de setores progressistas.

O Estado neoliberal, sobretudo na era Lula e no governo Dilma Rousseff, apoiou as políticas afirmativas para a população negra. Outro fato importante foi a aprovação das ações afirmativas para o ensino superior pelo Supremo Tribunal Federal. Todos esses ganhos, sem dúvida, foram conquistas dos movimentos negros que, mediante várias estratégias de pressão, apostaram na manutenção das políticas compensatórias para a população negra, como alternativa possível para sua inserção em sistemas de proteção social, garantindo o acesso aos bens e serviços em atenção a suas necessidades (cf. ALMEIDA, 2014).

A autora concorda com as medidas de reparação histórica, mas ressalta que elas não têm sido suficientes para impedir o quadro da violência contra a população negra. Esse quadro se materializa no desemprego estrutural, no subemprego, no analfabetismo, na mortalidade materna da mulher negra, na ausência de uma política de redução de danos para os usuários de álcool e outras drogas, que seja condizente com o atendimento à saúde de qualidade, e no acesso à justiça. Além disso, também é expressão dessa violência o genocídio da juventude negra, no qual expressiva massa de jovens negros é abatida pelo tráfico ou pela ação truculenta da polícia e dos demais agentes da "segurança pública".

Segundo Silvio de Almeida (2018), não é possível falar de racismo sem antes diferenciar o racismo de outras categorias que também aparecem associadas à ideia de raça: preconceito e discriminação. O autor afirma que o racismo é uma forma sistemática de discriminação que tem a raça como fundamento, e que se manifesta por meio de práticas conscientes ou inconscientes que culminam em desvantagens ou privilégios para indivíduos em função do grupo racial ao qual pertençam.

Embora haja relação entre os conceitos, o autor nos ensina que o racismo difere do preconceito racial e da discriminação racial. O preconceito racial é o juízo baseado em estereótipos acerca de indivíduos que pertencem a determinado grupo racializado, e que podem ou não resultar em práticas discriminatórias. Considerar negros violentos e inconfiáveis, judeus avarentos ou orientais "naturalmente" preparados para as ciências exatas são exemplos de preconceitos. A discriminação racial, por sua vez, é a atribuição de tratamento diferenciado a membros de grupos racialmente identificados, e tem como requisito fundamental a possibilidade efetiva do uso da força, sem a qual não é possível atribuir vantagens ou desvantagens por conta da raça.

A discriminação pode ser direta ou indireta, segundo Almeida; a direta se expressa pelo repúdio ostensivo a indivíduos ou grupos, motivado pela condição racial, a exemplo do que ocorre em países que proíbem a entrada de negros, judeus, muçulmanos, pessoas de origem árabe ou persa, ou ainda lojas que se recusam a atender clientes de determinada raça. Já a discriminação indireta é um processo em que a situação específica de grupos minoritários é ignorada — discriminação de fato —, ou sobre a qual são impostas regras de "neutralidade racial" — *color blindness* —, sem que se leve em conta a existência de diferenças sociais significativas — discriminação pelo direito ou discriminação por impacto adverso.

O autor destaca que, ao longo do tempo, as práticas de discriminação direta e indireta têm como consequência a estratificação social, um fenômeno intergeracional, em que o percurso de vida de todos os membros de um grupo social — o que inclui as chances de ascensão social, de reconhecimento e de sustento material — é afetado. Como dito:

> [...] o racismo — que se materializa como discriminação racial — é definido por seu caráter sistêmico. Não se trata, portanto, de apenas um ato discriminatório ou mesmo de um conjunto de atos, mas de um processo em que condições de subalternidade e de privilégio que se distribuem entre grupos raciais se reproduzem nos âmbitos da política, da economia e das relações cotidianas. O racismo articula-se com a segregação racial, ou seja, a divisão espacial de raças em localidades específicas — bairros, guetos, bantustões, periferias etc. — e/ou à definição de estabelecimentos comerciais e serviços públicos — como escolas e hospitais — como de frequência exclusiva para membros de determinados grupos raciais, como são exemplos os regimes segregacionistas dos Estados Unidos, o *apartheid* sul-africano. (ALMEIDA, 2018, p. 24)

Silvio de Almeida apresenta ainda três concepções de racismo: individualista, institucional e estrutural. Tal classificação parte dos seguintes critérios: relação entre racismo e subjetividade; relação entre racismo e Estado; relação entre racismo e economia.

Na concepção individualista, o racismo é concebido como uma espécie de "patologia" ou anormalidade. Seria um fenômeno ético ou psicológico de caráter individual ou coletivo, atribuído a grupos isolados; ou, ainda, seria uma "irracionalidade" a ser combatida no campo jurídico por meio da aplicação de sanções civis — indenizações, por exemplo — ou penais. Essa linha de análise ignora a existência de sociedades ou instituições racistas e defende que há somente indivíduos racistas. Como o racismo é ligado ao comportamento, a conscientização sobre seus males, bem como o estímulo a mudanças culturais, será a principal forma de enfrentamento do problema.

Trata-se de uma concepção que insiste em flutuar sobre uma fraseologia moralista inconsequente — "racismo é errado", "somos todos humanos", "como se pode ser racista em pleno século XXI?", "tenho amigos negros" etc. — e uma obsessão pela legalidade (ALMEIDA, 2018, p. 25).

A concepção institucional significou um importante avanço teórico no que concerne ao estudo das relações raciais. Sob essa perspectiva, o racismo não se resume a comportamentos individuais, mas é tratado como o resultado do funcionamento das instituições, que passam a atuar numa dinâmica que confere, ainda que indiretamente, desvantagens e privilégios com base na raça. A desigualdade racial, nessa concepção, é entendida como uma característica da sociedade não apenas por causa da ação isolada de grupos ou de indivíduos racistas, mas fundamentalmente porque as instituições são hegemonizadas por determinados grupos raciais que utilizam mecanismos institucionais para impor seus interesses políticos e econômicos. A concepção institucional do racismo trata o poder como elemento central da relação racial.

Com efeito, o racismo é dominação, os que detêm o poder exercem o domínio sobre a organização política e econômica da sociedade. Entretanto, a manutenção desse poder adquirido depende da capacidade do grupo dominante de institucionalizar seus interesses, impondo a toda sociedade regras, padrões de condutas e modos de racionalidade que tornem seu domínio "normal" e "natural". Como vimos, a polícia militar assume esse modo de racismo, de forma central.

A polícia militarizada pauta-se nos parâmetros discriminatórios baseados na raça, que servem para manter a hegemonia do grupo racial no poder.

> Isso faz com que a cultura, os padrões estéticos e as práticas de poder de um determinado grupo tornem-se o horizonte civilizatório do conjunto da sociedade. Assim, o domínio de homens brancos em instituições públicas — o legislativo, o judiciário, o ministério público, reitorias de

universidades etc. — e instituições privadas — por exemplo, diretoria de empresas — depende, em primeiro lugar, da existência de regras e padrões que direta ou indiretamente dificultem a ascensão de negros e/ ou mulheres, e, em segundo lugar, da inexistência de espaços em que se discuta a desigualdade racial e de gênero, naturalizando, assim, o domínio do grupo formado por homens brancos. (ALMEIDA, 2018, p. 25).

As instituições são apenas a materialização de uma estrutura social ou de um modo de socialização que tem o racismo como um de seus componentes orgânicos. As instituições são racistas porque a sociedade é racista. Essa afirmação não é óbvia; o racismo é parte da ordem social, não é algo criado pela instituição, mas é por ela reproduzido, pois temos uma estrutura social constituída por inúmeros conflitos — de classe, raciais, sexuais etc.

O racismo está presente na vida cotidiana. As instituições que não tratarem de maneira ativa, e como um problema, a desigualdade racial, irão facilmente reproduzir as práticas racistas já tidas como "normais" em toda a sociedade. É dever de uma instituição que realmente se preocupe com a questão racial investir na adoção de políticas internas que visem: a) promover a igualdade e a diversidade em suas relações internas e com o público externo — por exemplo, na publicidade; b) remover obstáculos para a ascensão de minorias em posições de direção e de prestígio na instituição; c) manter espaços permanentes para debates e eventual revisão de práticas institucionais; d) promover o acolhimento e possível composição de conflitos raciais e de gênero (cf. ALMEIDA, 2018, p. 32).

Em resumo: o racismo é uma decorrência da própria estrutura social, ou seja, do modo "normal" com que se constituem as relações políticas, econômicas, jurídicas e até familiares, não sendo uma patologia social nem um desarranjo institucional. O racismo é estrutural. *Comportamentos individuais e processos institucionais são derivados de uma sociedade cujo racismo é regra e não exceção.* O racismo é parte de um processo social que ocorre "pelas costas dos indivíduos e lhes parece legado pela tradição".

Nesse caso, além de medidas que coíbam o racismo individual e institucionalmente, torna-se imperativo refletir sobre mudanças profundas nas relações sociais, políticas e econômicas. [...] Ou seja, raça não é uma fantasmagoria, um delírio ou uma criação da cabeça de pessoas mal-intencionadas. É uma relação social, o que significa dizer que a raça se manifesta em atos concretos ocorridos no interior de uma estrutura social marcada por conflitos e antagonismos. (ALMEIDA, 2018, p. 33; grifos nossos).

A academia, como instituição que tem papel social importante por descortinar a realidade social, analisando-a, estudando-a e construindo conhecimento que nos ajude a intervir nessa mesma realidade, também acaba sendo esse lugar onde o racismo já está justificado. Segundo a professora Magali de Almeida, no meio acadêmico, a desconstrução da ideia de que no Brasil as relações raciais são democráticas, definida corretamente como mito, foi realizada nos anos 1950 por Florestan Fernandes e outros pesquisadores da Universidade de São Paulo. Ainda assim, foram as contribuições de Carlos Hasenbalg (1979, *apud* ALMEIDA, 2018), e de Nelson do Vale Silva (1988, *apud* ALMEIDA, 2018) que efetivamente abriram um novo momento, marcado pelo uso sistemático de estatísticas e indicadores. Hasenbalg teve papel importante no combate ao racismo e na construção da democracia no mundo, com destaque para seu apoio às lutas pela descolonização de países africanos, sua contribuição para a queda do *apartheid* na África do Sul (1990) e durante a III Conferência Mundial contra o Racismo, a Discriminação Racial, a Xenofobia e Intolerâncias Correlatas, em Durban, em 2001.

Para Silvio de Almeida (2018), é preciso compreender que o racismo estrutural está presente nos diferentes processos de formação nacional dos Estados contemporâneos e não se trata de uma presença casual, mas motivada por projetos políticos. As classificações raciais tiveram papel importante na definição das hierarquias sociais, da legitimidade na condução do poder estatal e das estratégias econômicas de desenvolvimento.

No Brasil, além da aparência física de ascendência africana, o pertencimento de classe é explicitado na capacidade de consumo e na circulação social. Assim, a possibilidade de "transitar" em direção a uma estética relacionada à branquitude e de manter hábitos de consumo característicos da classe média pode tornar alguém racialmente "branco". O mesmo não acontece nos Estados Unidos, cujo processo de classificação racial no bojo do processo de formação nacional conduziu o país a uma lógica distinta no que se refere à constituição identitária. A *one drop rule*, que significa "regra de uma gota de sangue", faz com que aqueles com "sangue negro" sejam assim considerados. São formas distintas de racialização, de exercício do poder e de reprodução da cultura, mas que demonstram à exaustão a importância das relações raciais para o estudo das sociedades. Num mundo em que a raça define a vida e a morte, deixar de considerá-la elemento de análise das grandes questões contemporâneas demonstra a falta de compromisso com a ciência e com a resolução das grandes mazelas do mundo.

A superioridade econômica e racial estabelece uma desumanização e, para tanto, o grupo discriminado é visto como sujeito que tem uma versão de humanidade que pode ser controlada, na forma do que podemos denominar de um sujeito colonial. Em vez de destruir a cultura, é mais inteligente determinar qual o seu valor e seu significado. Essas afirmações de Silvio de Almeida ajudam-nos a entender o porquê de tanta violência policial no Brasil.

Em 25 de maio de 2020, George Floyd, homem negro, de 46 anos, foi executado por um policial branco e morreu sem ar, gritando repetidamente: "Não consigo respirar". Sua morte em Minnesota, nos Estados Unidos, causou uma onda de indignação depois da divulgação de um vídeo mostrando um policial branco ajoelhado no pescoço dele. A indignação com essa morte brutal, que nos causa mal-estar e revolta ao lembrar e registrar aqui, comoveu pessoas no mundo todo e levou milhares e milhares de pessoas às ruas nos EUA, mesmo estando o país num período preocupante da pandemia de covid.

Florentino e Goulart (2020) ressaltam que o assassinato de George Floyd evidenciou as indagações que já estavam construindo sobre a polícia não fazer parte da classe trabalhadora, bem como se é possível não ter polícia nessa sociedade. Para os pesquisadores, os atos antirracistas que eclodiram por todo o mundo trouxeram o debate do racismo estrutural para a mídia hegemônica e também para as conversas cotidianas em todos os espaços, tanto no âmbito profissional como no pessoal. Desde a morte brutal de Floyd, a população de Minneapolis passou a reivindicar uma série de propostas sobre o uso da força policial: fim do financiamento público para a polícia; fim da repressão contra a população negra; aumento de verbas públicas para a saúde e para a segurança comunitária, com patrulhas formadas por moradores; bem como a retirada de todas as acusações contra os participantes dos protestos antirracistas.

O assassinato de George Floyd nos EUA motivou uma intensa mobilização e protestos em todo o Brasil. Tais mobilizações nos chamaram a atenção, pois, como expus em vários artigos e *lives* sobre violência policial realizados durante toda a pandemia, a polícia brasileira e a polícia paulistana executam dezenas de George Floyds todos os dias, e não notamos essa indignação social. Acredito que a diferença da nossa percepção e a reação indignada diante dessas mortes, que são tão perversas quanto a de George Floyd, devem-se à nossa formação social e histórica, marcada pelo período escravocrata, por uma abolição da escravidão inconclusa. Devido a essa construção social, as mortes desses George Floyds no Brasil são deslegitimadas, de menor importância, banalizadas.

Enquanto a África do Sul e os Estados Unidos, com as devidas distinções, estruturam juridicamente a segregação da população negra, mesmo no avançar do século XX — no caso da África do Sul, até 1994 —, no Brasil, a ideologia do racismo científico foi substituída a partir dos anos 1930 pela ideologia da democracia racial, que consiste em afirmar a miscigenação como uma das características básicas da identidade nacional, como algo moralmente aceito em todos os níveis da sociedade, inclusive pela classe dominante. Assim, ao contrário de países como os Estados Unidos, nunca se instalará no Brasil uma dinâmica de conflitos baseados na raça. A ideologia da democracia racial está tão arraigada no imaginário social brasileiro que foi incorporada como um dos aspectos centrais da interpretação do Brasil, das mais diversas formas e pelas mais distintas correntes políticas, tanto à "direita" como à "esquerda". Para entender a força dessa ideia inserida no debate nacional, é fundamental lembrar que a democracia racial não se refere apenas a questões de ordem moral.

> Trata-se de um esquema muito mais complexo, que envolve a reorganização de estratégias de dominação política, econômica e racial adaptadas a circunstâncias históricas específicas. No caso, o surgimento do discurso da democracia racial, que ainda hoje é tido como um elemento da identidade brasileira, coincide com o início do projeto de adaptação da sociedade e do Estado brasileiro ao capitalismo industrial ocorrido nos anos 1930. (ALMEIDA, 2018, p. 109)

É essencial incluir o racismo nesta discussão, visto que, como nos ensina Silvio de Almeida, ele não é estranho à formação social de qualquer Estado capitalista, mas é um fator estrutural, que organiza as relações políticas e econômicas. Quer como racismo interiorizado — dirigido contra as populações internas —, quer como racismo exteriorizado — dirigido contra estrangeiros —, é possível dizer que países como Brasil, África do Sul e Estados Unidos não são o que são apesar do racismo, mas sim graças a ele.

> A inserção dos indivíduos em cada uma destas condições formatadas pela sociabilidade capitalista depende de um complexo jogo que mescla uso da força e a reprodução da ideologia a fim de realizar a domesticação dos corpos entregues indistintamente ao trabalho abstrato. *O racismo é um elemento deste jogo: será por isso que parte da sociedade não verá qualquer anormalidade na maioria das pessoas negras ganharem salários menores, submeterem-se aos trabalhos mais degradantes, não estarem nas universidades importantes, não ocuparem cargos de direção, residirem nas áreas periféricas das cidades e serem com frequência assassinadas pelas forças do Estado.* (ALMEIDA, 2018, p. 112; grifos nossos)

As formas de determinar esse significado passam não apenas pelas formas de violência policial, mas também por toda a lógica do sistema de segurança pública. A professora Magali de Almeida afirma que a crise do sistema de segurança pública no Brasil e a crise de legitimidade da ação policial expõem as fraturas de uma sociedade marcadamente desigual no acesso de brancos e negros à justiça e aos bens sociais. No Brasil, a segurança pública sempre foi vista sob a rubrica da militarização, da brutalidade contra os negros e do combate aos inimigos internos sob o eco da ordem. As prisões são concebidas como depósito de seres humanos inviáveis. "Os maus-tratos e a tortura foram institucionalizados no imaginário autoritário da polícia [...]. Assim se arranca de jovens negros confissão de crimes, se forja flagrantes baseados na cor da pele, se criminaliza os pobres" (ALVES, 2006, p. 2, *apud* ALMEIDA, 2014, p. 112).

A conjunção desse cenário de encarceramento classifica o Brasil como um país que vive numa lógica de hiperencarceramento. Wacquant (2008, p. 93) analisa essa lógica como "uma face da penalização da pobreza, elaborada para administrar os efeitos das políticas neoliberais". A polícia e o sistema prisional, "mão direita" do Estado, estão cada vez mais ativos e intrusivos nas "zonas inferiores do espaço social", nos territórios da pobreza.

É nesse terreno fértil para a defesa do Estado penal que ele faz uso do encarceramento como um instrumento de administração da insegurança social: "[...] o Estado depende cada vez mais da polícia e das instituições penais para conter a desordem produzida pelo desemprego em massa, a imposição do trabalho precário e o encolhimento da proteção social" (WACQUANT, 2008, p. 96). Em sociedades como a brasileira, que vivenciaram experiências autoritárias, como já discutido, a aplicação de penalidades neoliberais — nas quais podemos incluir, além do Estado penal, conforme cita o autor, também a violência policial — significa o "restabelecimento da ditadura sobre os pobres" (WACQUANT, 2008, p. 103).

Cabe reiterar que, longe de ser uma solução, "a vigilância policial e o encarceramento acabam por agravar e ampliar os problemas que, supostamente, estariam encarregados de resolver" (WACQUANT, 2008, p. 104). A partir dessa perspectiva, muito pertinente à discussão aqui proposta, é que ambos os modos de controle social são assumidos pelo Estado brasileiro e sobretudo pelo governo de São Paulo, em detrimento de maiores investimentos na área social, bem como da expansão de direitos sociais e econômicos.

Por todas essas características do racismo estrutural, que está profundamente arraigado em nossa sociedade, a ideia de diáspora possibilita perceber as proximidades entre experiências geograficamente distantes, ao mesmo tempo que permite compreender os distanciamentos entre experiências de vida entre os grupos populacionais que compõem uma mesma nação. É a compreensão da diáspora e de seus desdobramentos que permite perceber as particularidades da experiência racializada das relações sociais, ainda que se trate de grupos pertencentes a uma mesma classe social ou a um mesmo estrato socioeconômico (cf. ORTEGAL, 2018, p. 416).

Magali Almeida (2014) observa que o emprego do conceito de diáspora contribui nos estudos sobre as políticas de ação afirmativa no Brasil, pois o termo traz à tona a experiência negra da dispersão forçada dos africanos pelo tráfico. Segundo a autora, essa concepção foi empregada inicialmente para explicar a experiência do povo judeu, "evocando o seu traumático exílio de uma prática histórica e sua dispersão por vários países" (CASHMORE, *apud* ALMEIDA, 2014, p. 87).

Sob essa perspectiva, o conceito de diáspora tem uma conotação negativa, ligada à dispersão forçada, à vitimização, à alienação etc. Todavia, estudos contemporâneos politizam a categoria de diáspora como um termo utilizado para descrever comunidades transnacionais, cujas redes sociais, econômicas e políticas atravessam as fronteiras das Nações-Estado. Processos mundiais no plano étnico-racial (migrações, refugiados de guerra, xenofobia, racismo, resistências etc.) trazem à cena pública novas questões, desenhando as novas faces da questão social e suas refrações na experiência de vida da população negra.

A Diáspora Negra, assim concebida, é marcada por vários processos genocidas antinegros, não apenas predominantes, mas também fundantes do Estado-Nação. Talvez uma concepção alargada de Diáspora Negra, que relativize as particularidades de cada realidade social e suas nacionalidades, permita identificar os processos de genocídio vividos pela população negra, bem como as alternativas políticas que se abrem no confronto e na luta por direitos com vista à libertação dessa população.

Segundo Leonardo Ortegal (2018), a diáspora, especificamente a africana, é a categoria responsável por vincular o problema do racismo à sua formatação histórica na modernidade. Além disso, permite apreender as dinâmicas de opressão nos países colonizados, extrapolando as geografias oficiais e complexificando o esquema socioeconômico tradicional, em que a opressão está diretamente relacionada à pobreza econômica.

O foco e o horizonte de conhecimento são as práticas e estratégias de luta dos grupos de resistência, que se desenvolvem de forma coletiva, com base em esforços transnacionais. Para essa concepção, a Diáspora Negra não é apenas uma geografia da morte, mas também um conjunto de conhecimentos políticos, ontológicos, imanentes e insurgentes. Nesse sentido, as alternativas emancipatórias são possíveis na história, uma vez que a condição de genocídio é um princípio tácito do capitalismo, dada a impossibilidade de a condição negra ser plenamente experimentada pela comunidade. Por esse motivo, adensa contraditoriamente essa força motora transformadora, passível de ser potencializada pela luta política organizada pela comunidade negra na Diáspora Negra (cf. VARGAS, 2010, p. 25).

A luta da comunidade negra, como estratégia de sobrevivência, relaciona-se mais com a experiência concreta dessas populações contra o genocídio em suas nações, base sobre a qual as identidades e políticas negras são experimentadas na diáspora. Portanto, a Diáspora Negra nas Américas, incluindo os Estados Unidos, embora às vezes reconhecida por engendrar vários desafios para seus membros, é muito raramente criticada por criar e manter condições sob as quais a sobrevivência da comunidade é constantemente desafiada. A ênfase na diáspora visa colocar os processos e condições genocidas no centro e à frente do que constitui as bases sobre as quais as identidades e políticas negras são experimentadas por meio da diáspora, especialmente nas Américas. Nações africanas e americanas têm em comum os desafios de sobrevivência de suas comunidades negras como constitutivos de suas experiências. A diáspora tem menos relação com a localização geográfico-nacional ou com questões de origem do que com a experiência transnacional dividida na luta contra o genocídio. A novidade dessa abordagem é que ela desloca a análise para as circunstâncias políticas e econômicas de base.

O racismo, o preconceito e a discriminação racial são relações sociais antagônicas à ontologia do ser social, fundante da teoria social crítica. Nesse sentido, a totalidade social da situação de discriminação racial e a violência contra a população da Diáspora Negra, com seus sujeitos concretos (crianças negras, mulheres negras, homens negros, jovens negros[as], idosos[as] negros[as]), devem ser compreendidas a partir da contribuição teórico-crítica. O foco está nos processos de genocídio intrínsecos às relações sociais capitalistas nas dimensões econômicas, mas sem deixar de levar em conta a luta de classes.

Nesse terreno contraditório, torna-se fundamental compreender os elementos ideológicos, como o racismo e o sexismo, que incidem nas relações sociais, engendrando políticas de branquidade que não atendem às necessidades humanas da população negra. Essas políticas alimentam as desvantagens da população negra porque não vislumbram as experiências dela na Diáspora Negra como sendo genocídio. De fato, elas constituem respostas suficientes para o enquadramento e o disciplinamento do grupo populacional dominado/oprimido ao projeto de sociabilidade burguesa sob a égide do capital.

Magali Almeida (2014) destaca três pontos que considero importantes nessa reflexão.

O *primeiro ponto* diz respeito às conquistas no plano político e social, obtidas pelo Movimento Negro Brasileiro nos últimos 20 anos. São as experiências da comunidade negra, registradas nos limites "permitidos" da experiência diaspórica, em 1990 — restrita à experiência isolada de alguns(mas) ativistas negros(as) ou de instituições dos movimentos negros. Na época, a presença de negros e negras na universidade brasileira era inferior a 2% da população negra do país. O Censo de 2000 já apontava a porcentagem de 47% da população autodeclarando-se preta e parda. A produção e a circulação de textos e pesquisas foram ampliadas a partir de 1996, num incremento vertiginoso. Isso se deve ao fato de o período apresentar as condições objetivas de grande vitalidade das lutas do Movimento Negro (cf. ALMEIDA, 2011).

Nessa conjuntura, marcada pelas mobilizações antirracistas decorrentes da Marcha Zumbi dos Palmares: contra o Racismo, pela Cidadania, pela Vida, em 1955, em Brasília (DF), a luta antirracista no Brasil se direcionou para a defesa das políticas de ações afirmativas, diante da ineficácia das políticas universais na educação implementadas na ditadura. Além de não se comprometerem com as propostas de combate ao racismo formuladas pelos movimentos negros, essas políticas de fato não atendiam à grande massa da população negra (cf. ALMEIDA, 2011).

Todavia, o cenário expressa profundas contradições materializadas na violência policial militarizada, na segregação espacial, no desemprego, na morte prematura de mulheres e adolescentes negras, no extermínio da juventude negra, na defesa emocionada da redução da maioridade penal por parte dos setores reacionários, no encarceramento maciço no sistema prisional e no acesso desigual à justiça.

O *segundo ponto* é a defesa da categoria raça como análise sociológica, ou seja, a raça como construção social. A experiência brasileira mostrou que uma das estratégias para desmontar o conceito racista de democracia racial foi a afirmação da identidade social negra como contraponto legítimo forjado pelos movimentos negros, em resposta ao projeto de branqueamento. Por outro lado, longe de afastar qualquer tentativa de hierarquização entre os grupos raciais e as desvantagens da população negra no acesso às políticas sociais e econômicas do país, o conceito de miscigenação irá difundir, ideologicamente, as concepções positivas do branqueamento e trará valores negativos aos atributos da raça negra.

Portanto, raça, como é concebida hoje, nada tem de biológico. É um conceito político que expressa relações de poder e dominação. É uma categoria de hierarquização social e opera na produção de desigualdades sociais. A utilização do conceito de raça abriga um histórico de dominação dos homens brancos ocidentais sobre o resto do mundo. Classe e patriarcado são atributos da sociedade patriarcal, e estão na origem da supremacia branca. Assim, o conceito de raça implica igualmente o conceito de racismo, com os processos de interiorização resultantes.

A sociedade brasileira, desde o início do século XXI, tem assistido a uma disputa severa entre aqueles que defendem o critério étnico-racial como marcador de acesso a direitos historicamente negados à população negra, e aqueles que admitem que a questão é meramente de classe. Movimentos pró ou contra as cotas para a população negra nas universidades, e até mesmo a judicialização do tema no Supremo Tribunal Federal, demonstram a arena de luta no campo dos direitos. Há, portanto, dificuldade em trabalhar com argumentos que situam negros e negras como sujeitos de direitos. O que está em jogo é a dificuldade da supremacia branca e de seus agentes de aceitarem a humanidade negra e sua capacidade de disputa (o que não é esperado nem desejado em sociedades hierarquizadas a partir do critério racial). A supremacia branca e o terror racial impingem processos de sujeição/exploração contínuos, sem tréguas, para os grupos dominados contrários à sujeição supostamente intocável das populações negras.

Esses fatos sinalizam o quanto está em disputa a garantia das ações afirmativas, cujo direito pode ser extinto se a sua manutenção contrariar os interesses econômicos e políticos da classe dominante.

No ingresso nas universidades públicas, por exemplo, não faltaram processos fraudulentos de alunos brancos na reserva de vagas para negros, como noticiou a mídia televisiva e escrita.

O *terceiro ponto* diz respeito à necessidade de aprofundamento de estudos e pesquisas sobre o alcance das políticas econômicas do governo Lula, continuadas no governo Dilma Rousseff, no que concerne ao combate a processos de genocídio, tal como entendido neste trabalho.

Colocados esses pontos, compreende-se que não basta produzir o Estado mínimo, como desejam os neoliberais. Para Vargas (2010, p. 41), as desigualdades estruturais e históricas não são enfrentadas e combatidas fortemente; o sistema racial de hierarquias continua estabilizado. Para o autor, o que está em jogo vai além do reconhecimento formal de direitos e acesso a recursos. Tão urgente quanto essa batalha pragmática do presente, a guerra mais ampla a combater é a que trata do reconhecimento pleno e garantido da humanidade do povo negro. Na verdade, é uma guerra pela sobrevivência.

Esses dados, que deveriam indignar a todos, revelam que, para além da questão de classe, há uma flagrante seletividade racial, fenômeno conhecido como extermínio da juventude negra. Por isso, quero apresentar ao leitor minhas reflexões, pois tenho como premissa que o racismo estrutural no Brasil é central para compreender a violência de Estado, uma vez que, como vimos, as principais vítimas da violência perpetrada pela polícia militar são os jovens negros. Assim, o debate sobre os processos da colonialidade e da Diáspora Negra deve nortear nossa discussão, sob pena de termos uma análise rasa e equivocada sobre a dimensão racial.

Com esse viés, faz-se necessário também apontar a persistente questão do debate sobre classes sociais e raça. Muito antes do surgimento das classes sociais e da forte determinação que elas passaram a exercer sobre as relações sociais, na maior parte do mundo era a raça o determinante oficial entre os grupos sociais nas metrópoles e colônias e, à medida que o modo de produção capitalista se consolidava, nos países europeus e nas Américas, difundiu-se a ideia de que o racismo acabaria junto com a escravidão e com a ideia de trabalhador livre (cf. ORTEGAL, 2018).

Na transição do regime escravista para o capitalista, a mão de obra escravizada foi substituída pela mão de obra livre e assalariada, no entanto, no Brasil, ocorreu uma intensificação da importação de mão de obra de países europeus, objetivando substituir os trabalhadores negros. Esse processo foi movido pela ideologia racista de realizar um sucessivo branqueamento da população brasileira, e foi nesse contexto que se formaram as classes sociais capitalistas em nosso país.

A pesquisa realizada por Santos (1997, *apud* ORTEGAL, 2018), baseada em jornais da época que discutiam a transição para o regime de trabalho livre, evidenciou a perspectiva racista que norteava aquele período. As notícias diziam que os negros eram indesejáveis para o futuro do país, "o imigrante europeu era considerado superior ao indivíduo negro e ao asiático, embora estes tivessem os custos para importação menores que os do europeu" (SANTOS, 1997, *apud* ORTEGAL, 2018, p. 419).

Na realidade brasileira, a ausência de um regime de segregação como o *apartheid* sul-africano e o Jim Crow estadunidense favoreceu por muito tempo a ideia de que no Brasil não existia racismo, de que brancos e não brancos conviviam harmoniosamente após o fim da escravidão. Essa falsa ideia era duramente rebatida e denunciada pelo movimento negro, através de meios de comunicação como, por exemplo, o jornal *Quilombo*, criado por Abdias do Nascimento em 1948. Nas décadas de 1950 a 1960, a Organização das Nações Unidas e outras organizações ligadas à pesquisa debruçaram-se sobre esse simulacro brasileiro, comprovando, academicamente, a existência do racismo no Brasil, e identificaram as seguintes características:

> [...] o fato de estar mais associado à cor da pele e do fenótipo do que à origem racial de um indivíduo, que ficou conhecido como preconceito racial de marca, em oposição ao preconceito racial de origem; a capacidade de operar o cotidiano e produzir apartação sem realizá-lo

explicitamente, o que ficou conhecido também como racismo cordial; [...] a capacidade de operar sem explicitar aquele que o opera, apelidado de racismo sem racistas, caracterizado a partir da pesquisa realizada pelo Instituto DataFolha, em que 89% dos entrevistados consideravam existir racismo no país, enquanto apenas 10% admitiam ser racistas. (ORTEGAL, 2018, p. 421)

Autores como Florestan Fernandes, Carlos Hasenbalg, Octavio Ianni e outros, orientados pelo marxismo vigente nesse período, discutiram o negro no capitalismo. Durante a segunda metade do século XIX, foi construída uma noção, de forte incidência até hoje, de que o racismo no capitalismo estaria subordinado à desigualdade de classe. Esse pressuposto factualmente comprovado de que a maioria da população pobre era negra sustentou a tese economicista de que o racismo poderia ser extinto resolvendo-se as desigualdades de classe.

A complexidade do racismo e as violências cotidianas sofridas pela população negra levaram à produção de estudos importantíssimos, realizados por autoras e autores negros, que se debruçaram sobre as origens do racismo no Brasil, constatando que esse fenômeno extrapola as questões econômicas. Jurema Werneck, fundadora da ONG Crioula e diretora da Anistia Internacional no Brasil, baseada na concepção apresentada pela médica e ativista antirracismo norte-americana Camara Jones, estrutura o racismo em três dimensões:

1. pessoal/internalizado, relacionado a sentimentos e condutas do próprio indivíduo para consigo e a aceitação individual de padrões e estigmas racistas; 2. interpessoal, manifestado por meio de ações ou omissões presentes nas relações sociais, por meio das quais se expressam o preconceito e a discriminação, expressões mais conhecidas do racismo, geralmente significados pelo senso comum como o racismo em sua totalidade; 3. racismo institucional, também conhecido como racismo sistêmico, e que contempla ainda a perspectiva do racismo estrutural. Esta dimensão está associada a questões materiais e de acesso a poder. Sua complexidade está no fato de que geralmente não é possível

identificar um indivíduo a operar este racismo, que se encontra difuso nas dinâmicas institucionais e políticas, em processos históricos e na escassez de acesso à informação e outros recursos. Essas três dimensões, afirma Werneck, atuam de modo concomitante, "gerando sentimentos, pensamentos, condutas pessoais e interpessoais, atuando também sobre processos e políticas institucionais". (JONES, *apud* WERNECK, 2016, *in* ORTEGAL, 2018, p. 422)

A contribuição de Werneck é muito pertinente para nossa compreensão acerca da violência institucional perpetrada pelo Estado por meio da polícia militar. O conflito social de classe não é o único conflito existente na sociedade capitalista, há outros conflitos que, embora não se articulem com as relações de classe, não se originam delas e tampouco desapareceriam com elas: são conflitos raciais, sexuais, religiosos, culturais e regionais que podem remontar a períodos anteriores ao capitalismo, mas que nele assumem uma forma especificamente capitalista. Portanto,

[...] entender a dinâmica dos conflitos raciais e sexuais é absolutamente essencial à compreensão do capitalismo, visto que a dominação de classe se realiza nas mais variadas formas de opressão racial e sexual. A relação entre Estado e sociedade não se resume à troca e produção de mercadorias; as relações de opressão e de exploração sexuais e raciais são importantes na definição do modo de intervenção do Estado e na organização dos aspectos gerais da sociedade. [...] as classes quando materialmente consideradas também são compostas de mulheres, pessoas negras, indígenas, gays, imigrantes, pessoas com deficiência, que não podem ser definidas tão somente pelo fato de não serem proprietários dos meios de produção. [...] Para entender as classes em seu sentido material, portanto, é preciso, antes de tudo, dirigir o olhar para a situação real das minorias. (ALMEIDA, 2018, p. 60)

Ainda sobre o debate de classe ou raça, Silvio de Almeida indaga: o problema da desigualdade deve ser visto a partir da centralidade da classe ou da raça? O racismo tem uma lógica diferente da lógica de classe? Na luta contra a desigualdade, a prioridade deve ser dada à classe ou à raça? Ele observa que essas questões têm dividido o movimento negro e as organizações políticas e diz que se trata de um falso dilema. A divisão de classes, a divisão de grupos no interior das classes, o processo de individualização e os antagonismos sociais que caracterizam as contradições que formam a sociabilidade capitalista têm o racismo como veículo importantíssimo, e insistir em negar isso é simplesmente não compreender o capitalismo enquanto forma de sociabilidade. Logo, o racismo não deve ser tratado como uma questão lateral, que pode ser dissolvida na concepção de classes, até porque uma noção de classe que desconsidera o modo como ela se expressa enquanto relação social objetiva torna o conceito uma abstração vazia de conteúdo histórico.

> São indivíduos concretos que compõem as classes à medida que se constituem concomitantemente como classe e como minoria nas condições estruturais do capitalismo. Assim, classe e raça são elementos socialmente sobredeterminados. (ALMEIDA, 2018, p. 114)

Entender as classes em seu sentido material exige olhar para a situação real das minorias. A situação das mulheres negras exemplifica isso: recebem os salários mais baixos, são empurradas para os "trabalhos improdutivos" — aqueles que não produzem mais-valia, mas que são essenciais. Por exemplo, as babás e empregadas domésticas, em geral negras, que, vestidas de branco, criam os herdeiros do capital, são diariamente vítimas de assédio moral, da violência doméstica e do abandono, recebem o pior tratamento nos sistemas "universais" de saúde e suportam, proporcionalmente, a mais pesada tributação (cf. MOURA, 2014, *apud* ALMEIDA, 2018).

A descrição e o enquadramento estrutural dessa situação revelam o movimento real da divisão de classes e dos mecanismos institucionais do capitalismo. Para Clóvis Moura, a luta dos negros desde a escravidão constitui-se como uma manifestação da luta de classes, de tal sorte que a lógica do racismo é inseparável da lógica da constituição da sociedade de classes no Brasil, porque:

> [...] após o 13 de maio e o sistema de marginalização social que se seguiu, colocaram-no como igual perante a lei, como se, no seu cotidiano da sociedade competitiva (capitalismo dependente) que se criou, esse princípio ou norma não passasse de um mito protetor para esconder as desigualdades sociais, econômicas e étnicas. (MOURA, 2014, *apud* ALMEIDA, 2018, p. 115)

Silvio de Almeida afirma que o negro foi obrigado a disputar a sua sobrevivência social, cultural e mesmo biológica numa sociedade secularmente racista, na qual as técnicas de seleção profissional, cultural, política e étnica são feitas para que ele permaneça imobilizado nas camadas mais oprimidas, exploradas e subalternizadas. Nesse sentido, ele reitera que os problemas de raça e classe se imbricam nesse processo de competição do negro, pois o interesse das classes dominantes é vê-lo marginalizado para baixar os salários dos trabalhadores no seu conjunto.

Outra afirmação muito significativa nesse debate é que não existe "consciência de classe" sem consciência do problema racial. Historicamente, o racismo foi e ainda é um fator de divisão não apenas entre as classes, mas também no interior delas. A negação da classe como categoria analítica não interessa à população negra, como nos alerta Angela Davis. Essa recusa serve apenas para aprisionar a crítica ao racismo e ao sexismo a preceitos moralistas, incapazes de questionar o sistema de opressão em sua totalidade.

Sobre o dilema "luta de classes/luta de raças", Florestan Fernandes afirma que "uma não esgota a outra e, tampouco, uma não se esgota na outra" (FERNANDES, 2017, p. 84, *apud* ALMEIDA, 2018, p. 121). Para o sociólogo, "ao se classificar socialmente, o negro adquire uma situação de classe proletária", embora continue "a ser negro e a sofrer discriminações e violências". A seu ver, a prova disso é a reação das classes dominantes brasileiras à resistência negra nas décadas de 1930, 1940 e 1950. Para Florestan, todos os trabalhadores têm as mesmas exigências diante do capital. Todavia, há um acréscimo: alguns trabalhadores têm exigências diferenciais, e é imperativo que encontrem espaço dentro das reivindicações de classe e das lutas de classes. Indo além, numa sociedade multirracial, na qual a morfologia da sociedade de classes ainda não fundiu todas as diferenças existentes entre os trabalhadores, a raça também é um fator revolucionário específico. Por isso, há duas polaridades que não se contrapõem, mas se interpenetram como elementos explosivos — a classe e a raça.

A população negra constitui mais da metade da população brasileira. Com essa demografia, é difícil conceber a possibilidade de um projeto nacional de desenvolvimento que não enfrente o racismo no campo simbólico e prático. O silêncio dos desenvolvimentistas brasileiros diante da questão racial chega a ser constrangedor, pois tudo se passa como se a questão nacional/racial não fosse medular no pensamento social brasileiro. Talvez essa presença/ausência da questão racial seja a prova mais contundente de que o racismo pode obstruir a capacidade de compreensão de aspectos decisivos da realidade, mesmo daqueles que querem sinceramente transformá-la.

Leonardo Ortegal (2018) propõe a inclusão de mais duas categorias para a análise devida sobre o racismo: a diáspora, já apresentada anteriormente, e o genocídio.

O genocídio negro é uma expressão que tem um sentido tanto denotativo como conotativo. Denotativo, como movimento político e jurídico de classificar os processos aos quais a população negra brasileira está submetida, sofrendo pelo crime de genocídio. Genocídio como categoria implica o reconhecimento dos organismos internacionais e o direito a penas e indenizações, previstas para esses crimes. Já em seu sentido conotativo, o genocídio negro esclarece as conexões entre as violências e violações perpetradas contra a população negra, tratada pelo Estado e pelas políticas sociais como problema isolado.

"A predominância de pessoas negras entre os casos de mortalidade materna, de evasão escolar e de encarceramento não são fenômenos independentes" (ORTEGAL, 2015, *apud* ALMEIDA, 2018).

A categoria genocídio negro traduz esse processo ativo, dotado de intencionalidade e racialmente determinado, responsável por retirar a questão do racismo de seu local clássico, sobretudo no Brasil, de passividade, aleatoriedade, condicionado como subproduto das desigualdades de classe do capitalismo. Esse genocídio não pode ser compreendido sem que se compreenda também a Diáspora Negra, como categoria que dá ao racismo a profundidade histórica que ele possui, desvelando a continuidade entre o que ocorreu no início do século XVI e o que acontece em pleno século XXI com a população negra (ORTEGAL, 2018).

Segundo Magali Almeida (2014), a concepção moderna do termo genocídio é atribuída ao jurista polonês Raphael Lemkin, que migrou da Polônia para os Estados Unidos em 1939, em decorrência do holocausto judeu. Sua contribuição de perspectiva multifacetada não se restringia às ações de assassinatos simplesmente, mas incluía as ações que infringiam a liberdade, a dignidade e a segurança de um grupo. João Vargas (2010) adota a definição de genocídio pautada e aprovada na Convenção sobre a Prevenção e a Repressão do Crime de Genocídio, aprovada pela Resolução 260 do Conselho Geral das Nações Unidas de 9 de dezembro de 1948 e efetivada em 1951. De acordo com o art. II da Convenção, genocídio é entendido como:

> Os atos abaixo indicados, cometidos com intenção de destruir, no todo ou em parte, um grupo nacional, racial ou religioso, tais como:
> a) Assassinato de membros do grupo;
> b) Atentado grave à integridade física e mental de membros do grupo;
> c) Submissão deliberada do grupo a condições de existência que acarretarão a sua destruição física, total ou parcial;
> d) Medidas destinadas a impedir os nascimentos no seio do grupo;
> e) Transferência forçada de crianças de um grupo para outro grupo.
> (VARGAS, 2010, p. 38, *apud* ALMEIDA, 2014, p. 143)

O racismo em nosso país está arraigado em nossa estrutura social e econômica, é resultante de uma história "marcada pela invasão colonial exploratória e pela escravidão racializada, que resultaram posteriormente num capitalismo tardio, periférico e estruturalmente racista" (ORTEGAL, 2018, p. 428). Nós, pesquisadores sobre violência policial, não podemos perder de vista essa perspectiva e, além de sabermos que o país vive sob o regime capitalista, marcado pela desigualdade social a ele inerente e dividido em classes sociais desiguais, temos que entender que essa violência é genocida e expressão da necropolítica contemporânea.

Segundo Silvio de Almeida, uma vez que o Estado é a forma política do mundo contemporâneo, o racismo não poderia se reproduzir se, ao mesmo tempo, não alimentasse e fosse também alimentado pelas estruturas estatais.

> É por meio do Estado que a classificação de pessoas e a divisão dos indivíduos em classes e grupos são realizadas. Os regimes colonialistas e escravistas, o regime nazista, bem como o regime do *apartheid* sul-africano, não poderiam existir sem a participação do Estado e de outras instituições como escolas, igrejas e meios de comunicação. O Estado moderno é Estado racista — casos da Alemanha nazista, da África do Sul antes de 1994 e dos Estados Unidos antes de 1963 —, ou Estado racial — determinados estruturalmente pela classificação racial —, não havendo uma terceira opção. Com isso, quer dizer Goldberg que o racismo não é um dado acidental, mas é um elemento constitutivo dos Estados modernos. (ALMEIDA, 2018, p. 54)

Essa compreensão é imprescindível, pois o Estado terá papel crucial para proteger a liberdade individual, a igualdade formal e a propriedade privada. Para atingir esse objetivo, o Estado terá de manter um delicado equilíbrio em sua atuação, que exige preservar a unidade numa sociedade estruturalmente individualista e atomizada, que tende a inúmeros conflitos e, ao mesmo tempo, a fim de não comprometer o imaginário da igualdade de todos perante a lei, "aparece" como um poder "impessoal" e "imparcial" e acima dos conflitos individuais. O papel do Estado no capitalismo é essencial.

Partindo desse pressuposto, da imprescindibilidade do Estado no capital, entendemos ser importante abordar neste estudo o conceito de necropolítica desenvolvido pelo filósofo negro, historiador, teórico político e professor universitário camaronense Achille Mbembe, que, em 2003, escreveu um ensaio questionando os limites da soberania quando o Estado escolhe quem deve viver e quem deve morrer. Esse ensaio virou livro e chegou ao Brasil em 2018.

Para Mbembe, quando se nega a humanidade do outro, qualquer violência se torna possível, desde agressões até a morte. Esse conceito nos auxilia neste estudo, pois, para o autor, a expressão máxima da soberania reside no poder e na capacidade de ditar quem pode viver e quem deve morrer. "Ser soberano é exercer controle sobre a mortalidade e definir a vida como a implantação e manifestação de poder" (MBEMBE, 2018, p. 5).

O outro que deve morrer, segundo o autor, é entendido como um atentado contra minha vida, como uma ameaça mortal ou um perigo absoluto, cuja eliminação biofísica reforça o potencial de vida e segurança do soberano, bem como de quem age imbuído dessa lógica. Trata-se de uma forma contemporânea que submete a vida ao poder da morte.

Em nosso mundo contemporâneo, as armas de fogo são dispostas com o objetivo de provocar a destruição máxima de pessoas e criar mundos de morte, formas únicas e novas de existência social, nas quais vastas populações são submetidas a condições de vida que lhes conferem o estatuto de "mortos-vivos" (MBEMBE, 2018, p. 71).

> A gente vê hoje um Estado que adota a política da morte, o uso ilegítimo da força, o extermínio, a política de inimizade. Que faz a divisão entre amigo e inimigo. É o que a gente vê, por exemplo, nas favelas, nas periferias das grandes cidades brasileiras, nos rincões do país. Nossa polícia substitui o capitão do mato. (BORGES, R., 2019)

Segundo Rosane Borges, jornalista, professora e pesquisadora, a necropolítica é a política da morte adaptada pelo Estado. Ela não é um episódio, não é um fenômeno que foge a uma regra. Ela *é* a regra. Mbembe (2018) elabora esse conceito à luz do estado de exceção, do estado de terror, do terrorismo. Uma de suas inspirações é a biopolítica de Michel Foucault. O Estado brasileiro adota a política da morte, o uso ilegítimo da força, o extermínio, a política de inimizade. Essa política da morte é escancarada nas ações nas favelas, nas comunidades e nas periferias das grandes cidades brasileiras. Não há nenhum tipo de serviço de inteligência, de combate à criminalidade. O que se tem é a perseguição daquele considerado perigoso. A necropolítica reúne esses elementos, que são flexíveis e têm desdobramentos que podemos perceber em nosso cotidiano, na nossa chamada política de segurança. A necropolítica expressa-se na segurança pública brasileira, visto que é nos lugares subalternizados, com endereço e densidade negra, que a polícia tem licença para matar.

Se essa política da morte tem um endereço, fato que evidenciamos a partir dos dados expostos, a violência policial que se expressa como ação do soberano (Estado), majoritariamente destinado à juventude negra e periférica, é uma expressão de necropolítica.

Segundo Silvio de Almeida, o papel desse Estado soberano no capitalismo é essencial para a manutenção da ordem — garantia da liberdade e da igualdade formais e proteção da propriedade privada e do cumprimento dos contratos — e a "internalização das múltiplas contradições", seja pela coação física, seja por meio da produção de discursos ideológicos justificadores da dominação. Portanto, a forma com que os indivíduos atuam na sociedade, seu reconhecimento enquanto integrantes de determinados grupos e classes, bem como a constituição de suas identidades, estão relacionados com as estruturas que regem a sociabilidade capitalista.

O autor traz reflexões muito importantes sobre o papel do Estado e diz que, sob as condições econômicas da sociedade capitalista, o Estado dá forma a uma comunidade política cuja socialização é feita de antagonismos e contradições expressas nos interesses individuais. O Estado não é apenas o garantidor das condições de sociabilidade do capitalismo, mas é também o resultado dessas mesmas condições, o que faz dele mais do que um mero árbitro ou um observador neutro da sociedade. Como a sociedade é dinâmica, as condições econômicas e as relações de força alteram-se o tempo todo, e os conflitos tendem a surgir.

> Esses conflitos pressupõem a capacidade do Estado de manter as estruturas socioeconômicas fundamentais e a adaptação do Estado às transformações sociais sem comprometer sua unidade relativa e sua capacidade de garantir a estabilidade política e econômica. Portanto, a atuação do Estado, como a forma política da sociedade capitalista, está histórica e logicamente conectada com a reprodução das outras formas sociais do capitalismo: a forma-mercadoria (propriedade privada), a forma-dinheiro (finanças) e a forma-jurídica (liberdade e igualdade). (ALMEIDA, 2018, p. 58)

No Brasil, a necropolítica foi aplicada mais abertamente na gestão de extrema-direita do presidente Bolsonaro (2019-2022), bem como na gestão estadual do ex-governador João Doria, em São Paulo, no mesmo período. Essa aplicação se deu pela militarização da força. A militarização passou a ser uma panaceia para se combater "todo e qualquer tipo de violência e de criminalidade".

Para Mbembe, o "estado de exceção" e "estado de sítio" são as bases normativas do "direito de matar", referindo-se ao nazismo e ao território palestino. No entanto, também podemos pensar nessas definições para o Brasil, tendo em vista as mortes causadas pela polícia nos territórios periféricos das cidades, mortes que esses "gestores" consideram legítimas. Achille Mbembe diz que se fala muito dos campos de concentração do século XX, mas nos alerta que essas experiências do estado de exceção já estavam presentes na época da escravidão e continuam a existir até hoje. Isso porque têm os seus lugares privilegiados em que a necropolítica é imposta: nas periferias das grandes metrópoles, nos conflitos agrários dos rincões do Brasil, nos morros, nas favelas.

Sob essa perspectiva de estado de exceção, Silvio de Almeida observa que o racismo tem duas funções ligadas ao poder do Estado: a primeira é a de fragmentação, de divisão no contínuo biológico da espécie humana, introduzindo hierarquias, distinções, classificações de raças. O racismo estabelecerá a linha divisória entre superiores e inferiores, entre bons e maus, entre os grupos que merecem viver e os que merecem morrer, entre os que terão a vida prolongada e os que serão deixados para a morte, entre os que devem permanecer vivos e os que serão mortos. E que se entenda que a morte aqui não é apenas a retirada da vida, mas também é a exposição ao risco da morte, a morte política, a expulsão e a rejeição.

A outra função do racismo é permitir que se estabeleça uma relação positiva com a morte do outro. Não se trata de uma tradicional relação militar e guerreira em que a vida de alguém depende da morte de um inimigo. Trata-se, para Foucault, de uma relação inteiramente nova, compatível com o exercício do biopoder, em que será estabelecida uma relação de tipo biológico, em que a morte do outro — visto não como meu adversário, mas como um degenerado, um anormal, pertencente a uma "raça ruim" — não é apenas uma garantia de segurança do indivíduo ou das pessoas próximas a ele, mas também do livre, sadio, vigoroso e desimpedido desenvolvimento da espécie, do fortalecimento do grupo ao qual se pertence. Desse modo, a raça e o racismo são:

> [...] a condição de aceitabilidade de tirar a vida numa sociedade de normalização. Quando vocês têm uma sociedade de normalização, quando vocês têm um poder que é, ao menos e toda a sua superfície e em primeira instância, em primeira linha, um biopoder, pois bem, o racismo é indispensável como condição para poder tirar a vida de alguém, para poder tirar a vida dos outros. A função assassina do Estado só pode ser assegurada, desde que o Estado funcione no modo do biopoder, pelo racismo. (ALMEIDA, 2018, p. 72)

Silvio de Almeida observa que o salto teórico de Mbembe na análise sobre a soberania acontece quando este relaciona a noção de biopoder aos conceitos de estado de exceção e estado de sítio. Para Mbembe, "o estado de exceção e a relação de inimizade tornaram-se a base normativa do direito de matar". O poder de matar opera com apelo à "exceção, à emergência e a uma noção ficcional do inimigo", que precisam ser constantemente criadas e recriadas pelas práticas políticas. As relações entre política e terror não são recentes. Dizer que a guerra está próxima, bem como o inimigo pode atacar a qualquer momento, é a senha para que sejam tomadas as medidas "preventivas", para que se cerque o território, para que sejam tomadas medidas excepcionais, tais como toques de recolher, "mandados de busca coletivos", prisões para averiguação, invasão noturna de domicílios, destruição de imóveis, autos de resistência etc.

> O estado de sítio, longe de ser exceção, será a regra, e o inimigo, aquele que deve ser eliminado, será criado não apenas pelas políticas estatais de segurança pública, mas pelos meios de comunicação de massa e os programas de televisão. Tais programas servirão como meio de constituir a subjetividade adaptada ao ambiente necropolítico em que impera o medo. O racismo, mais uma vez, permite a conformação das almas, mesmo as mais nobres da sociedade, à extrema violência a que populações inteiras são submetidas, que se naturalize a morte de crianças por "balas perdidas", que se conviva com áreas inteiras sem saneamento básico, sem sistema educacional ou de saúde, que se exterminem milhares de jovens negros por ano, algo denunciado há tempos pelo movimento negro como genocídio. (ALMEIDA, 2018, p. 76)

A análise de Achille Mbembe sobre a configuração atual da soberania é absolutamente condizente com o atual estágio das relações na economia do capitalismo pós-fordista e sob a égide da política neoliberal. As políticas de austeridade e o encurtamento das redes de proteção social mergulham o mundo no permanente pesadelo do desamparo e da desesperança. Resta ao Estado, como balizador das relações de conflito, adaptar-se a essa lógica em que a continuidade das formas essenciais da vida socioeconômica depende da morte e do encarceramento. Sob as condições objetivas e subjetivas projetadas no horizonte neoliberal, o estado de exceção torna-se a forma política vigente.

Silvio de Almeida adota como referência o pensamento de Ana Flauzina para abordar os mecanismos de destruição das vidas negras. Segundo a autora, no contexto neoliberal, o extermínio adquire formas mais sofisticadas do que o encarceramento puro e simples. Para ela, "as imagens e os números que cercam as condições de vida da população negra estampam essa dinâmica". A expulsão escolar, a pobreza endêmica, a negligência com a saúde da mulher negra e a interdição da identidade negra seriam, juntamente ao sistema prisional, partes de uma engrenagem social de dor e de morte (cf. FLAUZINA, 2008, *apud* ALMEIDA, 2018, p. 76).

Para Silvio de Almeida, portanto, a necropolítica instaura-se como a organização necessária do poder num mundo em que a morte avança implacavelmente sobre a vida. A morte justificada em nome dos riscos à economia e à segurança torna-se o fundamento dessa realidade. Diante disso, a lógica da colônia materializa-se na gestão praticada pelos Estados contemporâneos, especialmente nos países da periferia do capitalismo, em que as antigas práticas coloniais deixaram resquícios. Essa análise do autor é absolutamente pertinente para nossa pesquisa, pois, como discutimos neste capítulo, o Estado brasileiro e o paulista agem com esse viés, perpetuando práticas coloniais.

Em sua dissertação de mestrado, Marielle Franco (*apud* ALMEIDA, 2018) cita Achille Mbembe, afirmando que o neoliberalismo cria o devir-negro no mundo. As mazelas econômicas antes destinadas aos habitantes das colônias agora se espalham para todos os cantos e ameaçam fazer com que toda a humanidade venha a ter o seu dia de negro, que pouco tem a ver com a cor da pele, mas está relacionado essencialmente com a condição de viver para a morte, de conviver com o medo, com a expectativa ou com a efetividade da vida pobre e miserável.

Nesta etapa das minhas reflexões, quero demarcar a compreensão de que racismo, capitalismo e necropolítica são inseparáveis, se sustentam.

> Em uma análise mais estritamente marxista temos o seguinte: aquilo que o capitalismo acha que não serve mais ele abate, porque são corpos negros. A massa sobrante do mercado de trabalho, o que se faz? O que se faz com o contingente de pessoas que não serão absorvidas pelas novas competências técnicas e tecnológicas do capitalismo? Se mata, se exclui. Obviamente que essa mesma massa sobrante são corpos negros, mulheres negras, fundamentais para a acumulação de capital. Corpos que foram escravizados e hoje eles não interessam mais para o capital. A análise mais liberal, financeira, está chamando essas pessoas de desalentadas. São pessoas que estão vivendo nas franjas do sistema social, ficando marginalizadas. Nesse processo de marginalização, a gente cria linhas divisórias de nós e outros. E esses outros podem ser alvo de tudo. Inclusive da morte. (BORGES, R., 2019, n. p.)

Na cena contemporânea, fica cada vez mais nítido que o processo de produção capitalista depende de uma expansão permanente da produção e de uma acumulação incessante de capital. Silvio de Almeira afirma que, para atingir esses objetivos, o capital encontra limites históricos que se chocam com as características conflituosas da sociedade. A crise estrutural do capital se dá justamente quando o processo econômico capitalista não encontra compatibilidade com as instituições e as normas que deveriam manter a instabilidade. Para o autor, as crises revelam-se, portanto, como a incapacidade do sistema capitalista, em determinados momentos da história, de promover a integração social por meio das regras sociais vigentes. Em outras palavras, o modo de regulação, constituído por normas jurídicas, valores, mecanismos de conciliação e integração institucionais, entra em conflito com o regime de acumulação. A consequência disso é que "a ligação entre Estado e sociedade, mantida, como foi visto, mediante a utilização de mecanismos repressivos e de inculcação ideológica, começa a ruir" (ALMEIDA, 2018, p. 117).

Esse contexto de crise estrutural do capitalismo gera o colapso do sistema de regulação, o que, segundo o autor, resulta em conflitos entre instituições estatais, independência de órgãos governamentais, que passam a se voltar uns contra os outros e funcionar para além de qualquer previsibilidade, direção governamental e estabilidade política. Passa a não ser mais possível convencer as pessoas de que viver sob certas regras é normal, e a violência estatal torna-se um meio de controle social recorrente. Essa afirmação é absolutamente pertinente para o momento em que vivemos no Brasil. De fato, como já apresentamos neste capítulo, a violência estatal tem se acirrado de forma visceral.

Como assinala David Harvey (2011, *apud* ALMEIDA, 2018, p. 123), o capitalismo tem dificuldades que devem ser negociadas com sucesso para que o sistema permaneça viável. A primeira é a "anarquia" do mercado na fixação de preços; a segunda é a necessidade de exercer controle suficiente sobre o emprego da força de trabalho para garantir a adição de valor na produção e, portanto, lucros positivos para o maior número possível de capitalistas. É nesse momento que os mecanismos de regulação são fundamentais.

Silvio de Almeida afirma que a história do racismo moderno se entrelaça com a história das crises estruturais do capitalismo. A necessidade de alteração dos parâmetros de intervenção estatal a fim de retomar a estabilidade econômica e política — e aqui se entenda estabilidade como o funcionamento regular do processo de valorização capitalista — sempre resultou em formas renovadas de violência e estratégias de subjugação da população negra:

> Como não serão integrados ao mercado, seja como consumidores ou como trabalhadores, jovens negros, pobres, moradores de periferia e minorias sexuais serão vitimados por fome, epidemias ou pela eliminação física promovida direta ou indiretamente pelo Estado — um exemplo disso é o corte nos direitos sociais. Enfim, no contexto da crise, o racismo é um elemento de racionalidade, de normalidade e que se

> apresenta como modo de integração possível de uma sociedade em que os conflitos tornam-se cada vez mais agudos. (ALMEIDA, 2018, p. 126)

Até aqui busquei problematizar o cenário da violência de Estado, marcado por uma violência policial sem precedentes, sobretudo no estado de São Paulo, apresentando estatísticas que superam países em guerra. Em que pesem a realidade de violência e os limites à própria condição de civilidade do nosso tempo, abordarei a seguir as formas de resistência a essa violência brutal. Mostrarei a vocês, leitoras e leitores, os resultados dos meus estudos sobre movimentos sociais de São Paulo, identificando suas especificidades, bem como as mídias independentes que têm sido atores muito significativos nestes tempos de barbarização da vida.

CAPÍTULO II

Movimentos sociais e mídias alternativas no enfrentamento da violência policial

Na pesquisa de doutorado, base deste livro, identifiquei subsídios teóricos para fundamentar que os movimentos sociais de direitos humanos e as mídias alternativas e independentes são essenciais nesta quadra histórica, estão na contracorrente da barbárie em curso, tendo centralidade no enfrentamento à violência de Estado, perpetrada pela polícia militar, conforme discutido até aqui.

Visando possibilitar maior compreensão sobre esses dois sujeitos coletivos, movimentos sociais e mídias alternativas, este capítulo será dividido em duas partes. Acredito que assim poderei oferecer o rigor teórico necessário para fundamentar minha reflexão.

1. BREVE RESGATE HISTÓRICO DAS TEORIAS DOS MOVIMENTOS SOCIAIS NA CONTEMPORANEIDADE

Este capítulo tem como foco os movimentos sociais formados por familiares de vítimas da violência policial. A investigação sobre esses sujeitos exige a compreensão teórica dos movimentos sociais e, para tanto, recorri a autores que se debruçam sobre esse tema. O recorte temporal será o cenário contemporâneo, de modo a dar maior visibilidade aos sujeitos das ações coletivas, formados a partir da violência de Estado.

Para melhor compreender as teorias relativas aos movimentos sociais, recorremos aos estudos de Angela Alonso. Ela aponta que, nos anos 1970, dois sociólogos produziram três grandes teorias para explicar os movimentos sociais. McCarthy e Zald (1977) criaram a Teoria de Mobilização de Recursos (TMR), para abordar as mobilizações coletivas em termos de emoções coletivas, exacerbando o extremo oposto: sua racionalidade contra o funcionalismo. Para os autores, longe de ser a expressão caótica de insatisfações individuais não canalizadas pelas instituições, movimentos, como o por direitos civis nos Estados Unidos, tinham sentido e organização.

Contra as versões do marxismo, argumentaram que descontentamentos e motivos para a mobilização, sejam eles privações materiais ou interesses de classe, sempre existem, o que os tornariam inócuos para explicar a formação de mobilizações coletivas. Assim, mais importante que identificar as razões, seria explicar o *processo* de mobilização.

Para os autores, longe da motivação emocional, a decisão de agir seria ato de liberação individual, resultado de cálculo racional entre benefícios e custos. A ação coletiva só se viabiliza na presença de recursos materiais (financeiros e infraestrutura) e humanos (ativistas e apoiadores) e de organização, isto é, da coordenação de indivíduos antes avulsos. Ademais, a criação de associações ou o uso de estruturas comunitárias preexistentes daria a base organizacional para os movimentos sociais.

A TMR aplicou a sociologia das organizações ao seu objeto, definindo os movimentos sociais por analogia com uma empresa. A racionalização plena da atividade política fica clara no argumento da burocratização dos movimentos sociais, que pouco a pouco criam normas, hierarquia interna e divisão do trabalho, especializando os membros, com os líderes como gerentes, administrando recursos e coordenando as ações (ALONSO, 2009). A TMR, portanto, avalia os movimentos sociais, igualando-os a um fenômeno social como outro qualquer, dotado das mesmas características que os partidos políticos, por exemplo. A explicação privilegia a racionalidade e a organização, minimizando ideologias e valores na conformação das mobilizações coletivas. Ao comparar movimentos com empresas, a TMR foi bastante questionada pela esquerda, tendo muito mais adesão na Europa e inexpressiva entrada na América Latina.

O enquadramento macro-histórico do fenômeno aparece nas duas outras teorias sobre os movimentos sociais, a teoria do processo político (TPP) e a teoria dos novos movimentos sociais (TNMS). Ambas as teorias se insurgiram contra explicações deterministas e economicistas da ação coletiva e contra a ideia de um sujeito histórico universal. As duas teorias constroem explicações macro-históricas que rejeitam a economia como chave explicativa, e combinam política e cultura na explicação dos movimentos sociais. Contudo, a TPP investe numa teoria da mobilização política, enquanto a TNMS se alicerça numa teoria da mudança cultural. Embora constituída nos Estados Unidos, como a TMR, a TPP engloba casos europeus em suas análises.

A TPP adiciona um elemento cultural à explicação: a coordenação depende de solidariedade, produto de *catnet*, isto é, da combinação entre o pertencimento a uma categoria (*catness*) e a densidade das redes interpessoais, vinculando os membros do grupo entre si (*netness*) (TILLY, 1978, p. 74, *apud* ALONSO, 2009, p. 25). Contudo, a solidariedade não gera ação, se não puder contar com "estruturas de mobilização": recursos formais, como organizações civis, e informais, como redes sociais, que favorecem a organização. *A mobilização é, então, o processo pelo qual um grupo cria solidariedade e adquire controle coletivo sobre os recursos necessários para sua ação.* Mas tudo isso, e essa é uma das diferenças em relação à TMR, só configura um movimento social diante de oportunidades políticas favoráveis. Enquanto a TMR enfatiza recursos materiais disponíveis para ativistas individuais, a TPP prioriza uma estrutura de incentivos e/ou constrangimentos políticos, que delimita as possibilidades de escolha dos agentes entre cursos de ação.

Para Angela Alonso, a partir dessas *três famílias de teorias dos movimentos sociais*:

> Um movimento social é definido, então, como uma "interação contenciosa", que envolve demandas mútuas entre desafiantes e detentores do poder [...]; movimentos sociais seriam, então, uma forma histórica de expressão de reivindicações, que não existiu sempre, nem em toda a parte. (ALONSO, 2009, p. 15)

Contribuindo para nosso estudo, Carlos Montaño e Maria Lúcia Duriguetto (2010) pontuam duas distinções necessárias do ponto de vista teórico, para entendermos o que são movimentos sociais. Os autores ressaltam que movimento social é diferente de mobilização social. Um movimento social caracteriza uma organização, com relativo grau de formalidade e de estabilidade, que não se reduz a uma dada atividade ou mobilização. Já a mobilização é pontual, pode ser uma ferramenta do movimento, pode se desdobrar em outras até formar um movimento, mas "mobilização não necessariamente significa uma organização nem constitui um movimento social" (MONTAÑO; DURIGUETTO, 2010, p. 264).

Os autores nos trazem uma reflexão muito significativa sobre a distinção entre movimentos sociais e organizações não governamentais (ONGs), que recorrentemente são tratadas como sinônimos. Como temos percebido pela experiência empírica como militante do movimento Mães de Maio, essa confusão causa um esvaziamento da luta coletiva dos movimentos sociais e passa à sociedade uma visão equivocada dessas lutas.

> [...] Movimentos sociais, dentre outras determinações, são conformados pelos próprios sujeitos portadores de certa identidade, necessidade, reinvindicação, pertencimento de classe, que se mobilizam por respostas

ou para enfrentar tais questões — o movimento social constitui-se pelos próprios envolvidos diretamente na questão. Por seu turno, a ONG é constituída por agentes, remunerados ou voluntários, que se mobilizam na resposta a necessidades, interesses ou reinvindicações em geral alheios, não próprios. (MONTAÑO; DURIGUETTO, 2010, p. 264).

Angela Alonso observa também que, a partir de 1960, as novas mobilizações deixam de ter uma base social demarcada e seus atores já não se definem por uma atividade, o trabalho, mas por formas de vida. No caso do nosso objeto de pesquisa, os familiares se mobilizam em virtude da perda violenta da vida dos seus filhos.

Nesse sentido, os novos movimentos sociais — tais como: movimento negro (apesar de já ser um movimento presente desde a época da escravidão, os negros ainda precisam lutar contra a discriminação étnica e racial), o movimento estudantil, o movimento feminista, o movimento ecológico — seriam formas particularistas de resistência, reativas aos rumos do desenvolvimento socioeconômico e em busca da reapropriação de tempo, espaço e relações cotidianas. Foi o sociólogo italiano Alberto Melucci quem construiu uma nova teoria psicossocial da ação coletiva. O autor dedicou-se ao estudo de um problema essencial: como um ator coletivo é formado ou quais relações e processos levam os indivíduos a se envolver *coletivamente* numa ação política? Assim: "A identidade coletiva é uma definição interativa e compartilhada, produzida por numerosos indivíduos e relativa às orientações da ação e ao campo de oportunidades e constrangimentos no qual a ação acontece" (MELUCCI, 1988, p. 342, *apud* ALONSO, 2009, p. 65).

A teoria dos novos movimentos sociais procura incluir três dimensões da ação coletiva. A identidade coletiva seria produzida a partir da definição de um *"framework cognitivo"* acerca dos fins, meios e campo da ação; da ativação *prática* de relações entre atores (interação, comunicação, influência, negociação, tomada de decisão); e do investimento *emocional*, que os leva a se reconhecer como membros de um grupo. Para Melucci, as emoções retornam à análise da ação coletiva, mas com sinal invertido: não para explicar a desmobilização, mas como motivação para o engajamento. Temos aqui uma genuína teoria cultural para a formação dos movimentos sociais, que explica a conversão de cidadãos comuns em ativistas por meio de um processo que envolve simultaneamente racionalidade e emoção.

Aproximando-se da nossa realidade, nossa investigação também identificou especificidades regionais acerca dos movimentos sociais. No cenário latino-americano, é importante dizer que, segundo Alonso (2009), foi Touraine quem reconheceu que as demandas econômicas continuam relevantes na América Latina. O autor ganhou enorme notoriedade no Brasil no período da redemocratização. Em doses variadas, sua teoria foi aplicada para explicar o surgimento de "novos atores" e "novos movimentos sociais" nas periferias dos grandes centros urbanos ao longo dos anos 1980. A TNMS orientou a predileção latino-americana pelo estudo da cultura política "inovadora". O forte influxo dessa teoria deu um acento marcadamente culturalista aos estudos de movimentos sociais latino-americanos.

De acordo com Montaño e Duriguetto, os novos movimentos sociais contêm elementos positivos, pois inserem nesse cenário político temas como gênero, raça, etnia, religião, sexualidade, ecologia, o que tem contribuído para revelar as condições da reprodução do capital. No entanto, os mesmos autores destacam os limites desses movimentos, a começar pela falta de questionamento das relações capitalistas. Além disso, o conteúdo de suas lutas, que não são realizadas em conjunto com a luta do proletariado, limitaria seu alcance político. Outro ponto seria o particularismo de suas demandas, com tendência ao isolamento em grupos de problemas específicos.

Como demonstrei até o momento, as teorias apresentadas romperam com a perspectiva de classe e se contrapõem ao marxismo. Embora sejam consideradas as teorias clássicas, exaustivamente utilizadas como base teórica das pesquisas que versam sobre movimentos sociais, é importante ressaltar que, para meu interesse de estudo, pautado numa perspectiva marxista de análise, tais teorias pouco me auxiliaram, pois são pouco críticas, não ampliam, não permitem interlocução com a abordagem teórica que me orienta. Além de negarem a questão de classe existente, não tocam na questão das mobilizações realizadas por mulheres e, no caso do meu interesse de debate, por mães de vítimas da violência policial.

A princípio, avaliei que a ausência de menção a esse tipo de movimento poderia estar relacionada com a negação de que tais violações de direitos humanos possam ocorrer, que seja impensável imaginar que pessoas devam lutar pelo direito primário e elementar como a vida. No entanto, ao longo das minhas pesquisas, verifiquei que os estudiosos não chegam a essa análise por se basearem numa perspectiva teórica que nega as contradições sociais existentes na realidade. Tais teorias não incorporam a pauta da violência policial, a meu ver, porque movimentos que lutam pela vida e contra a violência policial são específicos do Brasil.

Nessa perspectiva, Ilse Scherer-Warren observa que o debate sobre movimentos sociais tem sido marcado pela passagem das interpretações baseadas num olhar que privilegia as teorias de classe para enfoques culturalistas e identitários dos denominados novos movimentos sociais. A autora destaca que os estudos pós-coloniais ou do pós-colonialismo incorporam legados das teorias de classe e das respectivas formas de opressão das elites coloniais e hegemônicas, das teorias culturalistas, no que diz respeito às múltiplas formas de opressão e discriminação simbólica em relação aos segmentos sociais colonizados, e da respectiva exclusão e/ou subalternidade desses segmentos no plano do fazer político, no cotidiano societário e nas instituições.

O filósofo, político e psiquiatra martinicano Frantz Fanon trouxe uma nova forma de pensar a subalternidade de sujeitos sociais na América Latina e contribuiu para a reflexão sobre os novos modos de inclusão social, no Brasil e na América Latina. É importante recuperar a contribuição desse pensador clássico, pouco reconhecido e utilizado no meio acadêmico, para compreender os processos de colonização e seu impacto sobre os povos colonizados, presentes até os dias de

TECENDO RESISTÊNCIAS: TRINCHEIRAS CONTRA A VIOLÊNCIA POLICIAL

hoje. O autor é um precursor relevante dos estudos pós-coloniais na América Latina, pois interpretou a modernidade a partir de um outro lugar, o lugar do sujeito colonizado, possibilitando a elaboração de uma nova leitura do processo histórico da colonização, a partir desse lugar. Abordou os processos de subjetivação, construídos pelo colonialismo e introjetados pelo colonizado em relação ao corpo do dominado, à desvalorização em virtude da cor das peles negras e indígenas escravizadas. Fanon oferece uma preciosa reflexão, pois, como discutimos no primeiro capítulo, a violência sofrida pelos jovens negros brasileiros tem sua gênese na questão de classe e de raça. Fanon entendia que a libertação dessas mentes só se daria mediante os processos de desconstrução dessas formações discursivas e da construção de novas subjetividades dos sujeitos historicamente oprimidos e discriminados. O colonialismo é muito mais que um sistema definido apenas como exploração estrangeira dos recursos naturais de um território com recurso à mão de obra local; é, sobretudo, a "negação sistematizada do outro, uma decisão obstinada de recusar ao outro qualquer atributo de humanidade" (FANON, 1968, p. 28). Um aspecto importante de suas contribuições teóricas refere-se ao mecanismo de penetração da violência no inconsciente coletivo dos povos oprimidos. A seu ver, a descolonização não pode ocorrer de forma amigável, a partir de um acordo, mas apenas com uma ruptura brutal e radical, porque ela não é compreensível em si mesma, mas sim na medida em que se compreende o movimento histórico que lhe dá forma e conteúdo, a saber, a relação do colono com o colonizado permeada por violência.

Ao evidenciar o processo de formação do inconsciente coletivo do colonizado, Fanon leva em conta a construção das relações de poder. Para ele, nas sociedades capitalistas, os povos oprimidos são assim constituídos a partir de mentores morais, transmitidos de geração em geração.

A independência dos países antes colonizados não provoca mudanças imediatas, nem econômicas e muito menos estruturais. De acordo com o autor:

[...] a atmosfera de violência, depois de ter impregnado a fase colonial, continua a dominar a vida nacional. Porque, já o dissemos, o Terceiro Mundo não está excluído. Ao contrário, está no centro da tormenta. Por isso é que, em seus discursos, os homens de Estado dos países subdesenvolvidos mantêm indefinidamente o tom de agressividade e exasperação que normalmente deveria ter desaparecido. (FANON, 1968, p. 59)

O autor nos auxilia a refletir que os movimentos sociais constituídos por familiares vítimas da violência policial, sofrendo essa opressão do Estado que deveria defender seus cidadãos, ao se colocarem em oposição a tamanha violência e opressão, não têm outra alternativa a não ser se organizarem e se insurgirem contra o poder estatal, colonial. Não há alternativa para essas mulheres, mães de vítimas, a não ser a luta.

Para Fanon, é preciso reescrever e reinterpretar a história da colonização, mas, acima de tudo, é necessário descolonizar as mentes, para "que cesse para sempre a servidão de homem para homem. Quer dizer, de mim para outro". Para ele, há uma ética de posicionamento e de comprometimento com a cultura e com o conhecimento que influencia os caminhos da história.

Scherer-Warren reflete que os intelectuais devem fazer uma análise crítica sobre o lugar de sua fala, de modo a estarem cientes de que há uma memória oficial hegemônica e uma memória coletiva daqueles que estão situados abaixo na pirâmide social, uma memória a partir dos centros de poder e uma memória a partir dos oprimidos, uma memória intelectual hegemônica e uma memória de saberes historicamente subalternos. Dessa forma, podemos considerar que o posicionamento, a localização e a memória são centros relevantes do debate político e intelectual contemporâneo. Em última instância, isso significa desenvolver também um debate crítico em torno da diversidade e das contradições das experiências vividas, dos poderes de representação social e das lutas por reconhecimento.

A autora analisa o posicionamento dos intelectuais em relação aos sujeitos de seus estudos, afirmando que, embora a contribuição e o conhecimento acumulado das ciências humanas no campo das ações coletivas sejam inegáveis, é importante a validade em cada contexto histórico e territorial. Os intelectuais não podem ser meros reprodutores da fala dos sujeitos das pesquisas, como foi bastante comum na segunda metade do século passado nos chamados estudos sobre os "movimentos populares" na América Latina. Os pesquisadores precisam compreender o significado do pensar e do fazer do "outro", mas não apenas como o "diferente", mas também como parceiro de uma prática e de uma utopia de transformação rumo a uma sociedade mais justa social e culturalmente. Ainda que essas parcerias tenham sido palco de diversidades culturais e políticas, as redes e os fóruns de sociedade civil buscam construir ações complementares e emancipatórias em torno de objetivos em comum.

Para Beatriz Pontes, os movimentos sociais deixam de ser apenas um instrumento organizacional e passam a ser também um tipo de intelectual coletivo, cuja mensagem é transmitida às massas por meio de um quadro de líderes intermediários. Nessa perspectiva, a autora pontua um aspecto muito importante, afirmando que, embora o sociólogo estadunidense Sidney Tarrow acredite que os movimentos têm pouco poder cultural, ele os vê como um contrapoder à massificação da mídia.

> Por um lado, os movimentos podem formar opiniões que se opõem às opiniões difundidas pela mídia. Por outro, podem usar os recursos da mídia para mobilizar seus seguidores. O autor afirma que Lênin (1974) e Gramsci (1971) anteciparam a moderna teoria dos movimentos sociais em suas considerações sobre a política como um processo interativo entre trabalhadores, capitalistas e Estado. Aqueles autores teriam observado que *não era prioritariamente nas fábricas, mas na interação com o Estado que o destino da classe trabalhadora poderia ser decidido.* (PONTES, 2015, p. 63; grifos nossos)

Feito esse resgate teórico sobre as distintas teorias dos movimentos sociais, recorrerei a autores que trazem contribuições mais detidas ao contexto dos Movimentos Sociais na atualidade. De acordo com Valério Arcary, se o sistema precisa ser derrotado pela mobilização revolucionária da classe trabalhadora, esses sujeitos (os movimentos sociais) têm essa função fundamental; do contrário, "sem a entrada em cena de um sujeito social capaz de unir explorados e oprimidos, o capitalismo ganha tempo histórico de sobrevivência" (ARCARY, 2014, p. 34).

No intervalo histórico entre 1989 e 2014, não nos faltaram situações revolucionárias (cf. ARCARY, 2014). Entre 2000 e 2005, sucessivamente, no Equador, Argentina, Venezuela e Bolívia, a dominação capitalista foi ameaçada na América Latina. Depois de 2012, uma onda revolucionária atravessou o Magreb e o Oriente Médio, momentos que foram inicialmente vitoriosos, marcados por importantes conquistas democráticas, porém, revertidas. Foram "oportunidades extraordinárias de avançar na luta pelo socialismo. O que nos faltou, portanto, não foram revoluções políticas, mas revoluções sociais. Triunfos anticapitalistas exigem forte presença de revolucionários socialistas" (cf. ARCARY, 2014, p. 36).

Não obstante essa análise, o autor pontua que o proletariado do século XXI é mais poderoso que o do século XX. Embora não saiba nem tenha consciência de sua força, ele é maior, mais concentrado, mais educado, mais influente, e seu destino deverá ser o de atrair para o seu campo a maioria dos oprimidos. O autor postula que as forças minoritárias podem se transformar em maioria, se estiverem à altura das circunstâncias. Concordo com ele e afirma que nossas ideias abrirão caminho, se os marxistas estiverem à altura dos acontecimentos.

A questão da representação política dos trabalhadores é um aspecto que deve ser objeto de análise num texto que se propõe abordar os movimentos sociais. Minha ação direta via militância no movimento Mães de Maio levou-me a perceber que tal representação não tem sido feita apenas pelos partidos. Há tendências mais moderadas, que, segundo Arcary, querem a reforma do capitalismo, e tendências mais radicais, que querem eliminar as causas da opressão, da exploração e da dominação. As primeiras, as moderadas, são, em última análise, uma refração da influência no interior do proletariado dos interesses de outras classes: frações burguesas e da classe média.

Nesta quadra da história, sabemos que os destinos políticos e econômicos da civilização se decidem na arena mundial, ainda que a luta política se desenvolva em marcos nacionais. Este cenário exige a retomada da luta de classes em âmbito internacional. Do futuro dessa luta dependerá a longevidade do capitalismo.

> O que é previsível é que a senilidade do sistema exigirá mudanças regressivas, historicamente reacionárias. Mesmo em comparação ao passado do capitalismo. Regiões inteiras do mundo estão vendo as condições de vida retrocederem, em alguns aspectos, ao século XX, com o avanço da precarização. O futuro deste passado será cada vez mais próximo ao prognóstico de barbárie crescente. (ARCARY, 2014, p. 42)

Na cena internacional e na América Latina, temos vivido duros golpes do capitalismo, golpes que se acirram à medida que governos de ultradireita, como ocorreu no Brasil, tomam o poder, obrigando a população brasileira a se sentir refém desse retrocesso, retornando ao século XX. Acerca desse aspecto, cabem aqui algumas considerações sobre o governo Bolsonaro, que cerceou os movimento sociais, tratados desde a campanha eleitoral como terroristas. Acerca do governo de Jair Bolsonaro, Fernando Haddad (2018, p. 236) observa que este teve três núcleos.

> Um núcleo fundamentalista, basicamente com características anticientíficas. Nele estão os ministérios da Educação, das Relações Exteriores, do Meio Ambiente e dos Direitos Humanos, para citar quatro dos mais visíveis. São pessoas com completo desapego à ciência, a evidências empíricas e com traços exóticos do ponto de vista dos fundamentos da sua visão de mundo, uma visão muito fundamentalista do processo histórico. Um núcleo neoliberal, que é dado pelo Paulo Guedes, e eu digo que esses dois núcleos são faces da mesma moeda, porque

o neoliberalismo no Brasil é impossível sem um substrato espiritual. Diante de tanta desigualdade, você tem que ter um substrato espiritual para dar sustentação para a radicalização neoliberal. E um terceiro núcleo que eu chamo de político, que vai arbitrar um pouco, que é o núcleo do Ministério da Justiça junto com os militares. Será uma dinâmica de tutela e intimidação. Nós estamos diante de uma pessoa despreparada à frente da Presidência, então é uma pessoa que não vai propriamente liderar processos. É uma pessoa que tem que ser, de alguma maneira, tutelada, manietada para se comportar diante de determinados parâmetros.

Momentos de crescente barbarização da vida, como demonstrado no primeiro capítulo, acirrados por governos de ultradireita como no caso brasileiro, exigem que retomemos a história, resgatando as fases de intensas lutas já ocorridas. Arcary observa que houve períodos em que os horizontes histórico-sociais do capital se contraíram. Foram os períodos posteriores à Revolução Russa de 1917, à crise de 1929, à Revolução Chinesa de 1949, à Revolução Cubana 1959, ao Maio de 1968 e à Revolução Portuguesa de 1974 (cf. ARCARY, 2014, p. 42). Em outros momentos tais horizontes se expandiram. Foram os momentos posteriores ao New Deal de Roosevelt em 1934, ao acordo de Yalta/ Potsdam, ao final da Segunda Guerra Mundial em 1945, aos governos de Reagan/Thatcher em 1980.

Esse resgate feito pelo autor ajuda-nos a compreender a dinâmica da história e a perceber que a pulsação do capital, em suas palavras, não é imune ao desenlace da luta de classes. No entanto, o capitalismo não terá morte natural, mesmo que tenha um passado marcado por tendências de desmoronamento e por crises sérias e destrutivas, conhecidas na tradição marxista como teoria do colapso.

Para Arcary, os últimos 150 anos foram um intervalo de tempo histórico suficiente para compreendermos que a hipótese da crise final do capitalismo estava errada. Suas crises convulsivas, por mais terríveis, não resultaram em processos revolucionários, exceto quando surgiram sujeitos sociais com disposição revolucionária, e a

TECENDO RESISTÊNCIAS: TRINCHEIRAS CONTRA A VIOLÊNCIA POLICIAL

diminuição da centralidade do protagonismo do proletariado e das classes oprimidas já não pode ser refutada pela história. A meu ver, a compreensão desses entraves pode permitir a construção de alternativas coletivas para enfrentá-los.

2. MOVIMENTOS SOCIAIS NO CONTEXTO BRASILEIRO, ALGUNS ELEMENTOS DE ANÁLISE

A constituição dos sujeitos sociais que se contrapõem à ordem burguesa no Brasil é influenciada por transformações mundiais, marcadas pela emergência de movimentos de contracultura, étnico-raciais, da ramificação de movimentos feministas, pelo direito à diversidade sexual, que fazem e complexificam a história. Essas transformações também são marcadas pela radicalização das concepções de mundo expostas como ameaça às condições de acumulação capitalista, enfrentadas por ditaduras civil-militares em países da América Latina.

Para Tatiana Pereira, a radicalização no contexto da ditadura militar-empresarial no Brasil dizimou partidos, associações e sindicatos. No entanto, nesse período, contraditoriamente, nas periferias das cidades e nas fábricas, foram retomados os movimentos de "melhorias de bairro", que tiveram uma contribuição significativa das mulheres e a assessoria de militantes clandestinos, de organizações internacionais de defesa de direitos humanos.

> Reconstituem-se paulatinamente e cuidadosamente os sujeitos protagonistas das lutas sociais no campo e na cidade — tendo como elos entre as mesmas o acesso à riqueza produzida, o direito à participação, aos direitos, à liberdade e à democracia. (PEREIRA, 2014, p. 127)

Após a fase da ditadura civil-militar brasileira, que teve seu esgarçamento político e econômico ao final dos anos 1970, os anos 1980 foram marcados por mobilizações de diversos sujeitos políticos no Brasil, que assumiram as ruas, disputando a conformação de espaços institucionais de participação. A autora denuncia o quanto a pactuação conservadora na abertura política impôs limites à democracia nascente, expressando-se na regulamentação de uma Constituição Federal "híbrida e ambígua", marcada por contradições, como: assegurar o direito à propriedade privada e, contraditoriamente, afirmar a função social da terra e da propriedade.

As medidas neoliberais de contrarreforma no Brasil encontraram a resistência das organizações de movimentos agrários, urbanos e ambientais, em aliança com organizações não governamentais de assessoria a movimentos sociais e em defesa de direitos à moradia, ao transporte e ao saneamento na cidade.

Outras formas de militância, de lutas e mobilizações em movimentos pela diversidade sexual, feministas, de categorias profissionais e de usuários de saúde, a exemplo das pautas pela reforma sanitária e a luta antimanicomial, da educação, entre outros, também têm se contraposto às medidas neoliberais.

Com a primeira eleição do governo de Lula (2003-2006), a opção pela governabilidade aprofundou as contradições postas aos movimentos sociais que foram a base expressiva dessa eleição. Lideranças partidárias, integrantes de movimentos sociais, vivenciaram a incorporação a uma lógica das "reformas possíveis": ocupavam o Estado, mas não tinham o poder. O limite institucional da efetivação de políticas públicas é o norte da ação de muitas dessas lideranças. Segundo essa lógica das reformas possíveis, a implementação da política social é o que efetiva o direito, negligenciando-se a construção de outras estratégias mais articuladas sobre os limites da política pública no capitalismo (cf. PEREIRA, 2014).

No período petista, a conjuntura vinha se manifestando na consolidação de uma hegemonia burguesa fundada no apassivamento de setores da classe trabalhadora. O PT operou esse transformismo e fez uma profunda inflexão para o centro, adaptando-se aos limites da ordem burguesa (IASI, 2014).

Essa inflexão do PT para o centro teve impactos importantes na segurança pública, com reflexos significativos na violência policial, mas o partido nunca soube enfrentar essa questão. Lamentavelmente, no Movimento Mães de Maio, seguimos constatando o despreparo do atual governo Lula para enfrentar essa pauta. Segundo Ângela Mendes de Almeida, o PT fez muitas políticas específicas para a pobreza, porém abandonou a responsabilidade pela violência policial praticada contra os pobres e/ou negros, habitantes das favelas e das periferias. Embora uma boa parte dos defensores de direitos humanos seja de militantes do PT, o partido viveu sempre refém do mesmo sentimento de classe da sociedade, herdado da escravidão. Nesse sentido, Ângela Almeida faz uma afirmação extremamente relevante que faz muito sentido para explicar a situação em que se encontram os movimentos sociais que enfrentam a violência policial. Para a autora, o Partido dos Trabalhadores:

> Comungou na mesma indiferença que perpassa todos os ambientes políticos face às graves violações aos direitos humanos praticados cotidianamente pelas polícias. Absteve-se em geral, mas por vezes até escorregou. Para só dar um exemplo gritante desta atitude: durante os "crimes de maio de 2006", quando a polícia paulista matou mais de 500 pessoas nas favelas e periferias, em cerca de sete dias, o governo federal e o seu Ministério dos Direitos Humanos solidarizaram-se com as autoridades paulistas, consideraram que o Estado de direito tinha sido violado pelos grupos criminosos e não enxergaram a matança generalizada feita pelos agentes do Estado do governo paulista. (ALMEIDA, 2020, p. 4)

Para Tatiana Pereira, os governos pós-2003 e seus quadros não se posicionaram e omitiram-se diante de momentos de criminalização aos movimentos sociais e às lutas coletivas, marcados por: remoções forçadas de populações, prisões e criminalização de lideranças lutando por direitos fundamentais, moradia, transporte; demarcação de terras indígenas e reintegração de posse violentas, a exemplo da realizada em

2012 na comunidade do Pinheirinho, em São José dos Campos (SP), mesmo com a liminar que lhe assegurava a permanência no território.

Nesse cenário, no qual os movimentos sociais têm sido brutalmente criminalizados, Tatiana Pereira aponta três pontos que considera importantes para os movimentos sociais atualmente: por serem organizações de base e por isso representarem os reais interesses das classes populares, os movimentos poderão exercer uma influência positiva sobre os partidos, que, por serem uma instituição hierarquizada, mantêm os centros decisórios longe das bases. Essa afirmação é assertiva e vem ao encontro do que vivencio na prática militante. O movimento Mães de Maio, por exemplo, tem extrema dificuldade de acesso aos partidos políticos e o processo de aproximação para que suas reivindicações sejam ouvidas é extremamente difícil, o que requer um árduo investimento de energia. Por outro lado, a autonomia ideológica dos movimentos não garante a possibilidade de intervenção na correlação de forças dos sistemas políticos dominantes. Sua ação reivindicativa, ainda que autêntica, e positiva, porém fragmentada, é limitada pelo próprio aparelho do Estado. O último ponto refere-se à ação conjunta de associações populares, partidos e sindicatos, sendo vista como possível sempre que o sentimento comum de opressão seja a centralidade. As ações políticas conjugadas exigem a experiência compartilhada e o consenso. Apesar da influência que essa ideologia de valorização das bases, de negação das hierarquias e dos mecanismos representativos parece ter, os sindicatos e os partidos são por definição hierarquizados e atuam através de representantes.

Os pontos apresentados pela autora fazem muito sentido, pois, pela vivência nos movimentos sociais de direitos humanos, em especial os que pautam a bandeira contra a violência policial e a militarização, vivencio uma realidade de que, há décadas, as periferias estão resistindo e organizando-se para se contrapor e resistir à barbárie que já dizimava a classe trabalhadora que habita essas regiões. As lutas cotidianas e periféricas já existem há anos, e não podem ser desconsideradas. Esses movimentos conhecem a realidade da violência perpetrada pelo Estado e têm incidido junto aos partidos, pautando-os para de fato cumprirem sua função de, na condição de ocuparem cargos eletivos, dar voz às demandas da classe trabalhadora.

Não posso deixar de pontuar a conjuntura de ação direta dos movimentos sociais a partir de junho de 2013, pois, segundo Iasi, esse momento trouxe como aspecto positivo a pluralidade de demandas e a fusão de identidades. Os atos se iniciaram em São Paulo, em 2013, por uma resistência contra o aumento das passagens e logo se estenderam para lutas pela educação, saúde, contra as obras da Copa do Mundo de Futebol, contra a violência da polícia etc. Tratou-se de uma formação de identidade essencial para a conformação da consciência de classe, momento no qual cada um vê na luta do outro sua própria luta. Essa condição expressa como as manifestações são multifacetadas, mas não despolitizadas, porque nessa fase o alvo está identificado: é a ordem burguesa e suas expressões mais evidentes.

Com essas características abordadas, a ação direta com uma postura militante de confrontação contra a ordem burguesa na perspectiva de sua superação é uma tática que tem a virtude de provocar a reação da ordem, desmascarando-a e colocando-a em seu devido lugar. Lembrando Gramsci: "os revolucionários devem obrigar a burguesia a sair do equilíbrio democrático, a sair da legalidade, e determinar uma sublevação dos estratos mais profundos e vastos da classe trabalhadora" (GRAMSCI, 1977, p. 65, *apud* IASI, 2014, p. 61).

As manifestações dos movimentos sociais foram e são um problema para essa ordem estabelecida, daí a violência com que são atacadas, assim como as persistentes manifestações de miséria, como as favelas, tinham que ser pacificadas. No entanto, esse medo da ordem não é suficiente para mudar o país ou derrubar essa ordem.

> Nosso adversário real é a ordem burguesa; sua personificação é uma burguesia monopolista e imperialista, que conta com poderosos instrumentos de poder na forma de Estados nacionais, aparelhos militares e policiais altamente competentes para aquilo que foram criados. Entre nossas demandas e necessidades e eles, há não apenas esses aparelhos de coerção, como aparelhos privados de hegemonia na forma de meios

de comunicação, instituições da sociedade civil burguesa, aparelhos ideológicos, organizações culturais e toda uma gama de instâncias que a constitui, que somos nós, os trabalhadores e nossas necessidades pobres, nossas casas feias, nossos bairros caóticos, nossas crianças sujas, nossa saúde debilitada, nossa persistente alegria e disposição de viver, apesar de tudo. (IASI, 2014, p. 64)

Embora, de fato, sequer tenhamos arranhado as estruturas de poder da ordem burguesa, nas palavras do autor, conseguimos atrapalhar o jogo de espelhos que escondiam a brutalidade do sistema, sob a forma de uma harmonia democrática, até aquele momento, inquestionável. Na época, as passagens não aumentaram e, quando um trabalhador era torturado e assassinado pela PM no Rio de Janeiro, ou um jovem abatido a tiros pela PM de São Paulo, iam "para estatísticas e o esquecimento. Agora, explodem em manifestações e em revolta dirigida contra a ordem. É bom, mas pouco" (IASI, 2014, p. 64). Com ressalva para esse ponto debatido pelo autor, em relação às violações perpetradas pelas polícias brasileiras, os movimentos de familiares de vítimas, tanto do Rio de Janeiro como de São Paulo, acumulam ao menos 20 anos de resistência a essa expressão de violência de Estado. O que podemos ressaltar é que, a partir de junho de 2013, essas bandeiras de lutas ganharam mais envergadura quando passaram a ser compreendidas como pautas coletivas.

Com base nas contribuições dos referenciais teóricos citados até o momento, podemos constatar que, embora ainda tenham pouca incidência sobre a ordem burguesa, os movimentos sociais têm sido atores fundamentais, sobretudo numa conjuntura de acirramento do neoliberalismo e de expressão ainda mais voraz do fascismo. A partir do golpe de 2016, eles tiveram papel essencial por questionarem a ordem vigente, sendo oposição e defendendo os direitos humanos.

Para Maria Beatriz Abramides e Maria Lúcia Duriguetto (2015), os movimentos sociais e as lutas coletivas, ao radicalizar suas formas de luta, desnudam as bases sociais de produção da desigualdade. Conhecer e estar junto desses movimentos fortalecem as formas de resistência a essas desigualdades, desvelando os potenciais de mobilização. A vinculação da/o profissional assistente social aos movimentos sociais organizados alavanca a abertura de possibilidades interventivas e estratégias coletivas para o encaminhamento das necessidades dos sujeitos.

Nessa perspectiva, para fundamentar minha defesa de que os movimentos sociais são sujeitos imprescindíveis no enfrentamento à violência policial, faz-se necessário que seja dado o devido reconhecimento a esses sujeitos. Infelizmente, por causa da violência policial discutida no primeiro capítulo, nosso país tem dezenas de grupos, coletivos e movimentos formados por mulheres, mães que sentiram na pele a perda de seus filhos.

Perder alguém querido é sempre um momento difícil e triste. Quando essa pessoa morre de forma violenta, é pior ainda. Se esse alguém é seu filho, a dor, segundo as mães de vítimas, é insuportável. Essa é a situação de muitas mães que moram em favelas e periferias no Brasil, mas, a partir desse sofrimento, muitas delas iniciam uma luta incansável por justiça, encontrando amparo na companhia de outras mulheres na mesma situação.

Destaco a relevância dos movimentos sociais de São Paulo no enfrentamento da violência policial. No entanto, de norte a sul do Brasil, contrapondo-se a essa lógica de barbárie, temos mães que transformam seu luto em verbo, por exemplo, as Mães do Curió (CE), movimento fundado por Edna Carla Souza Cavalcante, em 2015, após o assassinato de 11 pessoas, perpetrado por policiais, em Fortaleza. Entre os mortos da chacina estava Alef Sousa, de 17 anos, que tinha saído para jogar futebol.

Durante o ano de 2023 ocorreu o julgamento dos policiais envolvidos, algo muito raro haja vista a impunidade sistêmica que blinda os PMs assassinos. O processo é tão complexo que conta com mais de dez mil páginas e centenas de laudos periciais, além de gravações e áudios. O julgamento dos acusados pela Chacina do Curió foi desmembrado em várias fases. A primeira delas aconteceu em junho de

2023; depois de seis dias, o veredicto lido de madrugada indicou a condenação de quatro policiais militares a 275 anos de prisão.

No Rio de Janeiro, temos a situação de Vítor, filho de Irene Santiago, que faz parte do grupo Mães da Maré. O rapaz ficou paraplégico depois que uma bala atravessou sua perna direita e atingiu a esquerda, que teve que ser amputada; outro projétil atingiu sua coluna. O policial responsável pelos tiros não foi punido até hoje e continua trabalhando. Ainda no cenário carioca, encontramos Nívia Raposo, da Rede de Mães e Familiares de Vítimas da Violência de Estado na Baixada, que teve o filho Rodrigues Tavares assassinado na porta de casa pelo que chama de mistura de milícias com facção. Vergonhosamente, não são casos isolados. Em toda a Baixada Fluminense, é recorrente a atuação violenta tanto das polícias quanto das milícias.

Mônica Cunha, do Movimento Moleque, do Rio de Janeiro, teve seu filho Rafael da Silva Cunha assassinado em 2006, aos 20 anos. A militância dessa mãe já tinha começado quando ele tinha 15 anos e foi cumprir medida socioeducativa em virtude de um ato infracional. A história de luta de Mônica escancara a lógica de violência que atravessa essas famílias ao longo de suas histórias de vida. Mônica é vereadora na cidade do Rio de Janeiro, na gestão 2023-2026.

Falar sobre mães que lutam por justiça também é falar de Ana Paula Oliveira, uma das fundadoras do movimento Mães de Manguinhos, grupo de mães da favela da Zona Norte do Rio. Johnatha foi baleado quando, por volta das 16h30 do dia 14 de maio de 2014, três dias após o Dia das Mães, voltava para a casa de sua família, na favela de Manguinhos, após deixar um pavê na casa de sua avó e levar a namorada em casa. No caminho de volta, passou pela Rua São Daniel, no interior da comunidade, onde ocorria um conflito entre policiais militares da UPP local e moradores, que, indignados com a truculência dos agentes, arremessavam pedras. Os PMs responderam à manifestação dos moradores com disparos de arma de fogo, atingindo o jovem, que apenas passava pelo local, sem sequer estar envolvido no conflito, de acordo com testemunhas que presenciaram o momento em que ele foi baleado.

Após fundar o movimento, passou a se reconhecer em outras mães e entender o motivo de o filho ter sido assassinado.

Todos esses casos nos indignam cotidianamente. Dentre eles, destacamos o de Bruna da Silva, do grupo Mães da Maré Vítimas da Violência de Estado, mãe de Marcos Vinícius, 14 anos, assassinado durante uma operação policial no Complexo da Maré no Rio de Janeiro, em junho de 2018. Marcos ia à escola quando foi atingido por um tiro de fuzil. Até a presente data, o caso não teve a devida investigação e, sempre que comparece aos atos, muitos deles com a participação das Mães de Maio, Bruna carrega consigo a camiseta que o filho usava no dia de sua morte, camiseta ensanguentada, como uma bandeira que marca sua dor e a impunidade neste país.

Ainda na Região Sudeste, temos a situação da mãe Maria Aparecida Mattos, de Mogi das Cruzes, Grande São Paulo. Cida, como é conhecida na militância, teve o filho Diego Mattos, 33 anos, assassinado na noite do dia 31 de dezembro de 2014. Após esse trágico episódio, a mãe fundou o coletivo Mães Mogianas.

Na Região Norte do país, destacamos o Coletivo Mães do Xingu (PA), do qual participa Nagida Gomes, que também se sente vítima do Estado, diante da falta de esclarecimentos sobre o assassinato de Artur Teixeira, aos 18 anos, em 2017. Nagida reuniu outras 14 mães de jovens assassinados, alguns deles em casos comuns e outros em situação de violência policial. Juntas, elas procuram advogados, pressionam autoridades, fazem manifestações, reúnem-se com outras mães de todo o país em encontros nacionais.

Podemos ainda citar outros grupos também de fundamental importância, tais como: Mães de Manaus, Mães de Brumado (Salvador), Coletivo da Zona Leste Sapopemba, Associação de Mães e Familiares de Vítimas de Violência do Estado do Espírito Santo, bem como os núcleos Mães de Maio por todo o país. O grupo Mães em Luto, em São Paulo, é coordenado por Márcia Gazza, que teve o filho Peterson Conti (conhecido como Renatinho) espancado até a morte por policiais militares do 29º Batalhão da Força Tática, na Zona Leste paulistana, há sete anos. Até agora o caso está sem solução. Márcia sempre ressalta que os jovens executados acabam sendo tratados como criminosos, ao passo que os verdadeiros criminosos estão soltos.

O núcleo Mães de Maio do Cerrado é coordenado por Eronilde Nascimento, fundadora do coletivo Mães de Maio do Cerrado: do Luto à Luta. Ela perdeu o companheiro, morto em 2005. O grupo, composto por familiares de vítimas da violência do Estado, formou-se após a morte de dez jovens no incêndio ocorrido em 25 de maio de 2018 no Centro de Internação Provisória (CIP) de Goiânia. O coletivo luta por ações efetivas da justiça e tem atuado fortemente no amparo de vítimas da violência do Estado. Tem cerca de 45 integrantes e atualmente compõe a Rede de Mães e Familiares Vítimas do Terrorismo do Estado.

O núcleo Mães de Maio do Nordeste foi fundado e é coordenado por Rute Fiúza, desde o desaparecimento forçado de seu filho Davi Fiúza, ocorrido após abordagem por policiais do Pelotão de Emprego Tático Operacional (Peto) e Rondas Especiais (Rondesp), no bairro de São Cristóvão, na capital baiana. O crime ocorreu em 24 de outubro de 2014. O inquérito foi concluído pela polícia civil em agosto de 2018, com o indiciamento de 17 policiais militares que teriam participado da abordagem. Apesar do inquérito, o Ministério Público do Estado da Bahia (MP-BA) ofereceu denúncia contra sete deles, por sequestro e cárcere privado. Após denúncia do MP-BA, o caso seguiu para a Justiça Militar.

O núcleo Mães de Maio de Minas Gerais foi fundado e é coordenado por Maria do Carmo (Kaká), que teve o filho Thiago Vinícius enforcado numa sala quando estava sob tutela do Estado, no dia em que completaria 31 anos, em 14 de janeiro de 2014. A polícia alega que foi suicídio (ele estava no Centro de Remanejamento do Sistema Prisional Gameleira). A mineira carrega consigo a fotografia do rapaz morto em sua cela com uma corda amarrada no pescoço, exatamente nas mesmas condições em que o jornalista Vladimir Herzog foi fotografado após ter sido torturado e assassinado pelos agentes da ditadura militar brasileira, em 1975.

Os integrantes dos movimentos citados, ao longo destes anos, pela dimensão de violência presente no país, perceberam que, para enfrentar a letalidade, seria necessário organizar-se nacionalmente. Por esse motivo, durante o I Encontro Internacional de Mães de Vítimas da Violência do Estado: por Justiça, Reparações e Revolução, realizado em São Paulo em maio de 2016, por ocasião dos dez anos dos Crimes de Maio, fundaram a Rede Nacional de Mães e Familiares de Vítimas do Terrorismo do Estado. A Rede tem articulado os familiares nacionalmente e viabiliza encontros anuais com familiares de todo o país. O último encontro ocorreu em 2019 em Goiânia, e não foi realizado em 2020 devido à pandemia de covid.

Importante ainda destacar que a Rede Nacional de Familiares de Vítimas da Violência de Estado participou de reunião virtual realizada em 7 de julho de 2020, com parlamentares, reunião promovida pela presidência da Comissão de Direitos e Minorias da Câmara dos Deputados (CDHM). A pauta desse encontro foi a construção de denúncia à Relatoria Especial para Execuções Extrajudiciais, Sumárias ou Arbitrárias da ONU, relatando as violações de direitos humanos da população negra.

Nesse encontro, no qual estive presente, além dos relatos de familiares de vítimas do Estado, apresentou-se um panorama legislativo referente às iniciativas legais que estavam em tramitação no Congresso Nacional, que, por sua relevância, julgamos pertinente elencar: o Projeto de Lei n. 4.471/2012, de Paulo Teixeira (PT/SP), Fábio Trad (PSD/MS) e do ex-deputado Delegado Protógenes (PcdoB/SP), trata do fim dos "autos de resistência" e estabelece os procedimentos de perícia, exame de corpo de delito e outras ações nos casos em que o emprego da força resultar em morte ou lesão corporal; o Projeto de Lei n. 9.796/2018, oriundo da CPI do Assassinato de Jovens, do Senado Federal, cria o Plano Nacional de Enfrentamento ao Homicídio de Jovens, com duração de dez anos. Esse Projeto traz apensado o Projeto de Lei n. 2.438/2015, da CPI da Câmara, que apurou as causas, razões, consequências, os custos sociais e econômicos da violência, morte e desaparecimento de jovens negros e pobres no Brasil.

Há ainda outras iniciativas, tais como: o PL n. 3.503/2004, do senador José Sarney (PMDB/AP), que prevê a aprovação do

Fundo Nacional de Assistência às Vítimas de Crimes Violentos; a PEC n. 117/2015, sobre Garantia de Autonomia para a Perícia Oficial de Natureza Criminal; o PL n. 7.479/2014, de Maria do Rosário (PT/RS), que trata do mesmo assunto; o PL n. 2.441/2015, da CPI para apurar as causas e consequências da violência de jovens negros e pobres no Brasil, sobre aperfeiçoamento do controle externo das polícias pelo Ministério Público; a PEC n. 127/2015, de Reginaldo Lopes (PT/MG) e Rosangela Gomes (PRB/RJ), que cria o Conselho Nacional de Polícia e a Ouvidoria de Polícia; o PL n. 4.211/2008, da CPI sobre a super-lotação dos presídios; o PL n. 10.026/2018, de Ivan Valente (PSOL/SP), a respeito da transparência ativa de informações relacionadas à investigação, instrução e julgamento penal para consolidação do Indi-cador Nacional de Esclarecimento de Homicídios; e o PL n. 796/2019, de Marcelo Freixo (PSOL/RJ), que institui diretrizes para a prestação de auxílio, proteção e assistência às vítimas de violência.

Importante destacar o PL n. 2.999/2022, do deputado Orlando Silva (PCdoB-SP), conhecido como "Lei Mães de Maio", de redação da fundadora do movimento Mães de Maio, Débora Maria da Silva, contando com a minha contribuição. O projeto estabelece um Programa de Enfrentamento aos impactos de violência institucional e revitimi-zação de mães e familiares das vítimas e/ou vítimas sobreviventes de ações violentas, por meio da atenção social integral. O PL encontra-se em tramitação no Congresso Nacional em caráter de urgência.

Tendo este breve panorama acerca dos movimentos de familiares de vítimas no país, abordaremos a seguir o Movimento Mães de Maio e o Movimento 13 de Agosto (Mães de Osasco), que foram objeto da minha pesquisa de campo para o doutorado.

3. MOVIMENTO MÃES DE MAIO: A TRANSFORMAÇÃO DO LUTO EM LUTA

Os Crimes de Maio de 2006 são comumente nomeados como "Ataques do PCC", revelando a forma equivocada e posicionada ideologicamente de denominar aquela barbárie, visando ocultar os crimes praticados pelas forças policiais. O ocorrido em plena fase dita "democrática" é uma das maiores violações de direitos humanos de nossa história recente.

As mães das vítimas, seus familiares e amigos têm transformado essa dor em luta, mesmo representando sofrimento, revolta e saudades para todas as mulheres-mães afetadas brutalmente desde então. Esse episódio foi um divisor de águas na vida das famílias que tiveram pessoas queridas arrancadas abruptamente de suas vidas. Para se manter lúcidas, foram obrigadas a se construir como mulheres militantes na luta pela verdade e justiça, culminando num longo, árduo e pesado caminho percorrido em várias instituições dos poderes Executivo, Legislativo e Judiciário, instituições participantes da engrenagem da violência do Estado. Trata-se de uma engrenagem fundada na desigualdade social, nas formas de violência econômica e extraeconômica, que servem de justificativa para o racismo e a eliminação de jovens negros periféricos, como discutimos no primeiro capítulo.

Foi nesse cenário perverso que surgiu o movimento Mães de Maio, para se contrapor a toda essa engrenagem. O movimento é uma rede de mães, familiares e amigos(as) de vítimas da violência do Estado, situado em São Paulo, sobretudo na capital e na Baixada Santista, e tem como missão lutar pela verdade, pela memória e por justiça para todas as vítimas da violência discriminatória, institucional e policial contra a população pobre, negra e contra os movimentos sociais brasileiros, de ontem e de hoje.

O movimento surgiu a partir da iniciativa de quatro mães, Débora Maria, Ednalva Santos, Vera de Freitas e Vera Lúcia Gonzaga, que, ao longo de anos, conseguiram politizar sua dor. Essas quatro mulheres tiveram seus filhos executados sumariamente por grupos de extermínio formados por policiais na semana entre os dias 12 e 19 de maio de 2006. Uma das vítimas na Baixada Santista — sendo um caso emblemático — evidencia a barbárie ocorrida: o filho de Débora, Edson Rogério Silva dos Santos, de 29 anos, gari havia 6 anos, era pai de um menino que na época tinha 3 anos de idade. Edson tinha ido abastecer a moto num posto de gasolina quando foi abordado por um policial. Minutos depois de ser liberado, foi atingido por um tiro no coração e um em cada pulmão. Em 2012, o corpo do rapaz foi exumado graças à luta de sua mãe Débora Maria, e um projétil foi encontrado cravado em sua coluna cervical. Até hoje, entretanto, o exame balístico, que poderia apontar se a arma pertencia a policiais, como suspeita a mãe, não foi concluído.

O movimento nasceu da dor e do sofrimento das mães de vítimas da Baixada Santista que conseguiram transformar algo individual numa bandeira de luta coletiva pela defesa de direitos e, principalmente, para exigir a efetividade de investigações sobre os Crimes de Maio de 2006. Desde seu surgimento, as Mães de Maio tiveram como principal conquista trazer à tona a verdade sobre os Crimes de Maio, contribuindo para nomear aquele massacre, de forma devida, em contraposição à falácia de "Ataques do PCC", como a imprensa propagou em conluio com a classe dominante para ocultar a verdade dos acontecimentos.

As Mães de Maio integram a Rede Nacional de Familiares de Vítimas de Violência Policial, bem como a Rede Global, que inclui o movimento Black Lives Matter dos EUA, e coletivos da Colômbia e México. O movimento tem ainda articulação com familiares do México no episódio do desaparecimento de 43 estudantes de Ayotzinapa em 2014. Desde os fatos, as Mães de Maio têm articulação com os familiares mexicanos, que já estiveram em São Paulo em ações do movimento e integram juntos a Rede Global das Mães. As Mães também estão articuladas com o Chile, por meio dos Mapuches, povo indígena que luta por seu território, e vivencia a violência policial e de paramilitares.

Nesses anos de luta, sem dúvida, uma das maiores tragédias do movimento foi a morte abrupta e prematura da querida Vera Lúcia Gonzaga dos Santos, que, em 15 de maio de 2006, perdeu assassinados sua filha Ana Paula, grávida de nove meses de Bianca, e seu genro, Eddie Joey. Por quase 12 anos, ela carregou consigo a dor das perdas, ao mesmo tempo que buscava justiça e denunciava a violência de Estado junto a outras mulheres que militavam no movimento Mães de Maio. Em 3 de maio de 2018, Verinha, como era chamada pelas companheiras de luta, foi encontrada morta em sua casa, na periferia de Santos, litoral paulista. Ela se tornou mais uma das vítimas dos Crimes de Maio de 2006.

Acerca dos movimentos sociais constituídos por familiares de vítimas da polícia, Matheus Almeida nos fornece contribuições fundamentais sobre elementos presentes nessas estratégias de resistência. O primeiro elemento é a perda de um ente querido, os filhos. Esse é um ponto em comum entre essas mulheres, e é considerado pelo autor como algo que tem uma dimensão produtiva, pois, como problematizado, produz dor, mas também potência de luta.

> A perda se torna constitutiva de quem restou, e estabelece obrigações morais dos vivos para com os mortos, constituindo "obrigações morais para com mortos e vivos e, por fim, o próprio sentido dessas 'lutas' estabelecidas a partir e contra a perda" (VIANNA e FARIAS, 2011, p. 85-86). A luta, portanto, se tornou o efeito consecutivo das Mães que se transformaram na perda e passaram a coletivizar seus mortos em suas vidas. (ALMEIDA, 2020, p. 4)

O segundo elemento é a maternidade, a condição de mãe. Em seus estudos sobre o movimento Mães de Maio, o autor analisa pesquisas sobre outros movimentos, como o das Mães de Acari, e destaca a contribuição de Rita de Cássia Santos Freitas, que afirma:

> A maternidade, entendida enquanto um fenômeno processual e contraditório, possibilitou a incursão dessas mulheres no mundo público, a partir de um lugar que seria tradicionalmente atribuído à esfera privada. Nesse processo, as mulheres puderam reinventar a si mesmas e ao mundo à sua volta, transformando também os significados históricos da maternidade. (FREITAS, 2002, p. 72, *apud* ALMEIDA, 2020, p. 4)

Os elementos maternidade e perda são fundamentais para a compreensão da constituição desses movimentos. Para Matheus Almeida, quando articulados, esses elementos produzem articulação e mobilização política, dando nome e sentido a diversos "Movimentos de Mães" que se espalham pelo país (e mesmo além-fronteiras). É a dimensão produtiva da maternidade aliada à luta em razão da perda.

Conforme valiosa contribuição da Profa. Dra. Cristina Brites, examinadora da banca na defesa da minha tese, o elemento maternidade não foi aqui pautado com uma perspectiva de essencialização e despolitização dos movimentos, tampouco no sentido de afirmar que essas mulheres estão na liderança e protagonizando os movimentos citados apenas por serem mães. A história da luta de classes mostra a invisibilidade do papel das mulheres e não podemos reforçar essa premissa. Esses movimentos importantes são liderados por essas mulheres porque elas são sujeitos fortes e combativas em oposição à estrutura de silenciamento e invisibilização do poder feminino.

De fato, durante estes 18 anos, o movimento, ao insistir e persistir na importância da memória sobre a violência sofrida, materializou e eternizou muitos resultados dessa produção. Nesse intervalo de tempo, foram lançados cinco livros nos quais as familiares de vítimas relatam suas histórias e eternizam a vida de seus filhos. Em 2019, o movimento lançou seu último livro, *O memorial dos nossos filhos vivos: as vítimas invisíveis da democracia*, contendo 23 relatos sobre 26 vítimas de policiais e outros agentes do Estado, de diversas regiões do Brasil, incluindo uma mãe de Chicago, nos EUA.

O ano de 2017 foi um marco para o movimento, pois o Centro de Antropologia e Arqueologia Forense da Universidade Federal de São Paulo (Caaf-Unifesp) e o Centro de Estudos Latino-Americanos da Universidade de Oxford, Inglaterra, realizaram um estudo que contou com a participação de Débora Silva, fundadora e coordenadora do movimento Mães de Maio, como pesquisadora. A pesquisa indicou que as mortes foram crimes de execução sumária, destacando dois elementos fundamentais: número de disparos (elevado número) e em regiões de alta letalidade (cabeça e tórax), o que alcançou a "média de 4,48 orifícios por vítima fatal". Esse número é considerado elevado e superior à média de disparos em situações de confronto com suspeita de execução sumária.

As teorias sobre os movimentos sociais não problematizam algo fundamental: o sentimento de coletivo e emancipação política que tais movimentos experienciam. No caso do movimento Mães de Maio, mais do que justiça para os próprios filhos, as mães construíram, ao longo dos anos de atuação e luta, um movimento social de combate aos crimes do Estado ocorridos durante o período democrático, transformando-se em referência para outras famílias preocupadas com a marcha fúnebre que vitima milhares de pessoas todos os anos no Brasil, tal como apresentamos no primeiro capítulo.

Compreendendo a importância da luta dos movimentos sociais diante da ação violenta do Estado, a partir do seu braço forte, a polícia militar, temos, enquanto categoria profissional, nos aproximado e somado forças junto aos movimentos sociais que permanecem aguerridos, lutando de formas distintas para denunciar as barbáries e violências que têm o racismo estrutural como gênese.

Ao longo destes mais de 18 anos de criação, o movimento teve conquistas legislativas importantes: a Lei n. 15.505/2014, que instituiu a Semana Estadual das Pessoas Vítimas de Violência no Estado de São Paulo e a homenagem que acontece todos os anos, entres os dias 12 e 19 de maio, foram efeito direto da luta do grupo de mães.

Pela relevância social conquistada pelo movimento, as Mães de Maio foram convidadas a participar da CPI do Senado que apurou o assassinato de jovens no Brasil. A comissão, instalada em maio de 2015, ouviu mais de 200 pessoas em 29 audiências públicas em vários estados, e foi encerrada em 8 de junho de 2016, com a constatação, com base nos depoimentos de centenas de familiares país afora, de que o homicídio continua a ser a principal causa de morte de jovens negros, pobres, moradores da periferia dos grandes centros urbanos e também do interior do país, concluindo que a cada 23 minutos um jovem negro é assassinado no Brasil.

Em agosto de 2019, foi incluída no Calendário de Eventos da Cidade de São Paulo a Semana Municipal das Pessoas Vítimas de Violência, criada pelos vereadores Sâmia Bomfim e Celso Giannazi, do PSOL.

Em dezembro de 2020, foi protocolado na Câmara dos Vereadores de São Paulo o Projeto de Lei Mães de Maio (PL n. 734/2020; cf. LOPES, 2020), originalmente construído linha a linha pelas próprias Mães de Maio com o auxílio dos advogados voluntários Gabriel Sampaio, coordenador do Programa de Enfrentamento à Violência Institucional e de Litígio Estratégico da Conectas Direitos Humanos; Silvia Souza, coordenadora adjunta do departamento antidiscriminatório do IBCCRIM; e Giordano Magri, assessor do vereador Eduardo Suplicy. O projeto é baseado em três pilares: suporte institucional, proteção social e assistência médica aos familiares de vítimas de violência estatal.

No âmbito judicial, a maior conquista ocorreu no ano de 2018, quando as reivindicações históricas do movimento foram judicializadas por meio de uma ação judicial movida pelo Ministério Público. O promotor Eduardo Valério do MP-SP foi o idealizador da petição. A ação pede tratamento psicológico para as mães e familiares das vítimas, indenizações individuais e coletivas, por dano social, e disponibilização da versão das mães em vídeos e textos nas páginas eletrônicas do governo do estado, entre outras medidas.

Além disso, em 12 de maio de 2021, ao completar 15 anos de movimento social, as Mães de Maio, junto ao Núcleo de Cidadania e Direitos Humanos (NCDH), da Defensoria Pública de São Paulo e da Conectas Direitos Humanos, peticionaram, junto à Comissão Interamericana de Direitos Humanos (CIDH), da Organização dos Estados Americanos (OEA), pedido de responsabilização do Estado brasileiro pelos crimes ocorridos no estado de São Paulo em maio de 2006, incluindo os desaparecimentos de ao menos quatro pessoas (cf. ASSUNÇÃO, 2021).

Com base nas demandas levantadas para a construção do PL n. 734/2020, as Mães desenvolveram um projeto-piloto que atendeu a mães e familiares da Zona Leste de São Paulo, em 2021 e 2022. Via uma emenda parlamentar, foi desenvolvido o "Escute as Mães de Maio", o qual evidenciou como pode ser feito o programa proposto originalmente pelo PL. Três psicólogas e uma advogada atendiam as familiares, que também passaram por formação política. As Mães de Maio também atuavam como formadoras. O produto final, além dos atendimentos, será uma cartilha e um documentário que ainda será lançado.

No âmbito legislativo, em dezembro de 2022, o PL n. 2.999/2022, do deputado Orlando Silva (PCdoB-SP), foi protocolado na Câmara dos Deputados. O projeto prevê acolhimento a mães e familiares das vítimas e/ou vítimas sobreviventes de ações violentas do Estado, por meio da atenção integral, na mesma linha da proposta de 2020. Em junho de 2023, as Mães de Maio foram convidadas a participar de audiência pública na Comissão de Direitos Humanos, Minorias e Igualdade Racial da Câmara (CDHMIR), em Brasília, e puderam recontar suas histórias, cobrando um posicionamento do Estado sobre os crimes, além de debater o conteúdo do PL, que segue em tramitação.

Importante destacar que, ao longo de 2023, a partir da gestão de Silvio de Almeida no Ministério de Direitos Humanos, o movimento Mães de Maio voltou a ser convidado para agendas nacionais ligadas ao tema. Em decorrência dessa reaproximação do Poder Executivo central com o movimento, em 2024 terá início o Projeto de Pesquisa e Intervenção Multiprofissional em parceria das Mães de Maio com o Caaf-Unifesp. O projeto conta com acolhida, formação e suporte jurídico, e recebeu no fim de 2023 um aporte de R$ 4 milhões do Ministério da Justiça e Segurança Pública (MJSP).

Esse recurso federal vai viabilizar atendimento nos estados de São Paulo, Rio de Janeiro, Bahia, Ceará e Minas Gerais, nos quais haverá um polo de suporte formado por uma equipe multidisciplinar (com advogados, assistentes sociais e psicólogos). Cerca de 30 familiares em cada estado devem ser beneficiados pelo projeto. Uma frente fundamental que será desenvolvida é a de formação. Nesta, mães que já atuam na causa da violência estatal contarão com formação política com o tema direitos humanos. A previsão da Unifesp é que até março o edital do projeto seja lançado e que ele avance para o início dos trabalhos ainda no primeiro semestre — com contratação e formação de equipes. O projeto será mantido por dois anos e tem previsão de pagamento de bolsas de R$ 400.

Do ponto de vista das ações diretas, o movimento realiza uma série de ações. Os principais eixos de atuação são: o acolhimento e a solidariedade entre familiares e amigos de vítimas do Estado; a denúncia sistemática dos casos e da situação de investigações e processos; a participação em debates, seminários, encontros, conferências; e a organização de atividades de luta, como protestos, marchas e vigílias.

4. MÃES DE OSASCO

A Associação 13 de Agosto (Mães de Osasco) foi criada em 2015 após a orientação de um advogado militante da região que sugeriu ser importante que as mães das vítimas se organizassem coletivamente. Dona Zilda e Maria Aparecida são as fundadoras. Zilda Maria de Paula, a Dona Zilda, é mãe de Fernando Luiz de Paula, assassinado aos 34 anos, na Chacina de Osasco, conhecida como a mais letal e sangrenta de São Paulo nos últimos tempos. O crime deixou 23 mortos nas cidades de Osasco, Carapicuíba e Barueri, na Grande São Paulo, em agosto de 2015, sendo seis vítimas no dia 8 e 17 pessoas assassinadas na noite de 13 de agosto. Foi a maior chacina já registrada nas ruas do estado, excetuando o Massacre do Carandiru, que deixou ao menos 111 mortos em 1992.

Oito das vítimas fatais estavam num bar no bairro Munhoz Júnior, em Osasco, quando os agentes de segurança pública chegaram ao local e dispararam contra os presentes. Outras 15 pessoas foram executadas em locais diferentes na mesma região.

Passados mais de oito anos desde a Chacina de Osasco, a maior já registrada nas ruas, na história do estado de São Paulo, o ex-PM Victor Cristilder Silva Santos e o Guarda Civil Municipal (GCM) de Barueri, Sérgio Manhanhã, foram julgados em júri popular que teve início em 22 de fevereiro de 2021. No dia do julgamento foi realizada uma vigília organizada pelas famílias das vítimas e organizações sociais, em frente ao Fórum de Osasco. Tanto o GCM como o ex-PM já tiveram sentenças de 100 anos anuladas pelo Tribunal de Justiça de São Paulo. Acompanhei a audiência e foi uma experiência muito difícil ver a Dona Zilda, mãe do Fernando, e as outras mães emocionadas, clamando por justiça, e também ouvir os absurdos ditos pelos advogados que defendiam os policiais. Nesses momentos nos tornamos uma só, como Dona Zilda costuma dizer; ela perdeu Fernando, mas ganhou uma nova família que tem em comum a mesma dor.

Segundo as investigações, os assassinatos foram praticados para vingar a morte do PM Admilson Pereira de Oliveira, em 8 de agosto de 2015, e do GCM de Barueri, Jeferson Luiz Rodrigues da Silva, no dia 13 do mesmo mês. Durante o julgamento em julho de 2019, a acusação afirmou que o início e o fim dos ataques foram autorizados por meio de conversa entre o ex-PM e o GCM no aplicativo de mensagens. Na época, os desembargadores foram unânimes em validar a prova.

As apurações apontaram para três policiais militares como responsáveis pela chacina: Victor Cristilder, Fabrício Eleutério e Thiago Henklain, além do guarda civil Sérgio Manhanhã. Num primeiro júri realizado em 22 de setembro de 2017, foram condenados os policiais militares Fabrício Eleutério e Thiago Henklain e o GCM Sérgio Manhanhã.

Em 2 de março de 2018, em outro julgamento, Victor Cristilder Silva dos Santos foi condenado pelas execuções, com pena de 119 anos, 4 meses e 4 dias de prisão. Com isso, os quatro agentes foram condenados e presos por crimes de constituição de milícia privada e homicídios consumados e tentados.

Conforme já discutido no capítulo anterior, a justiça por meio do Tribunal de Justiça faz parte da engrenagem da violência policial que somente começa no disparo da arma dos PMs. A justiça, como constatamos empiricamente pela militância junto aos familiares, bem como pelas contribuições teóricas de estudiosos, historicamente vem perpetuando a violência de Estado. Fundamentando essa nossa afirmação, em agosto de 2019, o Tribunal de Justiça anulou as sentenças de 119 anos, 4 meses e 4 dias de Cristilder, e a de 100 anos e 10 meses de Manhanhã, alegando que as provas usadas pela acusação foram insuficientes para confirmar a participação deles na chacina. Apesar disso, os dois continuaram presos em regime fechado. Também naquele ano, Cristilder, Eleutério e Henklain foram expulsos do quadro da polícia militar do estado de São Paulo.

No entanto, em maio de 2023, num ato grotesco, o governador Tarcísio de Freitas (Republicanos), o mesmo que quer acabar com o uso das câmeras nos uniformes dos PMs, num ato condizente com seu fascismo, acatou o pedido do ex-cabo Victor Cristilder Silva dos Santos para voltar a trabalhar na Polícia Militar do Estado de São Paulo (cf. MENDONÇA, 2023). A determinação foi publicada na edição de 4 de maio de 2023, do *Diário Oficial do Estado*.

Essa perpetuação da violência decorrente do descaso da justiça é muito grave. Conforme refere Acácio Augusto, professor no Departamento de Relações Internacionais da Universidade Federal de São Paulo e coordenador do Laboratório de Análise em Segurança Internacional e Tecnologias de Monitoramento (LASEnTec-Unifesp), o lote de munição usado na chacina na Grande São Paulo em 2015 é o mesmo que matou a vereadora Marielle Franco, em 2018: "Isso revela um circuito desse armamento do Estado, que escoa para organizações milicianas. Os agentes foram identificados e são agentes do Estado, PMs e GCMs" (*apud* RAMOS, 2021, n. p.).

Para o professor da Unifesp, o movimento de Mães de Osasco é uma resposta que vai além da simples reivindicação de justiça.

> É a forma pela qual essas mães sobrevivem a essa tragédia, como elas reinventam a sua existência e fazem do que poderia ser um sofrimento privado uma questão pública. O problema não diz respeito somente a uma mãe que perdeu um filho, mas diz sobre uma sociedade que tolera esse tipo de coisa, esse movimento antinatural, de uma mãe enterrar seu filho. (*apud* RAMOS, 2021, n. p.)

De fato, a constituição dessa articulação coletiva Mães de Osasco tem sido crucial para as mães das vítimas. Dentre as que sempre estão atuantes nas ações do grupo, podemos citar: Maria José de Lima Silva, 55 anos, empregada doméstica, avó e mãe de Rodrigo Lima da Silva; Rosa Francisca Correa, 53 anos, doméstica e mãe de Wilker Thiago Correa, assassinado aos 29 anos; Aparecida Gomes da Silva Assunção, 59 anos, mãe de Leandro Pereira Assunção, assassinado aos 36 anos; Dona Maria, mãe de Rodrigo Lima da Silva, assassinado aos 16 anos, entre outras.

As vítimas da chacina de Osasco foram: Rodrigo Lima da Silva, Joseval Amaral Silva, Deivison Lopes Ferreira, Eduardo Bernardino Cesar, Antônio Neves Neto, Letícia Hildebrand da Silva, Adalberto Brito da Costa, Thiago Marcos Damas, Presley Santos Gonçalves, Igor Oliveira, Manuel dos Santos, Fernando Luiz de Paula, Eduardo Oliveira Santos, Wilker Thiago Corrêa Osório, Leandro Pereira Assunção, Rafael Nunes de Oliveira, Jailton Vieira da Silva, Tiago Teixeira de Souza, Michael do Amaral Ribeiro e Jonas dos Santos Soares. Wilker Thiago Corrêa Osório, Jailton Vieira da Silva e Joseval Amaral Silva foram mortos em Barueri, e Michael do Amaral Ribeiro foi assassinado em Carapicuíba.

Apresentei esse resgate teórico que introduziu as teorias sobre movimentos sociais, suas contradições e divergências, sobretudo porque, como demonstrei, as teorias desenvolvidas afastam-se ou recusam a perspectiva de classe. Ao abordar a importância dos movimentos Mães de Maio e Mães de Osasco e o protagonismo deles no enfrentamento da violência policial, mostrei ao leitor a relevância de ambos para a sociedade. Veremos a partir daqui a discussão sobre as mídias alternativas, ator também fundamental de resistência à barbarização perpetrada pelo Estado.

5. MÍDIAS ALTERNATIVAS CONTRA-HEGEMÔNICAS

Como já disse, defendo a ideia de que as mídias alternativas são uma estratégia contra-hegemônica à ordem burguesa que almeja a manutenção do *status quo*, viabilizado, dentre outras formas, por meio da ação violenta da polícia. Para tanto, a compreensão dessas mídias exige a investigação teórica sobre sua função social na sociedade brasileira, identificando as resistências à mídia nativa.

Minha análise neste capítulo tem como objeto um breve histórico sobre a origem das mídias e seus diferentes formatos, desde o jornal impresso, a televisão, os novos formatos da internet até a mídia independente. Não darei enfoque a um único formato; pretendo abordá-los compreendendo-os como mecanismos da ideologia burguesa, que se reproduzem na sociedade via distintas formas, mas com o único objetivo, ocultar a realidade e/ou desvelar e mostrar somente o que interessa ao capital.

6. MÍDIA E RESGATE HISTÓRICO

As descobertas realizadas no campo da comunicação, particularmente nos últimos dois séculos, produziram conhecimentos que mudaram o rumo da humanidade. Tais descobertas ditaram costumes e necessidades de consumo, mudaram noções de tempo e espaço, pois transmissões via satélite e internet nos conectam com pessoas do outro lado do planeta, quase instantaneamente. Além disso, também interferiram em modelos políticos, definiram governantes e afetaram a compreensão do mundo em que vivemos (cf. RUIZ, 2011).

O século XIX foi palco de um fato novo no mundo ocidental moderno: os meios de comunicação em massa. A nova sociedade surgida da Revolução Industrial foi atravessada pelos *media*, sinônimo de mídia, termo mais empregado no Brasil. Naquele novo contexto social, tais meios fundaram formas de organizações próprias, e também interferiram no imaginário e nas representações que a sociedade tinha sobre si mesma. O advento do livro impresso inaugurou esse processo sócio-histórico que se ampliou com o desenvolvimento da imprensa, via participação dos meios no processo de consolidação dos

TECENDO RESISTÊNCIAS: TRINCHEIRAS CONTRA A VIOLÊNCIA POLICIAL

Estados-nação, e pelo afluxo de ideias e do debate cultural em cafés e salões burgueses entre os séculos XVIII e XIX, como modalidade histórica de esfera pública.

O primeiro jornalismo nasceu no calor das revoluções burguesas:

> [...] irmão gêmeo da ideia democrática, floresceu no século das luzes e ganhou substância ao longo do século XIX como a instituição a quem caberia atender o direito de informação do público e dar materialidade à liberdade de expressão (dos cidadãos do público). *Acontece que a busca da verdade, virtude ancestral do jornalismo, é simplesmente incompatível com a lógica dos conglomerados comerciais da mídia dos novos dias*. [...] onde quer que a notícia esteja a serviço do espetáculo, a busca da verdade é apenas um cadáver, pode até existir, mas sempre como um cadáver a serviço do dom de iludir. (BUCCI; KEHL, 2004, p. 129, grifos nossos)

Ainda no século XIX, a chegada dos primeiros imigrantes anarquistas ao Brasil propiciou o surgimento de um jornalismo ligado às lutas operárias. Ana Lúcia Vaz destaca que, para os anarquistas, o jornal era um importante instrumento de debate e promoção da cultura anarquista. De Lênin a Gramsci, os teóricos marxistas pensam o jornal como ferramenta de luta no campo da verdade, atribuindo-lhe papel de organização dos trabalhadores e de combate no campo das ideias. Em que pesem as diferentes perspectivas, "todos os movimentos sociais dão aos seus jornais um caráter educativo, na medida em que consideram meio de divulgação capaz de transformar a visão de mundo de seu público" (VAZ, 2011, p. 109).

No século XX, as notícias começaram a circular, sendo transmitidas a partir da articulação até então inédita entre texto, som e imagem, inicialmente com o suporte do cinema, com a transmissão de uma pequena seção de atualidades antes da exibição do filme, posteriormente com o advento da televisão na década de 1950.

Bucci destaca o lugar que a televisão ocupou no Brasil a partir da década de 1960, sobretudo para a integração nacional pretendida pelo regime militar. O lugar que a TV fabrica na atualidade alimenta-se de uma convergência de outros meios de comunicação, e com estes compõe "um gigantesco novelo em torno do planeta [...]. A tela da TV é uma forma hegemônica desse novelo [...]; fora disso não há vida, o que não é visível não existe" (BUCCI; KEHL, 2004, p. 33).

A TV é um veículo de comunicação "doméstico, cotidiano, onipresente, está no ar 24 h/dia e faz a ponte entre individualidade privatizada e espaço público que ela ocupa, ou melhor, substitui" (BUCCI; KEHL, 2004, p. 46). De fato, constatamos essa invisibilidade intencional dada pela mídia nativa: o que não é televisionado não existe. Há milhares de casos de violência policial que não chegam a ser denunciados por esses meios, ficam relegados ao esquecimento, ampliando o sofrimento dos familiares que não veem o seu sofrimento reconhecido, numa sociedade do espetáculo, das imagens.

> O espetáculo não é um conjunto de imagens, mas uma relação social entre pessoas, mediada pelas imagens, a imagem industrial, nesse caso, tem a qualidade de fetiche, e sintetiza o modo contemporâneo de alienação que venho chamando de mais-alienação para designar um modo de expropriação simbólico equivalente ao que produz a mais-valia. *A lógica que se impõe a partir da imagem fetiche é: o que aparece é bom, de tal modo que o reconhecimento social desses indivíduos desamparados depende inteiramente da visibilidade.* Só que não se trata da visibilidade produzida pela ação política, mas da visibilidade espetacular, que obedece a uma ordem na qual o único agente do espetáculo é ele mesmo. (BUCCI; KEHL, 2004, p. 49; grifos nossos)

Na sociedade em que vivemos, a esfera pública foi privatizada e a cidadania se converteu em bens de consumo. Nessa lógica, o espetáculo absorve e comanda a organização e a disposição dos conteúdos. "Os telejornais precisam se adequar a uma narrativa mais ou menos melodramática (o andamento dos telejornais busca capturar o telespectador pelo desejo e pela emoção)" (BUCCI; KEHL, 2004, p. 41). De fato, a militância me levou a constatar que as situações de violência policial não geram empatia, não comovem a maioria da sociedade, logo, não são objeto de interesse da grande mídia.

Com a exposição repetida das representações de violência, tendemos a nos habituar e a tolerar cenas que nos horrorizam há anos. Nos dias de hoje, assistimos tranquilamente a cenas que há alguns anos nos fariam sair da sala. Trata-se da "elevação do padrão de tolerância em relação ao horror [...]; vamos nos acostumando à violência, como se fosse a única linguagem eficiente para lidar com a diferença; vamos achando normal [...] a eliminação do corpo do outro" (BUCCI; KEHL, 2004, p. 89). Nesse sentido, Eugênio Bucci, ao abordar a postura da mídia na cobertura de situações de violência, sinaliza que o público. "tem sede de execuções, sede de polícia, de uma polícia que funcione como um bisturi, extirpando o tumor" (BUCCI; KEHL, 2004, p. 110).

Para Mione Sales, o século XXI vai entrar para a história como o século da junção e operacionalização de várias mídias. O termo *multimedia* começa a fazer mais sentido: inicialmente protagonizado pelo computador, depois via telefone celular e, mais recentemente, por meio da TV digital, a marca deste século é a utilização de diferentes suportes tecnológicos junto a um só produto, maximizando ganhos de produtividade em larga escala, engendrando uma economia *multimedia*. Trata-se de uma mudança de paradigma comunicacional sob o signo da digitalização e da criatividade. Agrega-se a essa mudança o peso do valor das informações, em termos de conhecimento e de descobertas científicas, e também na modalidade de notícias e seus respectivos "furos" de agências de reportagens, as quais passaram a participar cada vez mais da conformação do novo *timing* dos processos de produção econômica capitalista e das agitações do mercado financeiro (cf. MORAES, 2006, *apud* SALES, 2011).

Este século é marcado pela obsolescência de processos e objetos, que, diante da ameaça da quarta revolução tecnológica, se redefinem e se hibridizam, como ocorre na mídia impressa, com a desmaterialização de bens simbólicos como o livro, a carta e o jornal. No entanto, é neste mesmo século que a ciência e o conhecimento têm sido mais reconhecidos, bem como o processo produtivo capitalista está mais dependente da aliança entre tecnologia e informação: "a informação assumiu a dianteira na rotação vertiginosa do capitalismo global. Tornou-se fonte alimentadora das engrenagens indispensáveis à hegemonia do capital, uma espécie de mais-valia decisória" (MORAES, 2006, p. 6, *apud* SALES, 2011, p. 36).

O cenário sócio-histórico vigente ancora-se na invisibilização de processos sociais, produtos e seus respectivos significados e custos socioeconômicos, com a subsequente virtualização da realidade e das relações sociais.

> No reino das aparências da reificada sociedade de consumo, tudo tende a assumir, portanto, um caráter supérfluo e descartável; impossível não pensar no impacto de todos esses processos plástico-sociais, na formação da subjetividade contemporânea. (SALES, 2011, p. 36)

Apesar do impacto desse processo, sobretudo na nossa subjetividade, não posso deixar de pontuar que um dos méritos atribuídos às mídias é justamente o de integrar as massas, por meio da difusão da cultura, ainda que de forma estandardizada, e da socialização de informações, via rádio, televisão, internet. Numa sociedade como a nossa, com cidadãos iletrados, analfabetos e separados geograficamente por extensas distâncias, a mídia tornou-se uma ferramenta de integração. A questão para a reflexão que proponho é justamente entender que essa integração tem favorecido um entendimento distorcido da realidade e um alheamento às expressões da questão social, em virtude da forma como são veiculadas as informações.

A divisão de classes sociais e a desigualdade social estrutural também se expressam nessa forma como a mídia penetra no sistema social.

> Os segmentos do estatuto social superior se apoderam delas mais rapidamente, comparativamente aos do estatuto inferior, ampliando-se a distância social e de conhecimento entre eles. Bons leitores, nesse caso,

seriam melhores espectadores de TV, porque mais atentos, críticos e de perfil mais refinado. Isto significaria que os *media* sozinhos não conseguiriam diminuir este gênero de desigualdades, as quais remetem à educação e à economia, podendo até mesmo intensificá-los. (SALES, 2011, p. 39)

O medo da massificação, pela suposta perda da criticidade e qualidade de conteúdo, e o temor do isolamento social como tendência implícita ao consumo midiático moderno, visto que as pessoas abandonam a esfera pública, refugiando-se em casa diante da televisão e do computador, esperando que o mundo venha virtualmente ao seu encontro, são polêmicas sustentadas pela corrente crítica. O contato com o real, nossa apreensão do mundo e da verdade dos fatos, se dá quase sempre via mediação midiática. Informação, conhecimento, fantasia e ficção já não seriam resultado de uma descoberta pessoal, mas pensados, produzidos e criados por outros (SALES, 2011).

A autora refere que a mundialização da cultura e do processo de representações midiáticas marcou este século, mas não como uma uniformização comprometedora de modos de vida e pensar, pelo contrário, "robusteceu, inclusive, até muito mais [...] o desejo de expressão de diferenciação e de pertencimento identitário (étnico, de gênero, homossexual, opção sexual e política, bio, ecológica, altermundialista, etc." (SALES, 2011, p. 45).

O século XXI começou marcado por menos expectativa com as novas tecnologias, ao contrário do ocorrido no início do século anterior, quando tais meios, em especial a imprensa, a fotografia e o cinema, emergiram junto ao desenvolvimento do modo de produção capitalista. A trajetória dos *media* é marcada por contradições desde o século XIX até os dias de hoje. Para Sales, os *media* participaram das iniciativas colonialistas, como o cinema, que nasceu integrando as incursões etnográficas de descobrimento de povos e culturas "exóticos" (África, Austrália e populações esquimós), mas também cumpriram um papel político e histórico relevante, a exemplo da fotografia, que, junto ao jornalismo, deu início ao registro social documental, no contexto posterior à crise de 1929 nos EUA e, mais tarde, no Vietnã (1963-1975), contando com a televisão, numa cobertura midiática inédita, que inaugurou a modalidade de reportagem *in loco*, integral, em tempo real.

Permeados de todas essas contradições, na sociedade contemporânea, os meios de comunicação são parte constituinte da esfera pública, tendo adquirido um caráter progressivamente transnacional devido a sua capacidade de projetar temas e polêmicas no cenário mundial, com significativos impactos políticos, sociais, locais, regionais e internacionais. Esses meios integram conglomerados econômicos nacionais e multinacionais, poderosos oligopólios e são, portanto, agentes econômicos globais, figurando entre as trezentas maiores empresas não financeiras do mundo (cf. MORAES, 2006, *apud* SALES, 2011).

Para os *media*, a esfera pública é uma arena de disputa de representações sociais quase sempre conflituosa, assimétrica, plural e plástica. Nessa arena, desenvolvem-se *estratégias de legitimação ou desqualificação e entram em cena o discurso normativo ou a subversão dos modelos interpretativos*. Empiricamente, notamos que as vítimas da violência policial, além de julgadas pelo arbítrio da polícia, executadas e ceifadas de suas famílias, contam com a legitimação da mídia hegemônica, que veicula notícias manipuladas, que ocultam a verdade sobre os fatos, justificam a violência de Estado, criminalizando a vítima, e fazem as pessoas aceitarem e naturalizarem esses crimes bárbaros.

Nesse sentido, Ana Lúcia Vaz, como jornalista e estudiosa sobre a mídia impressa, nos traz uma contribuição muito significativa. Para ela, o jornalista conta o que vê, e o que ele vê depende do que ele pensa, de suas crenças e experiências, de sua subjetividade. As notícias veiculadas pela mídia ajudam a construir o que entendemos por realidade.

> O fato jornalístico não é o que aconteceu, independentemente do observador, mas o olhar senso comum da sociedade, a realidade compartilhada por todos, ou pela maioria. Portanto, o fato já nasce como

relato. É a construção do relato que estabelece o que vale para todos da experiência única e caótica de cada um. (VAZ, 2011, p. 115)

Para a autora, o que chamamos de realidade é uma percepção que temos sobre nossa experiência de estar no mundo, sendo que a própria percepção, dependente dos sentidos e do cérebro, é determinada pela memória, pelas experiências anteriores e pelas crenças sobre o que é o real.

Os estudiosos do tema apontam algumas hipóteses para esse papel de (des)serviço à esfera pública, assumido pela grande mídia. A imprensa escrita encontra mais dificuldade em cumprir sua função devido à pressão pelo encurtamento dos textos, à tendência à simplificação e à concorrência das informações visuais (TV, *outdoors* e outros painéis publicitários, novos meios eletrônicos etc.). Nesse contexto, a palavra tem sido ofuscada pelo excesso de sons e imagens e, mesmo que as imagens não sejam autossuficientes, ao ser utilizadas à exaustão e sem auxílio da palavra, podem ser impotentes, prejudicando a comunicação (cf. SALES, 2011).

É importante destacar que a palavra da imprensa, como palavra a ser nutrida pelo que se deve descobrir, observar e narrar a partir do que acontece na sociedade, tem intencionalidade.

Cada referente é dado pela teoria de verdade que usamos para interpretar o mundo, o que implica dizer que tudo que pode ser dito pode ser reescrito. Toda realidade conhecida é realidade sob descrição. Redescrever, por conseguinte, é sempre inaugurar, ou seja, contrastar o que é dito com o que se conhece, para mostrar o caráter inédito daquilo que é falado de uma nova maneira. (cf. COSTA, 1998, *apud* SALES, 2011, p. 39)

A prática discursiva jornalística reflete o embate entre o dever da objetividade e uma dose de criação subjetiva na narrativa da notícia. Embora o discurso ideológico lhe seja subjacente, não significa necessariamente a fabricação da manipulação. A objetividade pretendida, segundo Sales, é apenas uma miragem de autonomia, gerada pelo peso atribuído à notícia, como representação do referente externo ao sujeito; o olhar é sempre condicionado, a palavra não é asséptica, nem neutra, é carregada de densidade e de conotações extraídas das relações sociais.

O duelo entre imagem e palavra marca o século XXI, que se caracteriza pela saturação da comunicação por imagens, tendo em vista a diminuição do uso da palavra, como explicamos anteriormente. O capitalismo contemporâneo engendrou uma sociedade das imagens, de marcas e de fetichização da cultura, combinada com a produção incessante de mercadorias (cf. FONTENELLE, 2002, *apud* SALES, 2011). Não obstante a importância dessa reflexão da autora, não podemos desconsiderar que o uso exclusivo de imagens, quando as palavras estão impedidas, pode ser muito significativo. Retomando o exemplo da guerra do Vietnã, lembramos a força da fotografia de uma menina correndo nua, fugindo das chamas de sua aldeia, depois de um bombardeio americano com napalm. A foto foi feita pelo vietnamita Nick Ut, em 8 de junho de 1972, e tornou-se emblemática da luta pela paz, contribuindo para o fiasco militar norte-americano.

Vivemos numa era em que tudo concorre para a imagem, para a composição de sentidos no plano do olhar. A comunicação, a linguagem passam necessariamente pelo suporte das imagens, num grau que não se registrou em outro período histórico. "Os mitos, hoje, são mitos olhados, são pura videologia [...]; o capitalismo contemporâneo é um modo de produção de imagens, aí o poder político é uma espécie de despachante do modo de produção" (BUCCI; KEHL, 2004, p. 16).

Outro ponto de polêmica do nosso século tem sido o debate sobre a liberdade de expressão, em tempos de neoconservadorismo na política. O limite que se apresenta como viável é o da ética da resistência, em apoio ao bom senso, à sociabilidade e à convivência democráticas. Em defesa da liberdade de expressão, Sales retoma Marx, militante do jornalismo de combate que defendia a lei da imprensa para assegurar que seus princípios não fossem violados. Nas palavras dele:

TECENDO RESISTÊNCIAS: TRINCHEIRAS CONTRA A VIOLÊNCIA POLICIAL

> Uma lei de imprensa [...] é a essência positiva da liberdade. Considera a liberdade como a condição normal da imprensa, a imprensa como essência da liberdade e, portanto, entra em conflito nos casos de abuso da imprensa somente quando esta se opõe aos seus próprios princípios, suspendendo-se a si mesma. A liberdade de imprensa como Lei da imprensa prevalece contra atentados contra si mesma, isto é, contra o abuso da imprensa. (MARX, 2006, p. 56, *apud* SALES, 2011, p. 53)

O jornalismo engajado, posicionado, dito jornalismo de combate, foi e continua sendo uma das tendências de organização da imprensa, o qual assume sem nuances a sua visão de mundo, sem se esconder por trás do reconfortante discurso da neutralidade ou imparcialidade. Como discutido até o momento, não há neutralidade e tampouco imparcialidade; ambas são condições impossíveis de se efetivar. As notícias veiculadas na chamada grande imprensa limitam-se a falar do irrelevante, sendo em geral produto de vários interesses, do jornal, de estratégias dos anunciantes, de assessorias de imprensa, entre outros. Nas mídias de massa, a realidade vivida pelas pessoas raramente é significativa ou representa o cotidiano.

O jornalismo de combate caracteriza-se por ter o que dizer, pela recusa do discurso e da palavra sensacionalista, cheios de relatos de acusações e denúncias. Os conflitos podem ganhar estatuto de notícias, pois são traços da teia de dissensos que permeia a política, a democracia e a vida social, mas é importante primar por uma conduta profissional em que as notícias não sejam reduzidas à condição de produtoras de escândalos ou furos jornalísticos de forte teor emocional, por vezes, puramente descartáveis. Para Marcelo Leite (1998, p. 147):

> O risco inerente a essa perspectiva reducionista da vida pública é por para fora das páginas do jornal todo acontecimento em que o foco dramático não seja tão claro e imediatamente identificável (caso provavelmente de muitos processos sociais historicamente relevantes).

Essa reflexão corrobora nossa posição sobre a abordagem violadora de direitos humanos que a mídia de massa faz dos casos de abusos cometidos pela polícia militar do estado de São Paulo. A dimensão ética da prática discursiva jornalística está no fato de que os *media* detêm, em grande parte, o poder de determinar o que é notícia, de definir o estatuto dos acontecimentos, de estabelecer o que é histórico ou não.

> Se, na origem, o seu papel social ou pelo menos o discurso fundador do modelo liberal norte-americano de imprensa construiu-se em torno da ideia de testemunho social e controle dos poderes públicos, Executivo, Judiciário e Legislativo, adquirindo, com base nisso, a autoridade e legitimidade para dizer a verdade, no século XXI, o espaço midiático passou a ser detentor de vastos poderes, precisando se abrir ao debate quanto ao seu controle e regulação democráticos. Por isso, Medel (2002) defende claramente o princípio democrático do controle, o qual deve se exercer sobre toda forma de poder, inclusive o poder comunicacional, algo que é bem distinto da censura. (SALES, 2011, p. 56)

Nessa perspectiva, a imprensa brasileira vive, de forma visceral, uma tensão ontológica da ambiguidade de seu papel social, entre a veracidade e a ideologia. Marcelo Leite exemplifica essa questão citando o contexto de Comissões Parlamentares de Inquérito (CPIs), que apuram crimes envolvendo parlamentares e membros do governo. Nessas ocasiões, observa-se que os *media* só apresentam como verdadeiro o verossímil e, em virtude dessa ação de manipulação, consciente, são acusados de proteger os poderosos. A premissa defendida pelos autores, com a qual estou de acordo, é de que "a discussão pública é um meio privilegiado e democrático de buscar e fazer brotar a verdade, é preciso [...] evitar que conteúdos contingentes e vinculados a determinados interesses apareçam como verdades universais" (SALES, 2011, p. 57). Contra o chamado estilhaçamento da informação, Sales afirma que há de se velar pela escuta não só do outro lado, mas também de todos os lados que integram uma questão que virou notícia.

A mídia atualmente mais oculta do que revela: "simplificar, dramatizar, pouco ou nada concluir: eis o manual minimalista da imprensa de hoje" (LEITE, 1998, p. 148). A ruptura desse manual pode e tem sido tensionada pelos movimentos sociais contra-hegemônicos na arena midiática, tais como os de gênero, étnicos, ecológicos, LGBTQIA+ e, destaca-se aqui, os movimentos que lutam contra a opressão policial. Os referidos movimentos travam a árdua tarefa de conflitualizar, problematizar relações assimétricas, reivindicando um novo estatuto de visibilidade para grupos e sujeitos na esfera das representações. "Não resolve, nem esgota, porém, os problemas do poder, visto que não elimina o ponto de vista hegemônico, embora o obrigue a se redefinir" (MACÉ, 2006 *apud* SALES, 2011, p. 59).

As mídias são como janelas e isso não exclui o receptor, que é um sujeito social e pode ou não gostar de observar a vida dessa forma, pela janela (cf. SALES, 2011). Essa associação não significa dizer que as mídias são isentas e transmitem uma cópia fiel e transparente dos fatos. As janelas podem ter batentes, vidros foscos, grades podem ser amplas ou estreitas, ter uma vista panorâmica ou dar para o muro. A forma dessa janela, como vemos em nossa mídia, depende muito do modo como o jornalista pensa a comunicação, à qual interesse ele atende. Se for da classe dominante, como tem sido a postura dos meios de comunicação de massa, esse profissional tem uma perspectiva de comunicação como transferência de conhecimento, que despreza a bagagem e a contribuição do receptor. Nessa premissa, para Ana Lúcia Vaz, a mídia tende à relação que Paulo Freire chama de bancária: as notícias são afirmação de verdades, não trazem ou provocam reflexões; trata-se de um conhecimento "pronto e acabado, já digerido; ao receptor, cabe apenas engolir sem esforço" (VAZ, 2011, p. 111).

Acerca das teses contemporâneas sobre a onipotência dos *media*, com relação à imprensa ou aos demais meios de comunicação, Marx é convocado para nos ajudar nesta reflexão: "Na realidade, se a imprensa fosse tudo, realizaria todas as funções de um povo, e este seria supérfluo" (MARX, 2006, *apud* SALES, 2011, p. 69). Trata-se, portanto, de um poder relativo. Marx afirmava que o papel dos *meios* deve ser democrático, primando pelo direito da população à informação, por meio de uma imprensa livre. Para o autor, "a imprensa livre é o olhar do povo [...], a confiança personalizada do povo nele mesmo, o vínculo articulado que une o indivíduo ao Estado e ao mundo, a cultura incorporada que transforma lutas materiais em lutas intelectuais [...]" (MARX, 2006, *apud* SALES, 2011, p. 60).

Marx nos fornece uma definição sobre a função da imprensa, definição extremamente relevante para a nossa pesquisa. Nas palavras dele:

> A função da imprensa é ser [...] o denunciador incansável dos dirigentes, o olho onipresente, a boca onipresente do espírito do povo que guarda com ciúme sua liberdade [...]; é o dever da imprensa tomar a palavra em favor dos oprimidos à sua volta. (MARX, 2006, *apud* SALES, 2011, p. 71)

O autor, ainda no século XIX, foi cirúrgico com essa definição, que tem todo sentido para a discussão aqui proposta. Vergonhosamente, no século XXI, vemos a nossa mídia na contramão do que Marx defendeu: ela está do lado dos dirigentes, ajudando a manter o *status quo* e a criminalizar as vítimas das polícias, como problematizei no primeiro capítulo, jovens negros e periféricos.

7. MÍDIA HEGEMÔNICA BRASILEIRA

A investigação sobre as mídias alternativas e a aposta em sua força para romper ou abalar a hegemonia das mídias nativas já são temas bastante complexos e, quando vistos em âmbito nacional, com enfoque no Brasil, deve-se considerar que a nossa mídia, cuja evolução foi discutida no item anterior, é também reflexo da nossa formação sócio-histórica, que tem muitas peculiaridades. Minha análise não pode prescindir do resgate histórico de nossa formação social, que, conforme veremos, interfere diretamente na forma de mídia que temos.

De acordo com Marilena Chaui, somos uma sociedade estruturalmente autoritária, violenta, hierárquica e oligárquica, com um Estado patrimonialista e cartorial, organizado segundo a lógica clientelista e burocrática. O clientelismo bloqueia a prática democrática da representação — o representante não é visto como portador de um mandato dos representados, mas como provedor de favores aos eleitores. Somos uma sociedade marcada pela fase colonial escravista, caracterizada pelo predomínio do espaço privado sobre o público e concentrada na hierarquia familiar, fortemente hierarquizada em todos os seus aspectos: nela, as relações sociais e intersubjetivas são sempre realizadas como relação entre um superior, que manda, e um inferior, que obedece.

Um aspecto dilacerante que marca nosso modo de ser é a forma como a sociedade brasileira lida com as diferenças. Para Chaui, elas são tratadas de forma assimétrica, sendo sempre transformadas em desigualdades que reforçam a relação de mando e obediência. O outro jamais é reconhecido como sujeito nem como sujeito de direitos, jamais é reconhecido em sua subjetividade, nem visto como alteridade.

> Quando a desigualdade é muito marcada, assume a forma da opressão. Em suma: micropoderes capilarizam em toda a sociedade, de sorte que o *autoritarismo da e na família se espraia para a escola, as relações amorosas, o trabalho, a mídia, o comportamento social nas ruas, o tratamento dado aos cidadãos pela burocracia estatal*, e vem exprimir-se, por exemplo, no desprezo do mercado pelos direitos do consumidor (coração da ideologia capitalista) e na naturalidade da violência policial. (CHAUI, 2017, p. 20; grifos nossos)

Tanto social como economicamente, nossa sociedade está polarizada entre a carência absoluta das camadas populares e o privilégio absoluto das camadas dominantes e dirigentes, bloqueando a instituição e a consolidação da democracia, que está fundada na noção de direitos, diferenciando-os de privilégios e carências. Assim, a polarização econômico-social entre a carência e o privilégio ergue-se como obstáculo à instituição de direitos, definidora da democracia. Contrapondo-se a essa lógica perversa, as mídias alternativas têm assumido papel importante na análise e na denúncia dessa realidade do país.

O encolhimento do espaço público e o alargamento do espaço privado são outros elementos, decorrentes do neoliberalismo, que as mídias nativas se ocupam em reforçar. Do ponto de vista econômico, esses elementos são determinados pela economia e política neoliberais, que se definem pela eliminação de direitos econômicos, sociais e políticos garantidos pelo poder público, em proveito dos interesses privados da classe dominante, isto é, em proveito do capital. A economia e a política neoliberal destinam os fundos públicos aos investimentos do capital e cortam os investimentos públicos destinados aos direitos sociais, transformando-os em serviços definidos pela lógica do mercado, isto é, a privatização dos direitos transformados em serviços, privatização que eleva a cisão social entre a carência e o privilégio, aumentando todas as formas de exclusão (cf. CHAUI, 2017, p. 26).

O encolhimento do público e o alargamento do privado podem ser observados sob dois aspectos principais: (1) *a destruição da discussão e do debate públicos* sobre projetos e programas de governo e sobre as leis, destruição produzida pelo surgimento do marketing político, sob os efeitos da ideologia pós-moderna, que aceita a submissão da política aos procedimentos da sociedade de consumo e de espetáculo; (2) *a transformação da política numa questão técnica* que deve ficar nas mãos de especialistas competentes, cabendo aos cidadãos: reconhecer a própria incompetência, confiar na competência dos técnicos e reduzir a participação política ao momento do voto nas eleições, seguindo a concepção liberal. Em outras palavras, com a ideia de que a participação política se reduz ao momento do voto, de maneira que nessa concepção da política oculta-se a luta de classes, minimiza-se a ação dos movimentos sociais e populares e, sobretudo, negligenciam-se e ocultam-se os conflitos econômicos, sociais e culturais, as divergências entre forças políticas e os obstáculos à concretização de programas e projetos políticos pelo poder da estrutura jurídica e burocrática do Estado.

Para Marilena Chaui, o encolhimento do espaço público e o alargamento do espaço privado colocam em evidência o bloqueio a um direito democrático fundamental, sem o qual a cidadania, entendida como participação social, política e cultural, é impossível. Esse direito fundamental é o direito à informação e, portanto, discutir os meios de comunicação de massa e o exercício do poder é essencial para o estudo das mídias alternativas.

Um ponto importante que se destaca na teoria sobre as mídias é considerar a sociedade contemporânea menos como sociedade de massa ou de consumo e mais como a sociedade do espetáculo, numa tríplice posição da imagem. Para Chaui, em nossa sociedade, os seres somente são ou vêm à existência se lhes for dada visibilidade imediata. Essa afirmação se materializa na realidade, pois, como temos identificado em nossa experiência empírica como militantes do movimento Mães de Maio, nem todos são vistos, mas apenas aqueles que a mediação tecnológica, econômica e política que define os meios de comunicação permite. A mídia, como mediação que institui o espaço público em nossa sociedade, define quem pode ter essa visibilidade e como será ela.

Os meios de comunicação, além de se instituírem como espaço público, destroem nossos referenciais de espaço e tempo, constituintes de nossa percepção, e instituem-se a si próprios como espaço e tempo: "o espaço é o aqui, sem distâncias, sem horizontes e sem fronteiras; o tempo é o 'agora' sem passado e sem futuro" (CHAUI, 2017, p. 8). A mídia nativa esforça-se para eliminar a história, sepultá-la, prestando um grande serviço ao capital e à sua fase contemporânea neoliberal. Inseridos compulsoriamente nessa amnésia social, ficamos sem referenciais, sem crítica, atomizados para desvelar a realidade, compreendê-la e enfrentá-la. As expressões da questão social são invisibilizadas e criminalizadas pela mídia nacional.

As mídias alternativas têm uma relevância importante junto aos movimentos sociais, pois se contrapõem à mídia hegemônica, que tem transformado em espetáculo a reprodução automática do capitalismo. Para prosseguir minha defesa, é necessário romper com uma análise maniqueísta e simplista sobre a forma, o conteúdo e mesmo sobre o sentido do poder midiático. O poder econômico dos grupos proprietários dos meios da mídia, que constituem um oligopólio, é um aspecto central nesta análise, pois ele determina efeitos políticos, pode interferir nos resultados de eleições e também pode ocultar fatos sociopolíticos, como massacres, chacinas, violência policial perpetrada pelo Estado, como discutimos no primeiro capítulo.

A mídia hegemônica, em sua imediatez persuasiva e exclusiva, só é capaz de propor e provocar atos sem mediação e por isso é violenta. Sua violência transita livremente no interior dos indivíduos e da sociedade. Essa mídia oculta o Brasil real, segundo Chaui, apaga as diferenças sociais e regionais reais ou as reduz a aspectos folclóricos. Esse ocultamento é operado por duas vias preferenciais: pela omissão de fatos reais ou por sua apresentação já interpretada; e pelo dueto fato-ficção, pois transforma o fato em fantasmagoria e a ficção em realidade cotidiana.

Para a discussão aqui proposta, é importante compreender a questão do exercício do poder pelos meios de comunicação de massa sob dois aspectos principais: o econômico e o ideológico. Segundo Chaui (2017), do ponto de vista econômico, os meios de comunicação fazem parte da indústria cultural. Indústria porque esses meios não estão apenas a serviço do capital, mas também são parte constitutiva da acumulação e reprodução capitalistas, ou seja, são empresas privadas operando no mercado.

O conceito de "comunicação de massa", segundo Eugênio Bucci, além de modificar para sempre a natureza da imprensa, mistura os domínios da arte e do jornalismo "num mesmo balaio de imposturas éticas, prontas para o consumo e inimigas da virtude tanto artística (criar em conformidade com a imaginação) quanto jornalística (falar em conformidade com a verdade factual)" (BUCCI; KEHL, 2004, p. 127).

No caso do Brasil, temos mais um elemento que se soma aos demais citados anteriormente, que é um imenso complicador para

TECENDO RESISTÊNCIAS: TRINCHEIRAS CONTRA A VIOLÊNCIA POLICIAL

as mídias em nosso país. Aqui, o poderio econômico dos meios é inseparável da forma oligárquica do poder do Estado, produzindo um dos fenômenos mais contrários à democracia, qual seja, o que Alberto Dines chamou de "coronelismo eletrônico". As concessões públicas de canais de rádio e televisão são privatizadas, dadas a parlamentares e *lobbies* privados, de tal maneira que os que deveriam fiscalizar tais concessões se tornam concessionários privados, apropriando-se de um bem público para manter privilégios, monopolizando a comunicação e a informação.

> Esse privilégio é um poder político que se ergue contra dois direitos democráticos essenciais: a isonomia (a igualdade perante a lei) e a isegoria (o direito à palavra ou o igual direito de todos de expressar-se em público e ter suas opiniões publicamente discutidas e avaliadas). Numa palavra, a cidadania democrática exige que os cidadãos estejam informados para que possam opinar e intervir politicamente, e isso lhes é roubado pelo poder econômico dos meios de comunicação. A isonomia e a isegoria são também ameaçadas e destruídas pelo poder ideológico dos meios de comunicação. *De fato, do ponto de vista ideológico, a mídia exerce o poder sob a ideologia da competência [...] não é qualquer um que pode em qualquer lugar e em qualquer ocasião dizer qualquer coisa a qualquer outro.* (CHAUI, 2017, p. 22; grifos nossos)

É impossível, do ponto de vista teórico, abordar a mídia nativa e o poder que ela exerce sobre nossa sociedade sem falar, mesmo que brevemente, do papel das organizações Globo. Segundo Jefferson Ruiz, essa emissora tem assumido um papel no apoio a diferentes governos, não se atém aos fatos ao divulgar as ações dos movimentos sociais, interferiu comprovadamente na eleição presidencial de 1989, na disputa entre Collor e Lula, favorecendo, com sua manipulação massiva, a vitória de Collor; manipulou a cobertura das greves do ABC entre 1978 e 1980, obedecendo às ordens dos militares para cobrir as greves "de leve".

A produção desse consenso por parte da Globo teve origem nas relações da emissora com o regime militar. O regime implantou a vasta infraestrutura de telecomunicações que possibilitou à emissora consolidar seu império de mídia num território continental.

> Algumas precondições são necessárias para que a mídia chegue a tal unanimidade justamente em questões estratégicas, como é a da privatização de serviços públicos. Essas condições são um alto grau de concentração da propriedade dos meios de comunicação, em especial o controle cruzado de tipos diferentes de mídias por um mesmo grupo [...], o sinergismo entre os vários tipos de mídia (rádio, televisão e mídia impressa) no plano operacional, sem o que não haveria o predomínio de uma visão em detrimento das demais [...]. (KUCINSKI, 1998, *apud* RUIZ, 2011, p. 88)

De fato, a pesquisa de Monitoramento da Propriedade da Mídia (Media Ownership Monitor ou MOM), financiada pelo governo da Alemanha e realizada em conjunto com a ONG brasileira Intervozes e a Repórter Sem Fronteiras (RSF) baseada na França, comprova que no Brasil cinco famílias controlam metade dos veículos de comunicação com maior audiência no país.

> A pesquisa MOM sobre o Brasil é a 11ª versão do levantamento, realizado anteriormente em dez outros países em desenvolvimento: Camboja, Colômbia, Filipinas, Mongólia, Gana, Peru, Sérvia, Tunísia, Turquia e Ucrânia. Trata-se de um projeto global do Ministério de Cooperação Econômica e Desenvolvimento da Alemanha, que tem como objetivo promover transparência e pluralidade na mídia ao redor do mundo.
>
> A pesquisa acompanha um *ranking* de Risco à Pluralidade da Mídia, elaborado pela Repórteres Sem Fronteiras, no qual o Brasil ocupa o 11º e último lugar. Nos dez indicadores do *ranking*, o país apresenta risco "alto" em seis deles, como concentração de audiência e salvaguardas regulatórias.
>
> No caso do Brasil, o levantamento listou os 50 veículos de mídia com maior audiência e constatou que 26 deles são controlados por apenas cinco famílias. O maior é o Grupo Globo, da família Marinho, que detém nove desses 50 maiores veículos. (CARTACAPITAL, 2017, n. p.)

TECENDO RESISTÊNCIAS: TRINCHEIRAS CONTRA A VIOLÊNCIA POLICIAL

Além da rede Globo, líder de audiência na tevê aberta, a pesquisa mostra "a família Saad, dona do grupo Bandeirantes, e a família de Edir Macedo, da Record, com cinco veículos cada um, seguidas pela família Sirotsky, da RBS, com quatro veículos na lista, e a família Frias, com três veículos. Se somados o grupo Estado, do jornal *O Estado de S. Paulo*; o grupo Abril, da revista *Veja*; e o grupo Editorial Sempre Editora, do jornal *O Tempo*, são oito famílias controlando 32 dos 50 maiores veículos, ou 64% da lista" (CARTACAPITAL, 2017, n. p.).

Essas cinco famílias têm como negócio outra coisa, que não é jornalismo; seu negócio não é também a veiculação de direitos humanos. "As grandes redes de televisão aberta têm como negócio a atração dos olhares da massa para depois vendê-los aos anunciantes. E esse negócio impõe uma ética estranha à velha ética jornalística" (BUCCI; KEHL, 2004, p. 130).

Para a RSF e a Intervozes, esse domínio configura um oligopólio, e a formação desses oligopólios não é limitada nem pela tecnologia digital ou pelo crescimento da internet, nem por tentativas ocasionais de regulamentação.

Do ponto de vista legal, segundo o § 5º do art. 220 da Constituição, "os meios de comunicação social não podem, direta ou indiretamente, ser objeto de monopólio ou oligopólio". Esse artigo, juntamente a outros relativos à comunicação social, nunca foram regulamentados pelo Congresso.

Cabe ainda destacar que "essa previsão a respeito de monopólios e oligopólios se aplica apenas a veículos de rádio e televisão, que são serviços públicos e funcionam em espectro limitado, com um limite de número de emissoras que podem existir. Os veículos impressos, como prevê também a Constituição, podem ser constituídos e publicados sem licença de autoridade" (CARTACAPITAL, 2017, n. p.).

O relatório do MOM destaca um aspecto central que favorece o monopólio da mídia. Graças à ausência de restrições à propriedade cruzada dos meios de comunicação, com exceção do mercado de TV paga, os líderes de mercado podem dominar múltiplos segmentos, como emissoras de rádio, portais de internet, revistas e jornais impressos. Segundo os autores da pesquisa, essa forma de monopólio é uma "dimensão central da concentração na mídia brasileira", constituindo o principal fundamento do sistema de comunicação de massa nacional.

> Segundo as ONGs, essas situações persistem porque o Brasil tem um marco legal ineficiente para combater a monopolização e promover a pluralidade. Além disso, dizem, nem mesmo as poucas provisões legais existentes são aplicadas de fato, pois a propriedade da mídia não é monitorada constantemente pelas autoridades competentes, que se limitam a receber e registrar as informações enviadas pelas próprias empresas. (CARTACAPITAL, 2017, n. p.)

Para Ana Lúcia Vaz, à medida que ocupam o poder e precisam mantê-lo, os jornais burgueses modificam não somente os conteúdos, mas também a forma. Uma vez no poder, a burguesia precisa reformular seu instrumento de defesa ideológica, pois:

> [...] uma opinião emitida de cima para baixo perde rapidamente o grau de novidade (ou improbabilidade) mínimo necessário para despertar algum interesse [...]. A opinião dos ocupantes das estruturas de poder torna-se voz oficial, defesa do *status quo*. (LAGE, 1979, *apud* VAZ, 2011, p. 109)

A comunicação é um serviço público, um direito, compõe órgãos de utilidade pública regulados direta ou indiretamente pelo Estado. No Brasil, historicamente, a lógica que tem presidido a concessão de rádios e canais de TV tem sido a lógica privada, marcada por interferências políticas e econômicas locais e nacionais.

A democratização dos meios de comunicação do nosso país requer a reversão desse cenário, impondo-se para essa tarefa uma redefinição do marco legal da mídia no Brasil.

Os elementos aqui apontados nos mostram a necessidade, a urgência, da construção de estratégias para o enfrentamento dessa conjuntura dos meios de comunicação no Brasil, no século XXI. Para Jefferson Ruiz, um passo inicial e estratégico deve ser reconhecer a comunicação como direito humano, demanda dos movimentos sociais e demais sujeitos que lutam pela construção de uma sociedade que reconheça e efetive direitos.

> O direito à comunicação é mais do que direito à informação e liberdade de expressão: é o direito de produzir e veicular informação, de possuir condições técnicas e materiais para dizer e ser ouvido, de ser protagonista de um sistema de comunicação plural. É, acima de tudo, compreender a comunicação como um bem público, que pertence ao conjunto da sociedade. (MOYSÉS; BRANT, 2004, *apud* RUIZ, 2011, p. 97)

Essa perspectiva de comunicação é o fundamento da criação de frentes importantes de enfrentamento da comunicação de massa, monetizada, vocalizadora dos interesses do capital. O Intervozes é uma associação civil que atua para transformar a comunicação num bem público e efetivá-la como direito humano fundamental para a realização plena da cidadania e da democracia. Dentre as pautas de luta da associação, estão: o controle público dos meios de comunicação; controle da propriedade; sistema público de comunicação; radiodifusão comunitária; o estímulo a pequenos veículos, à regionalização, à produção independente, entre outras. No campo legal, tem chamado atenção para o Projeto de Lei Geral de Comunicação de Massa, o qual nunca avançou, deixando-nos ainda reféns do oligopólio da comunicação.

Em tempos de conectividade, não posso deixar de pautar a questão da internet, que, como vimos, foi a inovação comunicacional do século XX, mudando exponencialmente as possibilidades de comunicação no século XXI. Com base no Intervozes, embora a internet não seja o único ecossistema digital (a radiodifusão e os serviços de telecomunicações já usam esse suporte de informação), ela é o principal espaço de convergência desses fluxos na sociedade contemporânea.

No entanto, afirmar a comunicação como direito humano é também dizer que o acesso a essa inovação ainda está bem distante de ser visto como democrático. Para o Intervozes, o acesso à participação neste universo depende de dois aspectos: infraestrutura de qualidade para o acesso a serviços de conexão de banda larga e preços acessíveis. Se, atualmente, somente cerca de 54% dos lares no mundo têm acesso à internet, com taxas desiguais nos recortes geográfico (índices maiores no Norte Global e menores no Sul, especialmente África) e de renda, países em desenvolvimento, como o Brasil, ainda têm um enorme desafio nesse sentido.

8. MÍDIAS ALTERNATIVAS, ESTRATÉGIA DE RESISTÊNCIA

Identifica-se, portanto, que, para além da imposição da violência de Estado, perpetrada pela ação da polícia militar, os movimentos sociais, por serem sujeitos sociais que contestam a ordem burguesa, têm como inimigo as mídias nativas, que se colocam na defesa do neoliberalismo, como face desse coronelismo eletrônico, inviabilizando que as violências da ordem burguesa sejam escancaradas. Ocorre o bloqueio à informação, um direito democrático fundamental, sem o qual é impossível o exercício da cidadania, entendida como participação social, política e cultural.

Contrapondo-se a essa lógica antidemocrática que sugere ser intransponível, diante de sua rigidez, a mídia alternativa é o conjunto dos veículos de comunicação que se contrapõem a uma hegemonia ou posição política dominante, como é o caso brasileiro. Vemos diuturnamente que a violência policial gera notícias que são veiculadas em massa por mobilizarem "a morbidez humana, o medo e tantos sentimentos intensos. A morte, afinal, é sempre surpreendente, e sempre tem um ou vários novos cadáveres prontos para virar notícia. A imprensa é uma necrofilia insaciável" (FONSECA, 1999, *apud* VAZ, 2011, p. 107).

A ruptura ou o abalamento dessa mídia hegemônica exige que se reconheça, de uma vez por todas, a comunicação como direito e espaço estratégico para a ação política. A democratização da comunicação requer que os cidadãos elevem-se à condição de receptores críticos e problematizadores da informação e que se apropriem dos meios de comunicação, de modo a ampliar o eco de sua fala política na sociedade. A democratização da comunicação e a socialização da informação são princípios inerentes aos valores do Código de Ética do Assistente Social, meios fundamentais na mediação cotidiana para o acesso aos direitos.

Jefferson Ruiz afirma a necessidade de construir possibilidades de ruptura do discurso único neoliberal, abrindo perspectivas de que movimentos sociais, partidos políticos e demais organizações da sociedade possam "divulgar suas teses, ideias e proposições para a concretização de todos os direitos humanos historicamente demandados pelas lutas dos trabalhadores, inclusive a comunicação, em uma sociedade justa e democrática" (RUIZ, 2011, p. 99).

Redes de comunicação descentralizadas e projetos de comunicação alternativa podem engendrar uma resistência nacional e internacional contra a crise de civilização que atravessamos. Os diversos núcleos de produção de *mídia alternativa* são uma força relevante na nova forma de comunicação que vem se constituindo. Partindo da insatisfação com as mídias corporativas, que, como vimos em Chaui (2017), seriam comprometidas com os "interesses do capital", essas mídias visam oferecer outra maneira de pensar a função transgressiva da comunicação, sendo tudo isso feito com um aparato técnico mínimo e custos irrisórios. Seus principais veículos de comunicação são a internet, as rádios comunitárias, jornais de baixa circulação e fanzines.

Para melhor compreender o tema, é importante tomar como referência estudiosos de renome, como John D. H. Downing. O autor desenvolve o conceito de mídia radical alternativa, que engloba diversas formas: rádios livres, fanzines, tevês comunitárias, *websites*, teatro de rua, grafite, filmes, vídeo e dança, que expressam uma visão contrária às perspectivas hegemônicas, discutidas anteriormente. A designação radical foi adicionada ao termo mídia para demarcar o sentido de alternativa.

Downing faz algumas ressalvas às mídias radicais alternativas, alertando que, dependendo do ponto de vista do observador ou ativista, elas podem representar as mídias libertárias, mas também forças negativas, como as mídias racistas, fascistas e fundamentalistas. Em certas circunstâncias, podem incluir as mídias de minorias étnicas, comunitárias e religiosas, dependendo do conteúdo e do contexto; apresentam-se numa multiplicidade de formatos; têm em comum o objetivo de romper com as regras estabelecidas; são mais democráticas na sua organização interna do que a mídia tradicional e contam com poucos recursos:

> A mídia radical serve para dois propósitos: a) expor verticalmente as demandas dos setores mais baixos em oposição direta à estrutura de poder e seu comportamento; b) obter horizontalmente apoio e solidariedade para construir redes contrárias e políticas públicas ou mesmo a sua sobrevivência de estrutura de poder. [...] a mídia radical alternativa tem como matriz genérica a cultura popular, pode também conter aspectos autoritários, pois pode ser racista, homofóbica, elitista. Por isso, a pauta da mídia radical é relativamente independente da pauta dos poderes estabelecidos, ao mesmo tempo que faz parte do tecido social [...]. seu conteúdo sugere que a estrutura política e econômica precisa de uma mudança urgente, *mesmo que as mudanças estejam fora do seu alcance, assumindo o papel de manter viva a visão de como as coisas poderiam ser, até tais coisas serem executáveis.* (DOWNING, 2002, p. 27; grifos nossos)

As contribuições teóricas relativas a esse tipo de mídia radical alternativa nos ensinam que, com sua prática, mais que reivindicar o fim das desigualdades sociais produzidas pelo capitalismo, ela lança um manifesto pelo direito da população às decisões políticas e a conhecer a realidade social, sem a mediação manipulada das mídias hegemônicas. A mídia radical tem contribuído significativamente na construção de referenciais simbólicos produzidos por esses ativistas.

Essas apreensões encontram fundamento no resultado da pesquisa Fórum Comunicação e Territórios (cf. BORGES, T., 2019). A pesquisa teve como base o Info Território, programa de produção de dados sobre a identidade cultural de sujeitos e territórios periféricos da cidade de

São Paulo, protagonizado por comunicadores e comunicadoras das periferias, e revela uma realidade pouco conhecida: a dimensão das iniciativas de mídias alternativas. Foram mapeadas na cidade de São Paulo 97 iniciativas de comunicação local, identificando-se que 50% delas estão na Zona Sul da cidade. Sobre esse ponto, os pesquisadores julgam necessário considerar o tamanho e o histórico da região de engajamento nas lutas e articulação em redes. Comunicação e cultura são dois elementos que, especialmente na Zona Sul, pela sua forte e efervescente cena, mostram-se intimamente conectadas, as linguagens se perpassam, produzem outros sentidos.

Acerca do período em que tais iniciativas tiveram início, o Fórum identificou que, desde o início dos anos 1990, jornais impressos, rádios e fanzines já disputavam o direito à comunicação, contrapondo-se à lógica hegemônica. Analisando os dados, notamos ainda um aumento expressivo dessas mídias de 2013 a 2016 e uma queda abrupta em 2019, o que pode estar relacionado ao fato de que os sujeitos envolvidos nessas ações são militantes pela causa da comunicação como direito humano e têm outras fontes de renda para manter sua reprodução material: 80% dos entrevistados não tinham essa iniciativa como única fonte de trabalho. Diante da piora da realidade econômica e política do Brasil, sobretudo após o golpe de 2016, o qual culminou num cenário de aumento de desemprego, de relações precarizadas de trabalho e desproteção social das trabalhadoras e dos trabalhadores, a dedicação integral a essa militância pode ter sido desafiadora e até impossível.

Para os autores da pesquisa, a democratização da internet potencializou a produção de comunicação, mas, mesmo antes de ser acessível como é hoje, ela já era considerada estratégica para os processos de transformação social nos territórios. Nos anos 1990, iniciativas de rádio e fanzines, por exemplo, já atuavam para efetivar o direito à comunicação, o que mostra uma mudança na natureza das linguagens com o passar dos anos, adequando o fazer comunicativo com o contexto. Destacam as iniciativas *on-line* de comunicação, que são as mais utilizadas por serem consideradas mais baratas. Parte disso tem a ver com a não contabilização de custos com insumos básicos, como computadores e internet, como custos da iniciativa, mas sim como gastos pessoais. Já jornais, rádios e iniciativas de audiovisual apontam o custo da produção como desafio constante. Além de caros, os insumos são, ou coletivos, ou de uso fora do cotidiano, como mesas de som e lentes. As características das ferramentas necessárias são diferentes. Outras iniciativas citadas foram: conteúdos impressos, conteúdos nas redes sociais, conteúdo audiovisual, conteúdo radiofônico e outros, tais como: cursos, cineclubes, rodas de conversa e exposições.

Sobre o número de pessoas envolvidas nessas estratégias de mídias, a maioria conta com entre dois e cinco integrantes, que dividem seu tempo com outras atividades. Eles afirmam que o número é insuficiente para realizar tudo o que gostariam. Conciliar projetos coletivos com necessidades individuais é um grande desafio. Entre os entrevistados, 63% fizeram faculdade na área de comunicação.

> O acesso à universidade produz tensionamentos de duas ordens dentro do universo pesquisado. Ela parece ser insuficiente para superar os estigmas do mercado de trabalho e também é um momento em que a realidade se torna consciente. As representações na mídia passam a ser alvo de críticas e os aprendizados passam a trabalhar para transformar a realidade. As iniciativas pesquisadas são ao mesmo tempo uma afirmação de potência e uma confissão que o mercado não está interessado na mudança que esses novos comunicadores trazem. (MATOS, 2019, p. 8)

Ao contrário do que discutimos sobre o papel das mídias de massa que não dão visibilidade à realidade social, as mídias alternativas têm como meta dar visibilidade ao que é invisibilizado na grande mídia, quebrando estereótipos negativos sobre os moradores e o viver nas periferias. Definem como sua missão: dar visibilidade e quebrar estereótipos; seu viés formativo; a presença de forte recorte de raça, gênero e classe; abordagem cultural.

A maioria das iniciativas é mantida com recursos próprios dos envolvidos, o que representa 39% das respostas da pesquisa. Os jornalistas alternativos não recebem o suficiente em cada atividade

TECENDO RESISTÊNCIAS: TRINCHEIRAS CONTRA A VIOLÊNCIA POLICIAL

desenvolvida, seja ela autoral, seja na forma de prestação de serviço, tendo que realizar mais de uma simultaneamente ou com intervalos curtos entre elas, para garantir um fluxo financeiro que feche as contas ao final do mês. O consumo do tempo, portanto, está sim relacionado com as baixas remunerações na maioria das vezes. A pesquisa também evidencia a ausência de políticas públicas voltadas exclusivamente para o incentivo às mídias alternativas, à comunicação periférica.

As iniciativas acessam programas pensados a princípio para cultura, o que certamente não é adequado para a lógica de produção da comunicação, que tem o produto como processo. Além disso, esses editais impõem uma lógica de empreitada de projeto, com períodos de execução curtos e predefinidos, com entregas em etapas, em fases, o que é diferente das demandas de uma produção de conteúdo de comunicação.

Os sujeitos que materializam as mídias alternativas apresentam--se com definições distintas. A pesquisa identificou que a maioria se considera um comunicador social, seguidos por empreendedores, jornalistas, líderes comunitários, militantes e outros.

Para Ronaldo Matos (2019), São Paulo não tem um deserto de produção midiática; há centenas de pessoas trabalhando para ampliar o direito à comunicação em diversas linguagens, incluindo o jornalismo. Elas veem a informação como estratégica, mas precisam superar diversos desafios para produzir e distribuir seu conteúdo.

Com o objetivo de desvelar e conhecer mais dessa realidade trazida pela pesquisa Fórum Comunicação e Territórios, bem como problematizada pelas contribuições teóricas sobre o tema, partiremos para a apresentação e análise dos dados obtidos em nossa pesquisa de campo. Foram entrevistadas duas mulheres, militantes do movimento Mães de Maio, que apresentamos neste capítulo, e dois profissionais ativistas de mídias alternativas, Ponte Jornalismo e Desenrola e Não Me Enrola.

A Ponte Jornalismo, segundo informações obtidas no *site*, é uma organização sem fins lucrativos criada para defender os direitos humanos por meio do jornalismo, com o objetivo de ampliar as vozes marginalizadas pelas opressões de classe, raça e gênero, e promover a aproximação entre diferentes atores das áreas de segurança pública e justiça, colaborando na sobrevivência da democracia brasileira.

Entre todos os assuntos que compõem os direitos humanos, a Ponte Jornalismo escolhe cobrir principalmente os temas ligados à segurança pública, à justiça e ao aparelho repressivo do Estado, nas suas intersecções com raça, gênero e classe, por entender que são as questões centrais por onde passa a construção de uma sociedade democrática no Brasil.

A Ponte tem sido reconhecida pelas denúncias das violações cometidas pelas forças de segurança contra as populações negras e pobres, entendidas não como falhas pontuais, mas como políticas de extermínio.

O Desenrola e Não Me Enrola, segundo informações do *site* institucional, começou sua história em 2013, ano no qual surgiu inicialmente como um *blog*, com postagens de reportagens com periodicidade semanal. A linha editorial propunha-se fazer uma cobertura jornalística da cena cultural das periferias de São Paulo. Manteve-se nesse formato por quatro anos, até se tornar um portal de notícias em 2017. Juntamente à mudança de plataforma, veio a mudança de linha editorial, que agora não se limita só a um olhar cultural sobre as periferias, mas também procura abordar a complexidade de morar, trabalhar, conviver e sobreviver nos territórios periféricos.

A *expertise* em produção jornalística dessa mídia tem sido reconhecida em vários prêmios nacionais e internacionais, na consolidação de parcerias estratégicas e na participação em eventos setoriais de jornalismo no Brasil. Dentre os marcos históricos importantes, destaca-se que, em 2017, realizou, junto à Rede Jornalistas das Periferias, a primeira edição da Virada Comunicação, um evento que pautou a importância da produção jornalística para o debate sobre os rumos desse campo entre estudantes, profissionais, pesquisadores e organizações de apoio ao jornalismo. Participei dessa atividade, palestrando sobre a importância da articulação do Movimento Mães de Maio e as mídias alternativas.

Em 2018, o Desenrola participou da primeira edição do projeto No Centro da Pauta, uma iniciativa em parceria com a Fundação Tide Setubal e coletivos de mídia da Rede Jornalistas das Periferias, para cobrir as eleições presidenciais nas periferias de São Paulo.

Em 2019, em parceria com o grupo de mídias periféricas Alma Preta, Periferia em Movimento, Embarque no Direito e Preto Império, foi reconhecido pelo Google News Initiative como uma das 30 organizações que estão propondo soluções inovadoras para a indústria do jornalismo na América Latina, com a conquista do prêmio Innovation Challenges in Latin América.

Em maio de 2020, o Desenrola foi contemplado pela Artigo 19, uma das principais organizações no mundo que faz uma defesa da liberdade de expressão como um pilar essencial dos direitos humanos, como um das iniciativas de comunicação que fizeram parte da Campanha #CompartilheInformação #CompartilheSaúde, iniciativa que visava difundir e fomentar a produção de informação confiável nos territórios periféricos de todo o Brasil, como forma de combater a desinformação e a violação de direitos durante a pandemia de covid no país.

Adiante, apresentarei ao leitor os resultados da pesquisa de campo realizada no doutorado, que visou identificar se nossa hipótese sobre a importância dos movimentos sociais e das mídias alternativas no enfrentamento à violência policial se confirma.

CAPÍTULO III

Movimentos sociais e mídias alternativas, articulação imprescindível no enfrentamento da violência policial

Neste capítulo, apresento a análise dos dados da pesquisa de campo, na qual estive envolvida num duplo sentido: como pesquisadora do tema e como militante dedicada à luta por justiça, motivada pelo meu envolvimento pessoal com uma vítima de desaparecimento forçado nos Crimes de Maio de 2006. A tese de doutorado consolidou o meu exercício crítico de manter o "distanciamento" na análise dos dados para que esta não se baseasse apenas na emoção. Busquei as determinações concretas, sem perder a perspectiva ideológica e os sentimentos nelas inscritos.

Minha pesquisa pautou-se em: 1) pesquisa empírica realizada a partir de 2006 por meio da busca de conhecimento dos Crimes de Maio, de suas determinações e da luta por justiça, na articulação com diferentes instituições, movimentos e sujeitos envolvidos; 2) pesquisa teórica iniciada no Doutorado em Serviço Social da PUC-SP em 2016,

TECENDO RESISTÊNCIAS: TRINCHEIRAS CONTRA A VIOLÊNCIA POLICIAL

quando me aprofundei nos fundamentos teórico-metodológicos para a compreensão dos elementos apreendidos empiricamente; 3) pesquisa de campo, realizada para fundamentar a tese.

A pesquisa qualitativa foi desenvolvida em duas fases. A primeira apoiou-se em fontes secundárias, sendo direcionada para o estudo das seguintes temáticas: a história da polícia militar no Brasil e em São Paulo, militarização, violência policial, genocídio, necropolítica, teoria dos movimentos sociais, movimento de familiares, tais como: Mães de Maio e movimento Mães de Osasco, mídia hegemônica e mídia alternativa. Para tanto, recorri ao levantamento e à análise da literatura acerca do objeto de estudo (livros, depoimentos, textos, teses, dissertações, artigos, jornais, revistas, vídeos), além de *lives*, mais utilizadas pelos movimentos sociais na fase pandêmica.

A segunda fase foi constituída de fontes primárias, com a realização de entrevistas e o registro dos depoimentos, que foram categorizados e analisados. A meu ver, a pesquisa qualitativa parte do fundamento de que há uma realidade dinâmica entre o mundo real e o sujeito. Partindo dessa premissa, priorizei a realidade dos sujeitos e os significados que eles atribuem aos fenômenos pesquisados.

Nessa perspectiva, optei por entrevistar quatro pessoas. Duas mulheres, mães de jovens executados pela polícia militar de São Paulo, fundadoras e coordenadoras de dois movimentos, e dois jornalistas de mídias alternativas que fazem a cobertura dessa expressão de violência. Os sujeitos foram escolhidos de acordo com os seguintes critérios: familiares de vítimas da violência policial de São Paulo; mães que se articulam coletivamente e construíram movimentos sociais de relevância e reconhecimento local e nacional; jornalistas de mídias alternativas independentes de São Paulo; jornalistas especialistas e dedicados à cobertura contra-hegemônica da violência policial.

O roteiro das entrevistas foi composto de questões relacionadas a: violência policial, genocídio, concepção acerca dos movimentos sociais, papel da mídia hegemônica e da mídia alternativa e percepção sobre a articulação entre movimentos de familiares de vítimas e mídias alternativas.

As entrevistas foram previamente agendadas. As ligações para as duas mães de vítimas foram gravadas de forma remota, via plataforma Meet do Google. As entrevistas com os dois jornalistas foram feitas via formulário da Microsoft. Os quatros sujeitos responderam às mesmas 12 questões.

Observando os princípios éticos e as exigências do sigilo da pesquisa, todas as entrevistas só foram realizadas após a assinatura do Termo de Consentimento Livre e Esclarecido, após explicitarmos o teor da pesquisa, seu objeto e objetivos. Visando garantir o sigilo em relação aos sujeitos, eles serão identificados como: Entrevistada 1, Entrevistada 2, Entrevistado 3, Entrevistado 4.

Os depoimentos foram analisados a partir de três categorias, a saber:

1.   Violência policial.

2.   Enfrentamento da violência policial.

3.   Articulação entre movimentos sociais e mídias alternativas.

A seguir, apresentaremos a análise das falas, de acordo com as categorias elencadas.

1.   VIOLÊNCIA POLICIAL

Essa categoria foi pensada com o intuito de identificar como os sujeitos entrevistados percebem e sofrem a violência policial na realidade por eles apresentada. Nessa categoria foram abordados três aspectos: compreensão da violência policial, percepção de como é a violência policial no Brasil e em São Paulo e os desafios impostos por essa violência.

1.1. Compreensão da violência policial

Como demonstrei no primeiro capítulo ao fazer o resgate histórico sobre a polícia no Brasil, ficou evidenciada teoricamente a percepção que eu já tinha quanto à constituição histórica e estruturada de uma instituição que, ao longo de todos estes séculos, consolidou-se como um aparato essencial para a manutenção do *status quo*. Demonstrei que a instituição polícia tem suas origens marcadas pelo autoritarismo, pela violência, pelo controle sobre forças que se opunham ao Estado, bem como que essas oposições foram distintas ao longo da história do país, agudizando-se na fase da ditadura militar brasileira.

Com o objetivo de identificar como a polícia brasileira é entendida nas relações sociais cotidianas, perguntei aos entrevistados como eles veem a polícia e a violência dessa instituição. As respostas foram surpreendentes e nos revelaram, tal como vimos no capítulo I, como essa forma de violência é histórica, sistêmica e arraigada na sociedade brasileira, sendo muito emblemática na cidade de São Paulo.

Eu fui criada na Brasilândia. A periferia sempre conheceu a violência policial, mas nós que é da periferia não tem mistério nenhum. A gente via os colegas serem abordados, mas chegar na família da gente, meu filho foi o primeiro, daí ela entrou na minha casa, daí eu senti o que era essa violência, na carne mesmo. Meu filho Fernando Luiz de Paula, depois de chegar do bico como pintor, saiu para tomar uma cerveja; ele nem deu o primeiro gole no copo, levou um tiro na testa, disparado por homens encapuzados de preto, junto com outras 16 pessoas. Ele tinha acabado de sair de casa, eu escutei os tiros, os meninos vieram me avisar que ele estava no pronto-socorro, mas até aí eu não sabia o tamanho da coisa, soube no PS que no bar do Juvenal tinham matado mais de dez, depois eu soube do acontecido. Vai fazer seis anos, pra mim o dia não passa, às vezes por coincidência de quinta-feira eu olho pro relógio e falo, foi essa hora, então é uma coisa que se vive mesmo, você conversa, dá risada, mas fica aquela coisa lá dentro, não é como era antes. Eu saio na rua, sempre vem um falar, ah a senhora era a mãe do

Abuse, né? Esses dias vieram me dar Feliz Dia das Mães, mas eu não quis receber porque eu não sou mais mãe, não tem como eu passar um dia sem ouvir o nome do meu filho; em qualquer lugar que eu vou, eu vejo que meu filho era bem conhecido. E assim eu entrei na luta, né?, que é uma coisa que ajuda bastante, eu vou nos atos, daí vejo que é a mesma dor. Minha vida mudou, meu filho faz muita falta, mas a gente vai levando, né?, não é fácil. Essa dor é só sua, por mais que você consola, dá apoio, é uma dor que ninguém arranca, nem você mesmo consegue arrancar, é uma coisa que eu não digeri, você não consegue digerir é uma perseguição, vai ser assim até o fim da minha vida, né? (Entrevistada 1)

A Entrevistada 2 fez um relato permeado de um histórico de violências. Como as situações ocorreram em diferentes períodos históricos, julgamos ser importante trazê-los na análise para validá-los.

Eu conheci a violência policial não pela morte do meu filho, mas pelo desaparecimento do meu irmão, Nicodemus Justiniano da Silva. Em 1979, 1980, víamos muitos corpos de pessoas assassinadas pelo esquadrão da morte, e a gente já sabia que o esquadrão da morte tinha por trás deles policiais, então a gente ficava com o pé atrás. O desaparecimento do meu irmão foi algo muito triste pra nossa família. Através de uma investigação própria, eu descobri que meu irmão tinha sumido, mas ele era muito apegado com minha mãe e minhas irmãs, ele saiu numa noite e não retornou. Ele morava num quartinho separado, no mesmo quintal da minha mãe. Nenhum pertence dele sumiu; foi aquela luta, fomos atrás em várias delegacias, em todos os lugares possíveis e não achamos ele. Minha mãe foi ao IML procurar meu irmão e, enfim, depois veio o silêncio e isso ficou remoendo. Em 1992, um menino foi atingido por uma bala perdida, que saiu da arma de um agente penitenciário que fazia segurança nesse evento patrocinado pela prefeitura na quermesse da Carijós (Santos). Daí eu fui pra cima, chamei um vereador para apoiar, daí eu e a favela se mobilizamos, chamamos o Rádio Polícia, que era um programa que transmitia todos os boletins de ocorrência dos DPs, e começamos a fazer mobilização pela

TECENDO RESISTÊNCIAS: TRINCHEIRAS CONTRA A VIOLÊNCIA POLICIAL

morte do Sidnei, mobilizamos os colégios, a molecada, os meninos começaram a pegar lençóis das mães para fazer as faixas e desenhar as letras, pedimos ajuda com as tintas, pegávamos tinta até com meu pai, escondido, mobilizamos a favela, favela mesmo, favela de palafita, fomos ao DP querendo saber o que aconteceu de lá, não tivemos resultado, daí a gente ocupamos a câmara municipal de São Vicente querendo resposta, por conta do Secretário de Cultura. Fizemos vários cartazes, tiramos a bandeira da cidade de São Vicente, colocamos uma dessas faixas que tava escrito *Segurança ou Assassino, Queremos justiça*. Foi uma mobilização muito grande que nós fizemos. No velório do Sidnei, o prefeito foi e exigimos do prefeito que queríamos passar com o corpo do Sidnei em frente ao Fórum, a favela vai cantar o Hino Nacional, vai cantar o Hino Nacional porque nós queremos respostas, queremos resposta pela morte do Sidnei. O prefeito concordou, cedeu um carro oficial à família, passamos com o corpo do Sidnei na frente do Fórum, paramos na frente, cantamos o Hino Nacional, pedimos que o Fórum todo descesse pra cantar com a favela, alguns desceram, quem não desceu ficou olhando e aí fomos enterrar o Sidnei, aí fomos pra delegacia e esperamos os meninos depor um por um, ficamos com eles até o final. Nós conseguimos na época a pensão para mãe, os envolvidos foram condenados a pagar com trabalho social e cestas básicas. Ali eu conheci a violência policial que depois atingiu o pai dos meus filhos, Edson; ele foi morto e ninguém descobriu quem foi que matou ele, vimos vários meninos serem executados também aqui na Zona Noroeste, onde tem mais de 9 km de palafitas onde o Estado está presente com todos os tipos de opressão para essas comunidades. Então fomos conhecer a violência policial dentro desse contexto geral e quando meu irmão some e eles não conseguem também trazer à tona quem foi que pegou meu irmão, porque ele foi colocado na viatura, as testemunhas falaram a cor da blusa que ele tava e era uma blusa que eu tinha dado pro meu irmão, daí vi que eles não estavam mentindo. Eu conheci a violência policial desde esse tempo até o ponto deles pegarem e virem atingir meu filho, aí eu via nas investigações o que é a estrutura, eu via as reportagens jornalísticas que foram feitas com os Crimes de Maio. Não há como não ver a violência policial na figura do policial que aperta o gatilho, o *modus operandi* se perpetua". (Entrevistada 2)

Os trechos dos relatos das entrevistadas 1 e 2 destacados escancaram a realidade da violência policial brasileira, com enfoque na realidade paulista. Nos relatos dessas mulheres fica nítido que, antes mesmo de suas vidas serem atravessadas e afetadas pela perda brutal de seus filhos, elas já conheciam bem esse tipo de violência.

A Entrevistada 1, de 67 anos, disse conhecer a violência policial por ter crescido na periferia, por ver as abordagens sempre violentas e, depois, pelo assassinato de seu único filho, Fernando Luiz de Paula, 34 anos, executado por PMs, em 6 de agosto de 2015, na Chacina de Osasco, na qual, além de Fernando, mais 16 pessoas foram executadas.

A Entrevistada 2, também moradora da periferia, fez um relato muito similar, o que evidencia o traço histórico, estrutural e sistêmico que discutimos no primeiro capítulo. Ela contou que seu irmão foi vítima de desaparecimento forçado na década de 1980, durante o período ditatorial, tendo diversas evidências de que ele foi vítima do esquadrão da morte, formado por agentes de segurança pública. Relatou ainda ter presenciado, já na década de 1990, a execução de um jovem negro, e nesse relato se percebe que a forma combativa com a qual a entrevistada enfrenta a violência de Estado hoje já estava presente naquela ocasião, quando realizou diversas ações e articulações para denunciar ao poder público local e à comunidade a violência sofrida pelo jovem.

Essa mesma violência estrutural da polícia ainda atravessou a vida da Entrevistada 2, durante os Crimes de Maio de 2006. Seu filho Edson Rogério Silva dos Santos, 29 anos, foi uma das mais de 500 vítimas desses crimes. Ela reiterou que o *modus operandi* da polícia se perpetua até os dias de hoje.

No que se refere aos relatos de violência das entrevistadas 1 e 2, em especial as execuções sumárias perpetradas pela PM contra seus filhos, é importante destacar que entendemos que essa violência é uma das faces da militarização da vida, através do aumento da repressão estatal. Tal militarização levou a PM de São Paulo a ser considerada mais violenta que toda a polícia dos EUA. Juntas, as polícias de São Paulo e Rio de Janeiro matam mais que todos os países que têm pena de morte no mundo.

Acerca das execuções sumárias, pelos estudos já realizados, podemos constatar que as mortes de Fernando e Rogério e de milhares de brasileiros ocorrem via execuções sumárias — "homicídios legalizados" — e se concretizam via supostos confrontos entre policiais e infratores; a rotina segue o roteiro repetitivo justificado por tiroteios, quase sempre não comprovados. Para Ângela Mendes de Almeida, um acontecimento sem lógica, pois, num suposto enfrentamento, morrem um, dois, três "bandidos" e nenhum policial é sequer ferido de raspão.

Como mostrei no primeiro capítulo, tais execuções são uma justiça feita "pelo arbítrio do policial em um país em que não há pena de morte" (ALMEIDA, 2007, p. 8). Existem "causas históricas" que justificam a alta na letalidade policial. Para Sávio Souza, "a ideia de eliminação do inimigo, o apelo popular para matar pessoas, achando que pode trazer segurança" e também o "discurso de aumento do uso de armas" explicam o aumento da letalidade policial (cf. SOUZA, 2015, p. 53).

Os entrevistados 3 e 4 são jornalistas que atuam em mídias independentes e, assim como as entrevistadas 1 e 2, relataram suas percepções sobre essa expressão de violência. Importante destacar que ambos falaram de situações ocorridas nas regiões periféricas, extremo norte e sul da cidade de São Paulo. Nessas regiões, conforme problematizei, notamos que a presença do Estado ocorre mediante a truculência do seu braço armado, a polícia militar. Essa forma de agir com os cidadãos se materializa desde as abordagens violentas, humilhações e detenções até a forma mais severa e absolutamente arbitrária, que é a execução sumária.

No exame teórico apresentado nos capítulos anteriores, discuti o papel que o Estado cumpre nessa sociedade. A tarefa estatal está incumbida essencialmente de garantir o *status quo* e, como nos ensina

Marilda Iamamoto, "criar as condições gerais da produção, que não podem ser asseguradas pelas atividades privadas dos grupos dominantes; *controlar as ameaças das classes dominadas* [...], através do seu braço repressivo, exército, polícia" (IAMAMOTO, 2010, p. 120; grifos nossos).

Nas palavras de nossos entrevistados, fica evidente a noção de controle do Estado diante dos moradores das periferias, considerando-os ameaças ao sistema. Nos territórios empobrecidos, as tropas da PM atuam como se estivessem enfrentando um inimigo e, assim, ocupam favelas e morros e cometem assassinatos. Com essa falácia, justificam as milhares de execuções sumárias como reação à resistência dos jovens insurgentes, tendo seus atos "abençoados pelo MP sem investigações e arquivados com o aval cúmplice da Justiça e a omissão da mídia e de parte da sociedade" (SOARES, 2019, p. 36).

Conheci a violência policial por meio dos programas policialescos dos anos 90, como o *Aqui Agora*, que cobria muitas ocorrências policiais no bairro onde eu moro, que é o Jardim Ângela, Zona Sul de São Paulo. Anos mais tarde, aos 21 anos, eu fui abordado indo ao trabalho e desta abordagem eu fui levado à delegacia como suspeito de cometer um crime que nem eu sabia do que se tratava. Com mochila nas costas e marmita pronta para comer, eu fui espancado pelos policiais que me abordaram, alegando que eu cometi desacato. Essa foi a primeira vez que eu senti o sistema na pele. No dia seguinte, esses policiais estavam em frente da minha casa me esperando para ver se eu trabalhava mesmo. (Entrevistado 3)

Na infância, ao lado de meus amigos, na periferia da Zona Norte de São Paulo. Nem mesmo quando voltávamos da escola éramos respeitados pelos PMs que nos abordavam. (Entrevistado 4)

Corroborando as afirmações dos entrevistados 3 e 4, demonstrei que a violência policial institucional é composta por um conjunto de atos, que incluem os relatados pelos entrevistados. Tais atos culminam numa cadeia única de fatos que:

TECENDO RESISTÊNCIAS: TRINCHEIRAS CONTRA A VIOLÊNCIA POLICIAL

começa pela abordagem truculenta e desrespeitosa, segue-se de maus-
-tratos e torturas não apenas dentro dos órgãos do sistema penal, mas
também nos camburões, nas ruas e até nas casas das vítimas, culminando,
em seu estágio limite, nas execuções sumárias. (ALMEIDA, 2009, p. 5)

As contribuições dos entrevistados, à luz da referência teórica,
nos mostram a dimensão da violência policial em nosso país, escancaram o *modus operandi* das polícias e deixam explícitos os desafios
enfrentados pelas vítimas dessa violência.

1.2. Percepção sobre a violência policial no Brasil e em São Paulo

Respondendo à pergunta acerca da percepção sobre a violência
policial no Brasil e em São Paulo, o Entrevistado 3 relatou o seguinte:

Eu penso que a violência policial é uma continuidade do processo
da escravidão. No Rio de Janeiro, na época do Brasil Colônia, havia
os escravos urbanos, que tinham a possibilidade de circular pela cidade sem
os seus "senhores" em determinados horários do dia. Eu acredito que o povo
preto hoje vive uma escravidão moderna, que não nos garante direito à vida
nem de ir e circular pelos lugares que queremos e precisamos passar. O apa-
gamento histórico é um dos instrumentos da violência policial, pois ele é um
instrumento de controle social e principalmente do comportamento da população, que não conhece a fundo a sua história e também não possui políticas públicas que garantam essas informações de maneira e linguagem
acessível. É possível cobrar o Estado para mudar a sua postura, mas esse
debate e interesse é ainda discutido em poucos movimentos sociais. A massa da população negra ainda é alheia a essa discussão. E isso precisa mudar
antes que a gente seja exterminado por completo. (Entrevistado 3)

Sobre a afirmação assertiva do entrevistado, de que a violência
policial brasileira é a continuidade da escravidão, vimos no primeiro

capítulo que "os ecos da escravidão ainda retumbam implacavelmente no quadro brasileiro de homicídios [...]" (BRITO; VILLAR; BLANK, 2013, p. 216).

Na perspectiva de pensar que, nesse cenário de barbarização da vida, a própria democracia é uma condição de exceção, o Entrevistado 4 explicitou: "a violência policial no Brasil é uma das maiores provas de que não vivemos em uma democracia plena".

Já as entrevistadas 1 e 2 responderam à questão com indignação. A Entrevistada 2 disse:

A polícia brasileira tem um padrão que precisamos destruir, padrão militarizado, de atuação de guerra, padrão do tempo do senhorzinho do mato que tinha o capitão do mato correndo atrás dos negros fujões, vem do militarismo, é racista, classista, que atua não para tomar conta do cidadão, que é o que deveria, porque pagamos nossos impostos, mas a sociedade privada, e tem como alvo o inimigo maior que é as favelas e periferias, que são os quilombos, a senzala. A abolição da escravatura é feita na ponta do fuzil, criminalizando, torturando, desaparecendo, para extinção da raça, porque as pessoas de bem são as pessoas brancas. Polícia que mostra que é assassina e aceita pelos nossos governantes pelos dizeres, a mãe cria e a Rota mata. Tem um padrão muito claro de treinamento para fugir sem deixar vestígios, engraxam as armas, sair de toda responsabilidade para não atingir a instituição policial. Esse padrão deu tão certo que é transportado esse *modus operandi* de agir para outros estados. (Entrevistada 2)

A Entrevistada 2 afirmou que o padrão da polícia brasileira hoje ainda é o do capitão do mato, caçando negros, para exterminá-los. A Entrevistada 1, por sua vez, relatou o seguinte:

Sobre a polícia de SP, as abordagens eu não gosto, é muito truculenta. Tem racismo, mas também a questão social, porque não é só com o negro, os moleques brancos da periferia também sofrem. É social, muitos brancos sofrem. A abolição é só nome, quando falavam que a história do Brasil era mentirosa, hoje eu entendo. Por que que mata tantos negros de graça? Será que eles têm medo de que os negros tenham poder? A polícia é bode expiatório na mão do governo, se ele matar, perder a farda, dane-se ele, o governo não tá nem aí, não é nenhum parente dele que é linha de frente. (Entrevistada 1)

> A gente vê hoje um Estado que adota a política da morte, o uso ilegítimo da força, o extermínio, a política de inimizade. Que faz a divisão entre amigo e inimigo. É o que a gente vê, por exemplo, nas favelas, nas periferias das grandes cidades brasileiras, nos rincões do país. *Nossa polícia substitui o capitão do mato.* (BORGES, R., 2019; grifos nossos)

As entrevistadas 1 e 2 nos fornecem elementos muito interessantes que trazem à tona a questão racial presente na atuação da polícia brasileira. Encontram base nas reflexões e nas problematizações de Silvio de Almeida (2018, p. 24):

> O racismo — que se materializa como discriminação racial — é definido por seu caráter sistêmico [...]; articula-se com a segregação racial, ou seja, a divisão espacial de raças em localidades específicas — bairros, guetos, bantustões, periferias etc.

A partir dessa reflexão do autor, podemos inferir que são mortos tantos negros desta forma genocida para que a subalternidade seja mantida. Os que não são executados sumariamente ou desaparecidos forçadamente estão presos, vítimas do encarceramento em massa. E os demais, que não estão nessas duas condições, recebem a mensagem estatal de que precisam ficar vigilantes, para não serem mais um número nas estatísticas, mais um Fernando, mais um Rogério.

Quanto ao modo militarizado da PM, apontado pela Entrevistada 2 como um aspecto fundante da violência policial, é importante destacar que o problema do contexto de militarização das polícias no Brasil é constantemente camuflado. Como defensora dos direitos humanos, sou a favor da desmilitarização; no entanto, há questões objetivas e concretas das(os) policiais, tais como: a questão dos salários insuficientes, condições de trabalho desumanas, ausência de qualificação, falta de apoio psicológico permanente e códigos disciplinares medievais. Não obstante, nenhuma delas justifica tanta violência contra os civis.

Como vimos nos estudos de Luiz Eduardo Soares, os códigos de conduta das polícias deveriam até ser questionados constitucionalmente por serem tão absurdos. Eles penalizam o cabelo comprido, o coturno sujo, o atraso do soldado, e há punições severas e às vezes até prisão para as faltas disciplinares cometidas dentro dos quartéis. No entanto, esses mesmos códigos são transigentes com a extorsão, a tortura, o sequestro e o assassinato.

Com base nessa contribuição do autor, podemos afirmar que a rígida estrutura militarizada da polícia se consolidou, arraigando-se ao longo das décadas desde a criação dessa instituição. Esse cenário, adverso à perspectiva dos direitos humanos, de Estado democrático, expressa-se não somente na ação violenta dos PMs nos patrulhamentos que lhes cabem, mas também após as ações violentas, quando os casos de execuções sumárias e outras ações, como abordagens violentas, torturas e desaparecimentos forçados, chegam às corregedorias das PMs.

Essa contribuição do autor é de fundamental importância, visto que, como demonstrado pelas mães entrevistadas e mesmo pelo nosso conhecimento empírico pela militância em direitos humanos, as corregedorias historicamente ignoram as denúncias contra seus policiais. Não sabemos de casos nos quais nossas denúncias tenham tido êxito e os envolvidos tenham sido devidamente punidos. Os casos são sepultados tanto quanto as vítimas que foram arrancadas de suas famílias e da sociedade.

Esse modo de tratar os crimes praticados pela polícia militar contra os civis tem um caráter de classe e raça, como evidenciam os dados das execuções sumárias e os desaparecimentos forçados, bem como de abordagens e detenções violentas.

1.3. Desafios impostos por essa violência

O principal desafio é conviver com uma série de projetos de lei e medidas governamentais que ampliam o impacto da violência policial. Essa talvez seja a maior demonstração que reforça a existência de um plano de extermínio da população preta e periférica. (Entrevistado 3)

Mostrar que a violência policial afeta toda a população, de maneira direta ou indireta. E também escancarar que o tema exige debate permanente. (Entrevistado 4)

Os entrevistados tocam em questões importantes sobre a violência policial. De fato, as iniciativas legislativas, sobretudo com o advento do bolsonarismo, trouxeram uma série de alterações nas legislações vigentes, dentre as quais a flexibilização do uso e compras de armas no país. No campo ideológico, foi comum nas declarações do ex-presidente da República, Jair Bolsonaro, o incentivo à violência policial, sobretudo ao fazer falas na linha de "bandido bom é bandido morto" ou mesmo parabenizando ações de violência.

O mesmo ocorreu em São Paulo, quando João Doria alicerçou sua campanha eleitoral para governador com base na defesa do uso da força policial, justificando que a letalidade é necessária. Dizia sem nenhum constrangimento que, se eleito, a PM iria "atirar para matar".

As atitudes desses governantes, quer do ponto de vista de ações administrativas, medidas provisórias e vetos, quer do ponto de vista ideológico, ao incentivarem e saudarem esse tipo de violência, são determinações importantes para compreendermos que nossa situação é gravíssima.

Tanto Bolsonaro como João Doria e o atual governador de São Paulo, Tarcísio de Freitas, como representantes do Estado, nos mostraram que o conceito de necropolítica desenvolvido por Achille Mbembe é muito pertinente para a análise das ações desses sujeitos. Para esse autor, quando se nega a humanidade do outro, qualquer violência se torna possível, desde agressões até a dizimação, sendo que a expressão máxima da soberania reside no poder e na capacidade de ditar quem pode viver e quem deve morrer. "Ser soberano é exercer controle sobre a mortalidade e definir a vida como a implantação e manifestação de poder" (MBEMBE, 2018, p. 5).

Pelos estudos que fiz, subsidiados pelas contribuições de realidade trazidas pelas entrevistadas e pelos entrevistados, afirmo que o Estado brasileiro e o paulista têm atuado nesse papel de soberano, decidindo deliberadamente quem deve morrer, quem tem direito a ser preso, vivendo amontoado nos depósitos de seres humanos que são as prisões brasileiras, quem deve ser desaparecido, ou ser executado, indo para os cemitérios, como afirmou o ex-governador do estado de São Paulo.

Esses sujeitos de menor valor, o "outro" que deve morrer, são vistos como um atentado contra a vida de mais valor. Esse outro é uma ameaça mortal ou um perigo absoluto, cuja eliminação biofísica reforça o potencial de vida e segurança do soberano, bem como de quem age imbuído dessa lógica. Trata-se de uma forma contemporânea que subjuga a vida ao poder da morte (cf. MBEMBE, 2018).

No entanto, apesar da necropolítica escancarada no Poder Executivo, com um cenário de terra arrasada, no campo legislativo temos iniciativas importantes, a partir de articulações de movimentos sociais junto a mandatos comprometidos com as expressões da questão social. Em 27 de novembro de 2020, Eduardo Suplicy (PT), ex-vereador da cidade de São Paulo, protocolou um projeto de lei municipal para amparar sobreviventes e familiares de vítimas da violência produzida por agentes do Estado, em especial pelas forças de segurança. Se aprovada, a Lei Mães de Maio, como foi batizada, irá oferecer suporte institucional, proteção social e assistência médica para minimizar os impactos negativos dos episódios de violência.

A criação do PL n. 734/2020 foi originalmente das próprias Mães de Maio, com o auxílio dos advogados voluntários Gabriel Sampaio, coordenador do Programa de Enfrentamento à Violência Institucional e de Litígio Estratégico da Conectas Direitos Humanos; Silvia Souza, coordenadora adjunta do Departamento Antidiscriminatório do Instituto Brasileiro de Ciências Criminais (IBCCRIM); e Giordano Magri, advogado e assessor do vereador, que acompanhou e fez proposições cruciais para a qualidade da propositura do texto do PL. O projeto é baseado em três pilares: oferecer suporte institucional, proteção social e assistência médica aos familiares de vítimas de violência estatal.

Ainda sobre os desafios nesse contexto de violência policial, as entrevistadas, integrantes dos movimentos sociais, relatam desafios de outra ordem:

> O primeiro desafio foi o governo do Estado e a mídia rotular como Crimes de Maio, porque nossos filhos não foram mortos pelo PCC, mas sim pelo braço armado do Estado, eu tinha 100% de certeza. Nós democratizamos a mídia, fizemos acordos, dávamos entrevistas e pedíamos os textos antes da publicação para ser revisado. Até o dia de hoje atuamos assim, pra que nossa fala seja autêntica, [...] na academia também agíamos desta forma, para fazer um trabalho contando nossa história, tinha que ser desse modo, daí começamos a trazer também uma responsabilidade da academia pela transformação dos sujeitos. (Entrevistada 2)

> Na minha luta, eu tô lutando contra a PM e o governo. No julgamento, tudo que o advogado João Carlos Campanini me perguntava eu respondia, eu não dei canja pra ele, teve uma hora que ele passou dos limites, eu falei: "o senhor tá me pressionando?". Ele tinha me contatado pelo Facebook, daí eu conversei com ele que eu era Mãe de Osasco, que um dos PMs foi criado aqui, que até jogou bola com os moleques, e ele pegou. Aí eu não sabia, quando a defensora ligou pra mim dizendo que eu não poderia ter conversado com o advogado dos PMs, mas eu estava inocente, eu não sabia, ele usou as fotos que eu tirei no meu aniversário com a M. Eu dei o depoimento pra juíza, eu passei mal, nunca tinha passado mal, me deu uma tremedeira, uma tremedeira, contando como eu encontrei meu filho; eu já tinha ido pra dois julgamentos falando isso, mas eu estava tensa

por conta desse advogado. Quando chegou na parte que eu contei que encontrei meu filho dentro do saco plástico, comecei a tremer, tremer, tremer, me deram água, precisou parar meu depoimento. Quando eu voltei, o advogado veio com o *notebook* dele mostrando as publicações do Face com fotos minhas de comemoração do meu aniversário e a Defensora estava e nos jurados não tinha um negro. Ele disse: "Ah, a senhora falou que conhece o PM Cristilde?". E eu falei, eu não falei isso, eu falei que o vi duas vezes fazendo serviço na favela e outra vez abordando meu filho, e toda vez que eu via a PM abordar meu filho eu ia saber o que tava acontecendo, porque isso é de praxe, toda família que faz isso porque a gente sabe como começa uma abordagem e como termina. Me fez um monte de perguntas e mostrou eu carregando a bandeira das Mães de Maio e perguntou: "e as Mães de Maio?". Daí eu respondi: "elas nos apoiaram desde o começo, não só elas, como a Geledés e outras ONGs, como a Rio Paz que veio aqui, correu com nós, porque nós estamos desamparadas porque governo nenhum, nós não tem nem advogado, e cada PM tem dois". Perguntou quem era a T., do SBT, e depois começou a fazer mais perguntas, foi quando eu falei: "o senhor está me pressionando?". Daí o Promotor cortou. Ele passou o vídeo da Promotora do MP falando que as Mães de Maio eram donas de biqueira, eu soube disso depois. Ele também usou esse vídeo no julgamento em Carapicuíba, exibido num telão. No ato na Paulista contra a chacina de Jacarezinho, eu falei que o advogado mostrou esse vídeo me acusando de tá envolvida com as Mães de Maio; no vídeo a promotora acusa as Mães de Maio dizendo que os filhos delas, nossos filhos, eram traficantes e as Mães donas de biqueiras. Esse vídeo não podia passar, a gente denunciou tudo, infelizmente a gente não tem força, a gente tá de pé pra lutar, as vidas negras não importam pra muita gente, a vida negra pra eles não importa; aí vem o Sr. Mourão dizendo, sem ter a identificação dos mortos (Jacarezinho), que todos são bandidos e eu garanto que nenhum desses meninos era bandido, meu filho não era bandido. Os meninos estavam chegando do trabalho, só porque a gente mora na favela? Não é porque moramos lá porque queremos é porque esse sistema, infelizmente, separa a gente, não somos ladrões de colarinho branco que tá acabando com o país, vocês que são jovens estão aqui ao meu redor, continuem lutando porque não sei

TECENDO RESISTÊNCIAS: TRINCHEIRAS CONTRA A VIOLÊNCIA POLICIAL 201

quanto tempo mais eu vou durar, eu tenho todo o apoio de vocês e por isso que estou de pé, eu tô muito emocionada. Nós fizemos um abaixo-assinado para denunciar lá fora. (Entrevistada 1)

Os relatos das entrevistadas 1 e 2 escancaram questões importantes que dão o alicerce para que a violência policial tenha a dimensão que tem. A primeira questão que quero destacar refere-se às afirmações da Entrevistada 2 acerca das narrativas de que a situação que culminou com a morte do seu filho Rogério ocorreu devido aos "Ataques do PCC", como eram exaustivamente nomeados os crimes ocorridos entre os dias 12 e 19 de maio de 2006. A entrevistada foi muito contundente ao dizer que nunca aceitou essa narrativa e lutou para mudá-la, fazendo com que na veiculação na mídia fosse dado o nome correto: "Crimes de Maio de 2006", de forma a deixar nítido que os crimes ocorridos foram essencialmente uma retaliação do governo de São Paulo, via ação policial, contra as ações desencadeadas pelo PCC, nos primeiros dias daquela semana.

Outro elemento que também aponto como imprescindível para a manutenção da instituição polícia nesse lugar de violadora de direitos humanos é o papel da academia. A entrevistada afirma que o meio acadêmico precisa assumir seu papel de transformar a realidade, os sujeitos. Precisa zelar pelas pesquisas, pelo compromisso de seus pesquisadores com os sujeitos entrevistados. A Entrevistada 2 relata que, nesses 15 anos de militância nas Mães de Maio, o movimento teve muitos problemas com pesquisas acadêmicas que tiveram o movimento como objeto de estudo. Disse ainda que os pesquisadores usam o movimento e depois nunca mais procuram as mães, nem mesmo para socializar a produção ou mesmo apoiar na militância. Sobre esse aspecto, entendemos que a academia tem o dever ético-político de disseminar o conhecimento crítico produzido e auxiliar na desconstrução dessas narrativas, contrapondo-se aos discursos de ódio e ao ideário de que essa violência é natural, algo dado, impossível de ser enfrentada.

A afirmação da Entrevistada 2 sobre a academia corrobora a contribuição teórica de Scherer-Warren:

> Os pesquisadores precisam compreender o significado do pensar e do fazer do "outro", mas *não apenas enquanto o diferente e sim como parceiro de uma prática e de uma utopia de transformação em direção a uma sociedade mais justa social e culturalmente.* Ainda que essas parcerias tenham sido palco de diversidades culturais e políticas, as redes e os fóruns de sociedade civil buscam construir ações complementares e emancipatórias em torno de objetivos em comum. (SCHERER-WARREN, 2010, p. 25, grifos da autora)

A Entrevistada 1 narrou de forma contundente a vivência recente que teve em novo julgamento de policiais envolvidos na morte de seu filho Fernando. Nessa audiência, o advogado dos PMs, João Carlos Campanini, exibiu um vídeo de 2015, da promotora Ana Maria Frigerio Molinari, atacando as Mães de Maio, acusando-as de terem "herdado" *biqueiras*, sem provar tais acusações. Ainda, como narrado pela entrevistada, o advogado expôs na audiência imagens de seu Facebook, apontando falas contra a PM, fotos de manifestações com a bandeira das Mães de Maio, entre outras exposições indevidas. O advogado do guarda e do ex-policial usou as falas da promotora e as postagens na rede social, criminalizando o movimento de familiares, descredibilizando a entrevistada perante o júri popular. O julgamento, que teve início em 21 de fevereiro de 2021, terminou no dia 26 do mesmo mês, depois que os sete jurados, nenhum negro, decidiram pela absolvição dos réus.

2. ENFRENTAMENTO DA VIOLÊNCIA POLICIAL

Nesta categoria de análise, vou abordar as mídias e os movimentos sociais que enfrentam a violência policial. Perguntados sobre a qual mídia alternativa se vinculam, os entrevistados responderam:

TECENDO RESISTÊNCIAS: TRINCHEIRAS CONTRA A VIOLÊNCIA POLICIAL

Faço parte do Desenrola e Não Me Enrola, um coletivo de jornalismo periférico que atua desde 2013, produzindo informação sobre invisibilidades sociais que afetam os moradores das periferias e favelas de São Paulo. Nós surgimos do contato com os movimentos culturais e sociais atuantes nas periferias da Zona Sul de São Paulo. (Entrevistado 3)

Me vinculo à Ponte Jornalismo, desde 6 de março de 2014, quando, ao lado de outros jornalistas, fundamos o *site*. (Entrevistado 4)

Ambos os coletivos de jornalistas têm tido um protagonismo essencial na sociedade por, cotidianamente, denunciarem e darem visibilidade às diversas situações de violência policial que acontecem em São Paulo e mesmo em outras regiões do país. Aprofundaremos esse debate adiante. Os jornalistas também são militantes e estão organicamente vinculados aos movimentos sociais, conforme podemos constatar nas respostas sobre os movimentos aos quais cada um está vinculado.

Rede Jornalistas das Periferias, Teia de Comunicação Popular do Brasil, Núcleo Piratininga de Comunicação, Movimento Cultural das Periferias e Rede Ubuntu de Educação Popular. (Entrevistado 3)

Sou companheiro do Movimento Independente Mães de Maio, desde quando ele surgiu. A vinculação nasceu quando conheci Débora Maria da Silva, a líder das Mães de Maio. (Entrevistado 4)

Quando perguntadas sobre a qual movimento estão vinculadas, as entrevistadas 1 e 2 responderam:

Nosso grupo foi fundado a partir da ideia da Rio Paz, disse que era melhor a gente fazer grupo, eu não conhecia nenhum grupo, eu não falo que sou líder, eu sou porta-voz, já quis sair muitas vezes, mas tem mães que falam: "ainda bem que tem você pra falar". Eu consigo doações, hoje mesmo consegui, fica tudo pra mim resolver, uma não pode sair porque uma a neta vai fazer transplante, fizemos vaquinha para condução até o HC, lá tem hora pra entrar e não pra sair, então eu procuro ajudar, a outra está com o peito todo inflamado, a filha quase perdeu as vistas. A Geledés deu uma máquina de costura, eu faço colchas de retalho, panos de prato, a outra faz máscaras, outra faz doces. Eles compram os insumos para ajudar, pra gente ter uma atividade. O movimento é Mães de Osasco, Associação 13 de Agosto. (Entrevistada 1)

Quando aconteceu com meu filho, eu caí numa cama de hospital, eu enfrentei a situação da retirada da câmera de monitoramento do posto de gasolina porque eu sabia que ele foi comprar gasolina para colocar na moto que a gasolina tinha acabado, soube também pela testemunha que a marca da viatura que abordou ele no posto de gasolina era uma *blazer* da Força Tática da Baixada Santista, tão letal quanto a Rota. Eu vi a negação para retirada das câmeras do posto e ali tinha o material que a gente precisava porque quem abordou meu filho matou e ao mesmo tempo socorreu [...]; quando foi no dia da abordagem no posto, ele falou que tinha passagem, ele disse que era trabalhador e não devia nada para justiça, daí o policial falou: "neguinho morreu, você é ladrão". [...] Antes da câmera ser entregue ao DP, depois de dez dias da execução, eu fui ao DP, conversei com a delegada e ela me orientou que era pra eu falar que meu filho foi morto confundido com ladrão, dali eu tive a confirmação, pela fala dela, que meu filho tinha sido morto [...]. Fiquei sete dias internada, pois estava já muito fraca por não conseguir me alimentar, sobreviver frente a tanta violência. Quando saí, fui atrás da Nalva, fui atrás da Vera Freitas e depois da Vera Gonzaga, e daí foram atrás da seccional, que acionou o DP, dizendo que estavam sendo procurados por mães que diziam que ainda não tinham ido depor, orientando-as que fossem pro distrito. Quando o delegado viu a Débora, disse que o dono do posto e os frentistas estavam no local prestando depoimento. As testemunhas reconheceram Rogério pela foto dada pela mãe, mas o dono do posto disse que havia apagado a fita [...]; só descobriu sobre o depoimento do frentista quando o inquérito já estava arquivado. [...] temos uma coordenação, mas nós

TECENDO RESISTÊNCIAS: TRINCHEIRAS CONTRA A VIOLÊNCIA POLICIAL

mães não temos liderança; indo a outros países, vimos isso também, participamos coletivamente. Não tem como não termos essa visão, foi essa visão que fez com que o Movimento chegue aos 15 anos, temos um companheirismo tão forte, sentimos a dor, a dificuldade da outra, não tem ego, sempre demos oportunidade para todas e todos; como algumas das Mães são diaristas e domésticas, o tempo delas é muito escasso, elas deixam essa responsabilidade para mim. Ontem, quando tomamos a vacina, a I. e a S. disseram: "que bom que você tomou a vacina porque precisamos muito de você"; a gente não briga, jamais. O Movimento é independente, a gente se arrasta com a venda dos nossos produtos para sermos independentes. Nunca nos cooptamos a siglas partidárias para dizerem o que temos que fazer, fazemos o que achamos que temos que fazer, há 15 anos. (Entrevistada 2)

Pelos relatos, percebemos que ambos os movimentos sociais surgiram a partir da necessidade dessas mulheres negras e periféricas de denunciar a morte violenta de seus filhos. Na revisão teórica que apresentei no segundo capítulo, como viram, não consegui localizar nas teorias dos movimentos sociais existentes referências a movimentos sociais dessa natureza, que sejam formados com a especificidade de terem como pauta a denúncia pela morte violenta de pessoas.

As contribuições de nossas entrevistadas corroboram as fontes teóricas estudadas, pois, como vimos em Alonso (2009), as novas formas de mobilizações que tiveram início a partir de 1960 não se definiriam mais pelo trabalho, e sim por formas de vida, e, no caso do nosso objeto de pesquisa, pela perda violenta da vida de sujeitos, fator que desencadeou a mobilização dos familiares das vítimas.

Nesse sentido, os novos movimentos sociais seriam, então, formas particularistas de resistência, reativas aos rumos do desenvolvimento socioeconômico e em busca da reapropriação de tempo, espaço e relações cotidianas.

Como problematizei no segundo capítulo, os movimentos de vítimas conhecem a realidade da violência perpetrada pelo Estado e têm incidido junto aos partidos, pautando-os para de fato cumprirem sua função de, na condição de estarem em cargos eletivos, vocalizar as demandas da classe trabalhadora.

Indaguei as(os) entrevistadas(os) sobre quais são as estratégias de enfrentamento utilizadas pelos movimentos a que se vinculam e estas foram suas respostas:

> No movimento do jornalismo periférico temos atuado para combater a desinformação, garantir direito à memória e principalmente fazer parcerias com os movimentos sociais que formam a base da nossa atuação, para produzir uma informação mais conectada com a realidade da população preta e periférica. Desta forma, conseguimos realizar coberturas sobre inúmeras violações de direitos com base em fatos que nos possibilitam, por meio do jornalismo, combater ações de violências policiais e até mesmo medidas que visam o cerceamento da liberdade de expressão e ataques aos direitos humanos. (Entrevistado 3)

> Vamos aos atos, levo nossa bandeira para não ficar só meu caso, somos muito companheiros, o Rio de Janeiro sempre dá muita força para nós. Temos que nos juntar, todos os grupos, a união faz a força. Uma andorinha só não faz verão, a estratégia é chamar atenção; aconteceu alguma coisa, temos que estar lá. O irmão de George Floyd falou que sabe o que acontece no Brasil, por quê? Por conta dos nossos gritos, temos que incomodar. (Entrevistada 1)

As respostas do Entrevistado 3, jornalista periférico, e da Entrevistada 1, familiar da vítima da PM, complementam-se, pois, sem um saber do outro, da resposta do outro, responderam demonstrando uma articulação. A mãe fala sobre a ação direta, da ida a atos de rua, de fazer denúncias e não sucumbir, silenciando diante da barbárie sofrida. Já o jornalista disse que atua contra a desinformação, pelo direito à memória, afirmando a importância de estar articulado aos movimentos de forma a manter a informação conectada à realidade do povo preto e periférico.

2.1. Percepção sobre a mídia brasileira

Sobre a mídia brasileira, os entrevistados responderam:

A imprensa no Brasil é fomentada por pessoas brancas, ricas, privilegiadas e com força política para mover estruturas da sociedade em prol de interesses individuais. Não há um país no mundo sério e comprometido com a democracia e a liberdade de expressão e o direito à informação e à comunicação que permita um sistema midiático atuar dessa maneira. É possível dizer que a imprensa articulada por empresas de comunicação faz *lobby* e não jornalismo. Elas transformam o interesse público de informar a serviço das suas parcerias políticas empresariais. Se os governos não se incomodam com isso, é porque eles são coniventes ou não possuem uma leitura crítica de como essa estrutura não permite que o país avance no que se refere a acesso e produção de informações de qualidade. (Entrevistado 3)

Dialogando com a contribuição do Entrevistado 3 acerca da postura da mídia brasileira, as empresas de comunicação que fazem *lobby* e não jornalismo, destacamos:

Acontece que a busca da verdade, virtude ancestral do jornalismo, é simplesmente incompatível com a lógica dos conglomerados comerciais da mídia dos novos dias [...]. Onde quer que a notícia esteja a serviço do espetáculo, a busca da verdade é apenas um cadáver, pode até existir, mas sempre como um cadáver a serviço do dom de iludir. (BUCCI; KEHL, 2004, p. 129; grifos nossos)

Neste viés, afirmo que a mídia presta um desserviço à sociedade e na mesma medida é muito eficiente para a manutenção, sem crítica, do estado de barbarização da vida.

Fiz um curso, eu tava numa mesa com Vitor Juliatto e a Vera Malaguti, curso Piratininga de Comunicação. Ele falava mídia corporativista e comercializada; daí, olhando, olhando, a gente vê que essa mídia mostra o que o patrocinador quer. Nesse caminhar de 15 anos, aprendemos muitas coisas, fizemos vários cursos para ter propriedade de falar. A mídia comercializada hoje dá espaço para pessoas negras como Djamila, Eliana, mulher do Mano Brown, Emicida; é uma mídia que nunca deu oportunidade, mas, para poder se sustentar, ter audiência, abrem e precisam desse público que antes era negado. No começo vimos que a mídia comercializada e corporativista cobrava do Estado muitas coisas, mas não cobrou sobre os Crimes de Maio. Formados de jornalistas das quebradas, fomos colocando em pauta tudo isso. Um exemplo: a Ponte Jornalismo foi parida pelas Mães de Maio, assim como outras mídias de esquerda e independentes que pontuam nossa história e a história de violações de direitos humanos. Passamos a nos alimentar da mídia alternativa, mas vimos que, quando essa mídia trazia esclarecimentos, a mídia corporativista, pra não ficar pra trás, começou a se alimentar da nossa página do Facebook, que incomodou tanto a ponto da nossa página ter sido sequestrada, mas concluímos que estavam perdendo espaço por conta da página das Mães de Maio. Observamos que a Rede Globo cobrava os ataques do PCC, mas mostraram com muito êxito as valas clandestinas onde estavam sendo enterrados os desaparecidos, após nossas cobranças a página da matéria saiu do ar e depois voltou. Foi através do enfrentamento das Mães e da cobrança, quando vimos essa matéria no dia 15 de maio de 2006, foi numa segunda-feira, eu vi uma matéria no Jornal Nacional dos mortos sendo enterrados como indigentes. (Entrevistada 2)

Essa mídia comercializada e corporativista, nas palavras da Entrevistada 2, tem a TV, mesmo em tempos de internet, como o principal meio de comunicação, pois, como lembram Eugênio Bucci e Maria Rita Kehl (2004), o que não é televisionado não existe. A falta de cobertura da mídia sobre os Crimes de Maio de 2006, mencionada pela entrevistada, leva-nos a constatar essa invisibilidade intencional. Há milhares de casos de violência policial que não chegam a ser denunciados por esses meios. Ficam relegados ao esquecimento, ampliando o sofrimento dos familiares, que não veem sua situação reconhecida, numa sociedade do espetáculo, das imagens.

Com base em Marilena Chaui (2004), mostrei que, nessa sociedade do espetáculo, os seres somente são ou existem se lhes for dada visibilidade imediata. Essa afirmação se materializa na realidade, pois, como identifico em minha experiência empírica, como militante do movimento Mães de Maio, apenas são vistos aqueles que os meios de comunicação de massa permitem. A mídia, como mediação que institui o espaço público em nossa sociedade, define quem pode ter visibilidade e como será essa visibilidade.

Se a visibilidade na mídia, nesta sociedade do espetáculo, é de que o que aparece é bom, o que aparece é o que se permite aparecer, compreende-se, por mais absurdo que seja, o porquê de tanta seletividade nas coberturas jornalísticas. Seletividade embasada em critérios que se pautam em classe, raça e gênero, visto que, nas palavras do Entrevistado 4:

> A mídia no Brasil, principalmente a chamada "grande mídia", ainda é feita, em sua maioria, por pessoas que não conhecem as bordas das grandes cidades e, muito menos, do país. Na grande mídia, infelizmente, predomina a existência da classe média, branca e heterossexual. (Entrevistado 4)

Ainda sobre a mídia hegemônica, a Entrevistada 1 fez uma ponderação direcionada à cobertura da Rede Globo:

> As pessoas falam muito da Globo, mas muita coisa a Globo mete a língua, falando que o Brasil é o país que mais mata. Dependendo de como eles abordam a situação, até ajuda, ajuda muito. Tem uns que fazem aberração das coisas, até agora os que me procuraram foram sérios, não tenho queixa. (Entrevistada 1)

Analisando essa afirmação, com base em outros trechos da entrevista e em outros momentos da militância, a Entrevistada 1 tem essa avaliação muito mais com base nas entrevistas que já concedeu para o programa Profissão Repórter, dirigido pelo jornalista Caco Barcelos e veiculado na Rede Globo semanalmente. De fato, com base em programas a que já assistimos, bem como pela proximidade da equipe de repórteres do programa com alguns familiares de vítimas, notamos que há um diferencial de atuação, que é muito mais comprometida com a busca da verdade jornalística e da visibilidade da realidade social.

2.2. Função da mídia hegemônica para a violência policial

Acerca da pergunta sobre o papel dessa mídia hegemônica para a violência policial, um dos entrevistados respondeu:

> Além de gerar estereótipos, a mídia brasileira considera ainda a voz de um agente do Estado mais relevante do que a fala de um cidadão preso de maneira justa ou injusta. O jornalismo chama essa decisão editorial de "fonte oficial". Mas o ponto-chave é: se o policial ou o coronel da polícia sempre tiver maior relevância sobre a voz dos moradores que assistem e se salvam de uma chacina promovida pela violência policial, em qual momento da sociedade esse cenário vai mudar? Nesse contexto, que é histórico no Brasil, a mídia brasileira colabora com a violência policial, permitindo que a população não tenha uma visão crítica sobre o que cada fonte e personagem relatam durante uma reportagem. (Entrevistado 3)

Como afirma o entrevistado, de fato, como demonstrei, as mídias de massa não dão visibilidade à realidade social, produzindo estereótipos negativos sobre os moradores e o viver nas periferias. As mídias alternativas têm como meta dar visibilidade ao que é invisibilizado na grande mídia, negando e denunciando essas construções. Definem como sua missão: dar visibilidade e quebrar estereótipos; seu viés formativo; a presença de forte recorte de raça, gênero e classe; abordagem cultural.

Para garantir, como dito pelo entrevistado, que a população não tenha uma visão crítica sobre os fatos, "os telejornais precisam se adequar a uma narrativa mais ou menos melodramática (o andamento dos telejornais busca capturar o telespectador pelo desejo e pela emoção)" (BUCCI; KEHL, 2004, p. 41). De fato, a militância me fez constatar que as situações de violência policial não geram empatia, não comovem a maioria da sociedade; logo, não são objeto de interesse da grande mídia.

Matérias que versam sobre grandes chacinas, como a de Osasco, podem ser adequadas para esse padrão narrativo, tanto que, para a Entrevistada 1, "a mídia é uma divulgação, se não sai na mídia ninguém fica sabendo. Muita gente ficou sabendo na época por uma matéria do Jornal Nacional, feita pelo César Galvão".

Outro ponto fundamental a ser destacado aqui é que, com a exposição repetida das representações de violência, tendemos a nos habituar e a tolerar cenas que nos horrorizam há alguns anos. Nos dias de hoje, assistimos tranquilamente a cenas que anos atrás nos fariam sair da sala. Trata-se da "elevação do padrão de tolerância em relação ao horror [...]; vamos nos acostumando à violência, como se fosse a única linguagem eficiente para lidar com a diferença; vamos achando normal [...] a eliminação do corpo do outro" (BUCCI; KEHL, 2004, p. 89). Neste viés, Eugênio Bucci, ao abordar a postura da mídia na cobertura de situações de violência, reflete que o público *tem sede de execuções, sede de polícia, de uma polícia que funcione como um bisturi, extirpando o tumor*" (BUCCI; KEHL, 2004, p. 110; grifos nossos).

E, nas palavras do Entrevistado 4, "a chamada 'grande mídia' ainda é a que atinge a maior parte da população e, com isso, tem certo controle da narrativa", que atende a essa sede de polícia citada por Bucci.

Com base no relato da Entrevistada 2, o controle de narrativa citado pelo Entrevistado 4 é viabilizado pelo fato de essa mídia:

> comercializada e corporativista ser sustentada pelo monopólio de concessão do governo brasileiro. Neste século XXI, a mídia é fundamental para dar visibilidade para esse público, um Datena da vida,

programas policialescos que incentiva a violência, que parabeniza o policial pela violência, tem um papel fundamental de explodir a violência cada vez mais e para conduzir essa sociedade racista e branca que quer nos eliminar; é a parte essencial tanto para produzir violência como para a transformação que não faz. A mídia é conduzida pelo jornalista, pelo ser humano, ele dá um rala, tenta convencer o diretor, arriscou sua vida, o diretor vai lá e desfigura o material para dar devolutiva para o patrocinador. Isso é insuportável, a dor fala mais alto, a dor vem pelo útero, e quando vemos tudo isso o útero dói, nosso útero sangra e temos que estancar essa dor. (Entrevistada 2)

Esse modo de ser da mídia, citado pela Entrevistada 2, caracteriza-se, nas palavras de Chaui (2004), por uma imediatez persuasiva e exclusiva, que só é capaz de propor e provocar atos sem mediação, por isso a mídia é violenta e sua violência transita livremente no interior dos indivíduos e da sociedade. Essa mídia oculta o Brasil real, nas palavras da autora, apagando as diferenças sociais e regionais reais ou reduzindo-as a aspectos folclóricos. Esse ocultamento é operado por duas vias preferenciais: pela omissão de fatos reais ou por sua apresentação já interpretada pelo dueto fato-ficção, pois transforma o fato em fantasmagoria e a ficção em realidade cotidiana.

A Entrevistada 2 citou também o oligopólio da grande mídia. Essa afirmação é assertiva, pois, como mostrei no segundo capítulo, a pesquisa de Monitoramento da Propriedade da Mídia (Media Ownership Monitor ou MOM), financiada pelo governo da Alemanha e realizada em conjunto com a ONG brasileira Intervozes e a Repórter Sem Fronteiras (RSF) baseada na França, comprova que no Brasil cinco famílias controlam metade dos veículos de comunicação com maior audiência no país. Essas cinco famílias têm como negócio outra coisa, que não é jornalismo, e seu negócio também não é a veiculação de direitos humanos. As grandes redes de televisão aberta têm como negócio "a atração dos olhares da massa para depois vendê-los aos anunciantes. E esse negócio impõe uma ética estranha à velha ética jornalística" (BUCCI; KEHL, 2004, p. 130).

2.3. Mídia radical alternativa e sua função social

Essa categoria visa qualificar a coleta de dados junto aos entrevistados. Ao demarcar bem as diferenças entre mídia hegemônica e mídia alternativa, foi possível obter respostas que trouxeram grande contribuição para a compreensão do tema. Indagados sobre o que entendem sobre mídias alternativas, os entrevistados responderam:

Eu entendo que mídia alternativa é o resultado de um processo de elaboração de convencimento sobre a atuação política e unilateral da mídia brasileira, trazendo para o campo de reflexões sobre o nosso país. Essa análise crítica da mídia permite a comunicadores, cidadãos e jornalistas criarem novos conceitos, técnicas e práticas de comunicação que pretendem de alguma maneira solucionar os problemas de acesso à informação e compreensão da realidade que as mídias tradicionais geram há décadas na população brasileira. Esse campo da mídia alternativa é muito amplo, pois ele se adapta às principais lutas por direitos de estados, cidades, periferias e favelas. Daí emerge uma cultura de informar que cresce cada vez mais no Brasil e que hoje já dá sinais de que pode gerar grandes mudanças no *status quo*, pelo fato dessas iniciativas estarem mais próximas dos locais onde os fatos acontecem e terem acesso aos moradores para contar histórias mais elaboradas e ricas em detalhamento de fatos da sociedade, como, por exemplo, combatendo assim o padrão raso de informar da mídia brasileira. (Entrevistado 3)

Veículos de comunicação que não contam com apoio estatal ou partidário e que tentam, a todo momento, fazer frente à narrativa da "grande mídia". (Entrevistado 4)

As contribuições dos entrevistados 3 e 4 corroboram a premissa de que redes de comunicação descentralizadas e projetos de comunicação alternativa podem engendrar uma resistência nacional e internacional contra a crise de civilização que atravessamos. Os diversos núcleos de produção de *mídia alternativa*, tais como a Ponte Jornalismo e o Desenrola e Não Me Enrola, são uma força relevante na nova forma de comunicação que vem se constituindo. Partindo da insatisfação com as mídias corporativas, que, como vimos em Chaui (2017), estariam comprometidas com os "interesses do capital", essas mídias visam oferecer uma outra maneira de pensar a função transgressiva da comunicação.

Sobre a afirmação do Entrevistado 4 de que essas mídias não contam com apoio estatal e partidário, é importante destacar que, segundo pesquisa do Fórum Comunicação e Territórios, detalhada no segundo capítulo, as iniciativas alternativas de mídia tiveram início em meados dos anos 1990, com jornais impressos, rádios e fanzines que já disputavam o direito à comunicação, contrapondo-se à lógica hegemônica.

Justamente pela ausência de recursos financeiros, as iniciativas *on-line* de comunicação são as mais utilizadas, por serem mais baratas, pois os insumos básicos, como computadores e internet, são próprios do jornalista. Já jornais, rádios e iniciativas de audiovisual apontam o custo da produção como desafio constante. Além de caros, os insumos são ou coletivos, ou de uso fora do cotidiano, como mesas de som e lentes.

Acerca da categorização de mídia alternativa, o autor que mais se aproximou da definição oferecida pelos jornalistas entrevistados foi John Downing (2002). Ele desenvolveu o conceito de mídia radical alternativa, que engloba diversas formas, tais como: rádios livres, fanzines, tevês comunitárias, *websites*, teatro de rua, grafite, filmes, vídeo e dança, que expressam uma visão contrária às perspectivas hegemônicas, discutidas anteriormente. A designação radical foi adicionada ao termo mídia para demarcar o sentido de alternativa.

O autor faz algumas ressalvas sobre essa mídia, que julgamos pertinente retomar na análise. Ele afirma que, dependendo do ponto de vista do observador ou ativista, tais mídias podem representar as mídias libertárias, mas também forças negativas, como as mídias racistas, fascistas e fundamentalistas; podem incluir, em certas circunstâncias, as mídias de minorias étnicas, comunitárias e religiosas, dependendo do conteúdo e do contexto; apresentam-se numa multiplicidade de formatos; compartilham o objetivo de romper com as regras estabelecidas; são mais democráticas na sua organização interna do que a mídia estabelecida e têm poucos recursos:

> A mídia radical serve para dois propósitos: a) expor verticalmente as demandas dos setores mais baixos em oposição direta à estrutura de poder e seu comportamento; b) obter, horizontalmente, apoio e solidariedade para construir redes contrárias e políticas públicas ou mesmo a sua sobrevivência de estrutura de poder. [...] a mídia radical alternativa tem como matriz genérica a cultura popular [...]; a pauta da mídia radical é relativamente independente da pauta dos poderes estabelecidos, ao mesmo tempo que faz parte do tecido social [...]; seu conteúdo sugere que a estrutura política e econômica precisa de uma mudança urgente, *mesmo que as mudanças estejam fora do seu alcance, assumindo o papel de manter viva a visão de como as coisas poderiam ser, até tais coisas serem executáveis.* (DOWNING, 2002, p. 27; grifos nossos)

Corroborando a análise de Downing, a Entrevistada 2 afirma que a mídia alternativa:

> É tão importante para inclusão dos excluídos, traz os gritos dos excluídos, traz o grito da sociedade marginalizada pela burguesia, pela branquitude, *traz não o fatiamento da história, mas a história verídica. A mídia alternativa tem coragem de expor o que tá ali, sem montagem, para denunciar e fazer a transformação da negação dos direitos.* (Entrevistada 2; grifos nossos)

Na mesma perspectiva, a Entrevistada 1 reflete:

> Eu não conhecia essas mídias, fui entender depois dessa tragédia, eu gosto deles, são corajosas, matam um leão por dia, eu dou muito valor, *eles são meu grito* (Entrevistada 1; grifos nossos).

Ambas as mães de vítimas afirmam que as mídias alternativas são o grito dos excluídos, o grito delas. Afirmam também a coragem dos sujeitos envolvidos nessa construção. A Entrevistada 2 faz mais uma contribuição importante ao referir que essas mídias não fazem o fatiamento da história, contam a história como ela é, não a manipulação do que interessa numa sociedade do espetáculo.

Sobre a função da mídia radical alternativa para a sociedade:

> O papel deve ser simples: emancipar o cidadão com informações que mostrem pra ele que ele também pode e tem instrumentos para construir a sociedade. Sem isso acontecer, estaremos condenados pela desinformação e manipulação da informação. (Entrevistado 3)

Conforme relatado pelos entrevistados, as mídias alternativas visam combater a desinformação e a manipulação das informações feitas pela grande mídia, visam ainda emancipar o cidadão e ampliar a voz dos que não foram ouvidos, ecoando os gritos destes, tal como também disseram os familiares das vítimas: *"Ampliar a voz dos cidadãos comuns, do povo, daqueles que ainda não foram ouvidos"* (Entrevistado 4; grifos nossos).

Marx nos fornece uma definição sobre a função da imprensa, definição extremamente relevante para a nossa pesquisa. Nas palavras dele:

> A função da imprensa é ser [...] o denunciador incansável dos dirigentes, o olho onipresente, a boca onipresente do espírito do povo que guarda com ciúme sua liberdade [...]; *é o dever da imprensa tomar a palavra em favor dos oprimidos à sua volta.* (MARX, 2006, *apud* SALES, 2011, p. 71; grifos nossos)

O autor, ainda no século XIX, foi cirúrgico com essa definição que vai ao encontro da nossa defesa sobre o papel das mídias na sociedade. Vergonhosamente, já no século XXI, vemos que a nossa mídia, na contramão do que Marx defendeu, está do lado dos dirigentes, ajudando a manter o *status quo* e a criminalizar as vítimas de direitos humanos, como vimos no primeiro capítulo, jovens negros e periféricos.

Um aspecto importante, apontado pelas mães em suas respostas, refere-se ao uso da produção feita pelas mídias alternativas e pelas mídias de massa.

> Têm um papel importante que acabam sendo fonte para mídias grandes saberem por eles, por exemplo UOL, pela internet, que é uma fonte. Às vezes tem um menino da Ponte aqui, ele faz a matéria e coloca na internet e outra mídia pega. Eu não entendo muito disso, mas penso isso. (Entrevistada 1)

> Quando sumiu a página das Mães, quem me contou foi um repórter do *Estadão*, eles acordavam e iam se alimentar do que postávamos ali, se alimentar das nossas informações. Toda mídia comentou, até fora do Brasil. Era um perfil, tivemos que fazer uma página, eles queriam que a gente colocasse uma foto do RG do responsável da página. Ficamos mais ou menos 15 dias fora do ar, quando voltou, voltou vazia. (Entrevistada 2)

Foi muito interessante a resposta de ambas, que pontuaram o quanto a grande mídia faz uso da produção da mídia alternativa. De diferentes formas, as duas entrevistadas trouxeram à tona esse aspecto — não citado pelos entrevistados jornalistas. O fato pode não ser um problema, desde que o uso da fonte primária gere visibilidade honesta na grande mídia e não uma visibilidade manipulada, fatiada, como dito pela Entrevistada 2.

3. ARTICULAÇÃO ENTRE OS MOVIMENTOS SOCIAIS E AS MÍDIAS ALTERNATIVAS

3.1. Quais mídias radicais alternativas apoiam os movimentos no enfrentamento da violência policial?

Para essa pergunta, feita aos quatro entrevistados, destaco as seguintes respostas:

> Ponte Jornalismo, Alma Preta, Periferia Em Movimento, Jornal Fala Roça, TV Quilombo, Instituto Mídia Étnica, Alma Preta, Nós Mulheres da Periferia, Desenrola e Não Me Enrola, Terra Sem Males, Agência Tambor, Frente de Comunicação da Maré, entre tantas outras. (Entrevistado 3)

> Ponte Jornalismo, Agência Pública e Alma Preta. (Entrevistado 4)

As entrevistadas 1 e 2 não nomearam quais mídias, embora em outros pontos da entrevista tenham citado muito a Ponte Jornalismo. Ambas trouxeram mais elementos sobre como tais mídias ajudam os movimentos sociais de familiares de vítimas.

> Quando se grava a violência nas favelas, as execuções, vários vídeos feitos pela população servem como prova da violência policial, a mídia alternativa pega e publica. (Entrevistada 2)

> São nossas porta-vozes, se não fosse essa mídia, pois eu não vou no estúdio da Globo falar isso e isso, eu não vou estar na Globonews, é através da Ponte que a notícia chega lá, vindo dos meninos que tá na rua, como o Profissão Repórter. Eu gosto dos meninos, eu tenho muita liberdade com eles, qualquer um deles chega aqui, toma café, se eu chegar perto do Bonner não falo nem A (risos). (Entrevistada 1)

As mães destacaram novamente a importância das mídias alternativas e trouxeram um novo elemento: as informações que os próprios familiares produzem com seus celulares. Gravações em tempo real da violência feita pela polícia têm sido muito utilizadas por essas mídias, que prontamente as veiculam em suas redes, constroem a matéria escrita, denunciam, acionam a Ouvidoria e outros órgãos necessários. Têm as gravações caseiras, feitas pelos celulares dos familiares, vizinhos, amigos, testemunhas em geral, conforme dito pela Entrevistada 2; têm sido exemplares em chegar com a notícia

TECENDO RESISTÊNCIAS: TRINCHEIRAS CONTRA A VIOLÊNCIA POLICIAL

acontecendo, com a violência acontecendo, sendo usadas inclusive como prova no processo judicial.

Já a Entrevistada 1 reforça o aspecto de que a produção da mídia alternativa alimenta a grande mídia. Destaca também outro aspecto fundamental: a relação estabelecida com esses jornalistas alternativos, demonstrando que se sente mais confiante, tem liberdade para contar os fatos ocorridos, percebe empatia e solidariedade nessa relação. Esse aspecto afetivo em situações de violência e muito sofrimento é, sem dúvida, essencial.

3.2. Sobre a articulação entre mídias alternativas e movimentos sociais no enfrentamento da violência policial

Perguntamos aos entrevistados 3 e 4 se entendem que há articulação entre mídias alternativas e movimentos sociais no enfrentamento à violência policial e a resposta deles foi:

> Em alguns campos sim, em outros não. No caso do Desenrola, nós estamos bem próximos dos movimentos sociais que lutam pelos direitos à moradia, educação e cultura. Nosso papel é principalmente apoiar na cobertura de atos, produzir notícias para mobilizações de público, realizar entrevistas com lideranças. Essas são as nossas principais contribuições. E, como nós, há uma série de outras iniciativas de comunicação que fazem algo semelhante dentro e fora das periferias e favelas. (Entrevistado 3)

> Sim, a ligação entre a Ponte Jornalismo e o movimento Mães de Maio é algo bastante forte. A agenda das Mães de Maio sempre será prioridade na cobertura jornalística da Ponte. (Entrevistado 4)

As respostas dos entrevistados jornalistas demonstram que as mídias às quais estão vinculados têm um compromisso genuíno em dar visibilidade à realidade cruel da violência policial. A cobertura dos atos, a sistematização de notícias, dar voz ao grito dos familiares de vítimas são estratégias do cotidiano dessas mídias e expressam sua razão de ser nesta sociedade.

> Muito forte, muito forte, todo o movimento social tem uma mídia, a tecnologia favorece, temos a habilidade do celular, até as próprias mães fazem a mídia, às vezes faz o texto e joga na rede social. As mídias alternativas nos procuram e a partir destes materiais produzidos pelas mães essas mídias vão atrás. (Entrevistada 2)

A Entrevistada 2, integrante de movimento de familiares, traz o elemento do protagonismo dos familiares para produzirem as notícias — denúncias, muitas vezes a partir de postagens na página do movimento, são procuradas para darem mais informações e, a partir dessa integração, nasce a matéria mais elaborada na mídia alternativa. No caso desse movimento, contando com a cobertura consequente e assídua da Ponte Jornalismo.

Compreendo que nesta sociedade em que a polícia materializa uma estrutura social com um modo de socialização que tem o racismo como um de seus componentes orgânicos, os movimentos sociais de familiares de vítimas e mídias alternativas são imprescindíveis para se contrapor e denunciar essa forma de violência.

É importante deixar nítido, como nos ensina Silvio de Almeida (2018), que as instituições são racistas porque a sociedade é racista. O racismo é parte da ordem social, não é algo criado pela instituição, mas é por ela reproduzido, pois temos uma estrutura social constituída por inúmeros conflitos — de classe, raciais, sexuais etc. O racismo está presente na vida cotidiana e as instituições que não tratarem a desigualdade social de maneira ativa, e como um problema, irão facilmente reproduzir as práticas racistas já tidas como "normais" em toda a sociedade.

TECENDO RESISTÊNCIAS: TRINCHEIRAS CONTRA A VIOLÊNCIA POLICIAL

Como abordei mais detidamente no primeiro capítulo, aprofundando agora à luz das falas de duas mães de vítimas, a polícia paulista reproduz o racismo, tem suas práticas permeadas pelo racismo, efetivando-se, como afirma Silvio de Almeida, em atos concretos. Os policiais têm jovens negros e periféricos como seus principais alvos de todas as formas de violência possíveis. Tanto Fernando como Rogério tiveram suas mortes consumadas por serem jovens negros.

> Em resumo: o racismo é uma decorrência da própria estrutura social, ou seja, do modo "normal" com que se constituem as relações políticas, econômicas, jurídicas e até familiares, não sendo uma patologia social e nem um desarranjo institucional. O racismo é estrutural. [...]. (ALMEIDA, 2018, p. 33)

Para o autor, num mundo em que a raça define a vida e a morte, não a tomar como elemento de análise das grandes questões contemporâneas demonstra a falta de compromisso com a ciência e com a resolução das grandes mazelas do mundo.

A superioridade econômica e racial estabelece uma desumanização e, para tanto, o grupo discriminado é visto como sujeito que tem uma versão de humanidade que pode ser controlada, na forma do que podemos denominar de um sujeito colonial. Em vez de destruir a cultura, é mais inteligente determinar qual o seu valor e seu significado. Os sujeitos dizimados pelo Estado, pela ação truculenta da polícia militar paulista, são considerados sujeitos de menor valor, logo, com menor importância social, passíveis de ser exterminados.

É nesse contexto de racismo e genocídio, numa gestão de necropolítica, que a articulação entre estes dois sujeitos: mídias alternativas e movimentos sociais, conforme vimos, é absolutamente necessária. Ao desnudar e ecoar as barbáries da realidade social, estruturalmente racista e classista, os movimentos sociais de familiares de vítimas prestam um serviço importante à sociedade. As mídias alternativas captam o pedido de ajuda dos familiares, garantem que essas demandas ressoem e ecoem de forma mais qualificada, tendo em vista que, como vimos, além de ter uma missão nítida de democratizar a informação, viabilizando que a realidade social chegue sem manipulação às pessoas, tais mídias contam com técnicas específicas para que essa missão se materialize. Também são, como vimos na análise, produtoras de conteúdos que têm sido acessados por algumas mídias hegemônicas.

Essa articulação, a qual busquei demonstrar neste livro, é orgânica, diuturna, pois, como abordado no primeiro capítulo, essa expressão de violência aumenta de forma avassaladora e 24 horas por dia. Ambos os movimentos e as duas mídias que contribuíram expressivamente para a realização deste trabalho lidam com novas situações em que mais meninos negros e periféricos foram assassinados pelo Estado. A articulação entre movimentos sociais e mídias alternativas é crucial por incidirem, enfrentarem e se contraporem à violência policial. Juntos, têm uma força revolucionária que tem salvado jovens brasileiros de entrarem para as estatísticas dessa violência e dificultado a perpetuação dessa engrenagem perversa.

Conclusão

Esta obra é resultante da minha tese de doutorado, que teve como objetivo identificar a articulação entre movimentos sociais e mídias alternativas no enfrentamento da violência policial.

Nesse percurso de estudos sobre esse tipo de violência institucional, identifiquei alguns pressupostos de análise imprescindíveis, dentre os quais o de que a violência e a arbitrariedade são traços marcantes nas relações sociais entre Estado e sociedade. Embora juridicamente o Brasil seja um Estado democrático de direito, a realidade é que em nosso país está implantado um padrão de controle social na contramão dessa perspectiva democrática e civilizatória. Desse modo, minhas reflexões apontam que, em pleno regime democrático, ocorrem as mais bárbaras violações de direitos, o que nos exige materializar a defesa intransigente dos direitos humanos, como uma questão ético-política fundamental.

No exame teórico realizado, destaquei o papel que o Estado cumpre nesta sociedade ao sustentar a estrutura de classes e as relações de produção. Para exercer essa função, o Estado age para controlar as ameaças advindas da classe trabalhadora valendo-se do seu braço forte, a polícia militar.

Com base nesses pressupostos e para compreender de forma mais aprofundada a polícia como estratégia de controle estatal e braço repressivo do Estado, investiguei as origens da polícia, aproximando a leitora e o leitor, via referenciais teóricos, da realidade de outros países, até o estudo da polícia militar no Brasil. Apresentei a lógica institucional que alicerça a violência policial em nosso país hoje, sobretudo no que se refere ao contexto paulista, mostrando o que é a polícia e seu papel na sociedade.

Nessa imersão na gênese da polícia, tracei um percurso teórico objetivando investigar se a forma arbitrária na qual nossa polícia está enraizada diz respeito à instituição ou se é algo incorporado ao Brasil, vinculado à nossa constituição como sociedade. Dentre os renomados autores que subsidiaram nossa imersão sobre a polícia, recorri a Dominique Monjardet (2012), que me ajudou a compreender o papel da instituição ao afirmar que a polícia tem uma função elementar em toda sociedade: a regulação pública da violência privada. Essa força pública é calibrada de maneira a vencer qualquer força "privada", e toda manifestação de força policial é sempre suscetível de escalada, até ser atingido o *quantum* de força requerido. O autor problematiza que, nas democracias ocidentais, as polícias recorrem com muito menos frequência "à força" do que à força "simbólica", ou à representação da força. O uso da força deve ser bem mais raro, por revelar logo seus limites.

Como demonstrei, o Brasil, como democracia ocidental, está na contramão dessa afirmação do autor. O raro em nosso país é não usar a força excessiva. Aqui, abordagens truculentas, torturas, execuções sumárias e desaparecimentos forçados são a regra. Nossa polícia é conhecida como uma das mais letais do mundo e, como vimos, nasceu e se constituiu junto com o Brasil.

Na historicização que realizei, vimos que a polícia tem seu nascimento datado de 1530, 30 anos após a invasão portuguesa no Brasil, passando por sucessivas reformulações nos séculos seguintes, até a chegada da família real ao país em 1808, marco importante, pois nessa época foi criado um exército para proteger a conquista de Portugal diante da ebulição mercantil.

Demonstrei que as práticas perversas e as correspondentes concepções racistas e autoritárias têm a idade das instituições policiais no

Brasil, as quais, como problematizamos na tese, antes da nomeação de polícia que conhecemos hoje, já se faziam presentes, pois nunca faltaram capatazes nem capitães do mato para caçar, supliciar e matar escravos fugitivos ou rebelados.

Deixei nítido que o aparato de segurança pública que temos atualmente se fundamenta na perspectiva da violência policial, e é voltado para a contenção e o controle da classe trabalhadora. Essa perspectiva está na contramão da concepção de segurança como bem público, tarefa do Estado em sua provisão, como preconiza o art. 144 da Constituição Federal de 1988.

A partir dessas percepções teóricas que reforçaram minhas percepções prévias oriundas das pesquisas realizadas até então e da militância no movimento Mães de Maio, identifiquei como a violência da polícia brasileira tem reflexos nas relações sociais cotidianas. Na pesquisa de campo obtive respostas surpreendentes que nos revelaram, tal como apresentei no capítulo I, como essa forma de violência é histórica, estrutural, sistêmica e arraigada na sociedade brasileira, sendo muito emblemática na cidade de São Paulo.

As entrevistas evidenciaram a realidade da violência policial brasileira, com enfoque na realidade paulista. Nos relatos das mulheres, mães de vítimas da violência policial, ficou claro que, antes mesmo de terem suas vidas atravessadas e afetadas pela perda brutal de seus filhos, elas já conheciam bem esse tipo de violência por terem vivido a vida toda na periferia, por sempre terem visto abordagens violentas e, depois, pelo assassinato de seus filhos.

Nesse mesmo viés, os entrevistados jornalistas relataram que conheciam essa expressão de violência por também serem moradores de regiões periféricas. Conforme problematizei, nessas regiões, onde a classe trabalhadora sobrevive, o Estado se faz presente com a truculência do seu braço armado, a polícia militar. Esse modo de agir com os cidadãos se materializa desde as abordagens violentas, humilhações e detenções até a forma mais severa e absolutamente arbitrária: a execução sumária, além dos desaparecimentos forçados.

Essa postura violenta do Estado via ação policial foi mantida mesmo em 2020, ano em que teve início a pandemia de covid, obrigando-nos a um isolamento social mais rígido. Como mostrei, a letalidade policial foi expressiva, e o Estado repressor se aproveitou da condição de necessário isolamento social e afastamento dos movimentos sociais e mídias independentes das ruas para seguir sua lógica de opressão. Muitos Fernandos e Rogérios são dizimados cotidianamente, outras famílias e novas mães diariamente são lançadas na arena da luta por justiça, sendo obrigadas a se formar militantes.

As milhares de vítimas da letalidade policial têm classe e raça. Nesse sentido, a pesquisa desenvolvida reiterou ser imprescindível discutirmos o racismo, situando-o como eixo dorsal dessa violência de Estado policial existente. Aprendemos e refletimos com Silvio de Almeida (2018) que as instituições são racistas porque a sociedade é racista. A polícia paulista reproduz o racismo, tem suas práticas permeadas pelo racismo, efetivando-se, como afirma o autor, em atos concretos. Os policiais têm jovens negros e periféricos como seus principais alvos de todas as formas de violência possíveis. Tanto Fernando como Rogério tiveram suas mortes consumadas por serem jovens negros.

A pesquisa de campo evidenciou achados importantes sobre outras formas usadas pelo Estado para referendar sua coerção utilizando seu braço armado. O aspecto ideológico de que cabe, sim, ao Estado o dever civil de manter o *status quo* custe o que custar ganhou força nesta quadra da história via ascensão ao poder de governantes do campo da ultradireita. Abordei que tanto à frente da Presidência da República como do governo de São Paulo, tivemos governantes incentivadores da violência policial, sobretudo ao fazer falas na linha de "bandido bom é bandido morto" ou mesmo parabenizando ações de violência. Ambos, por essa postura, têm as mãos sujas desse sangue jovem, negro e periférico. Repudiamos veementemente tais posturas de autoritarismo.

Apresentamos de forma fundamentada, dialogando com a realidade trazida pelas(os) entrevistadas(os), que o Estado brasileiro e o

TECENDO RESISTÊNCIAS: TRINCHEIRAS CONTRA A VIOLÊNCIA POLICIAL

paulista têm atuado no papel de soberanos, "exercendo controle sobre a mortalidade e definindo a vida como a implantação e manifestação de poder" (MBEMBE, 2018, p. 5). O Estado decide deliberadamente quem deve morrer, quem tem direito a ser preso ou mesmo viver amontoado nos depósitos de seres humanos que são as prisões brasileiras, ou ser executado, sem direito ao devido processo legal, indo para os cemitérios, como afirmou o ex-governador do estado de São Paulo.

Acerca das estratégias de resistência à violência policial, identifiquei que os movimentos sociais de familiares de vítimas surgem a partir da necessidade dessas mulheres negras e periféricas de denunciar a morte violenta de seus filhos. Na revisão teórica que realizei, no segundo capítulo, apontei não ter sido possível localizar nas teorias dos movimentos sociais existentes referências a movimentos sociais dessa natureza, formados com essa especificidade da denúncia pela morte violenta de pessoas. As teorias clássicas, exaustivamente utilizadas como base teórica das pesquisas que versam sobre movimentos sociais, não têm uma perspectiva marxista de análise e pouco nos auxiliaram, visto que, para além de negarem a questão de classe existente, não tocam na questão das mobilizações realizadas por mulheres e, no caso do nosso estudo, por mães de vítimas da violência policial. Os elementos maternidade e perda tratados por Matheus Almeida (2020) são fundamentais para a compreensão da constituição desses movimentos. Esses elementos produzem articulação e mobilização política, dando nome e sentido a diversos "Movimentos de Mães" que se espalham pelo país (e mesmo além-fronteiras).

Dos achados importantes evidenciados pelos movimentos sociais entrevistados, destacamos que eles têm enfrentado atualmente a sofisticação da criminalização de suas lutas. Vimos um exemplo de realidade, ocorrido em meados de fevereiro de 2021, durante a audiência de julgamento de dois policiais envolvidos na Chacina de Osasco. O advogado de um dos PMs expôs ao júri fotos nas quais nossa entrevistada aparecia em manifestações com a bandeira das Mães de Maio, criminalizando o movimento de familiares, descredibilizando a entrevistada perante o júri popular. Apresentou também um vídeo de 2015, no qual uma promotora ataca as Mães de Maio, acusando-as de terem "herdado" biqueiras de seus filhos traficantes, mortos pela PMSP, sem provar tais acusações.

Outro achado que avaliamos ser importante demarcar refere-se ao papel do meio acadêmico. Os movimentos sociais afirmaram que a academia precisa assumir seu papel de transformar a realidade e os sujeitos. Precisa zelar pelas pesquisas, pelo compromisso de seus pesquisadores com os sujeitos entrevistados. Referiram que os pesquisadores usam os movimentos e depois nunca mais procuram as mães, nem sequer para socializar a produção ou mesmo apoiar na militância. Sobre esse aspecto, entendemos que a academia tem o dever ético-político de disseminar o conhecimento crítico produzido e auxiliar na desconstrução das narrativas que reforçam a violência policial, contrapondo-se aos discursos de ódio e ao ideário de que essa violência seja natural, algo dado, impossível de ser enfrentada. Atuando alheia à realidade desvelada e denunciada em nossa tese, a academia continuará a ajudar na manutenção da instituição polícia como violadora de direitos humanos.

No campo dos achados interessantes, destaco também que as mães de vítimas trouxeram à tona a percepção de que a grande mídia faz uso da produção da mídia alternativa, produzindo suas matérias baseadas no que foi previamente produzido por esta última. Fazem uso também das denúncias feitas pelos movimentos em suas redes sociais, principalmente o Facebook, contatando as mães para saber sobre mais denúncias. Não vejo essa questão como um problema, desde que o uso da fonte primária gere visibilidade honesta na grande mídia e não uma visibilidade manipulada, fragmentada, como dito pelas mães.

Demonstrei que os movimentos sociais reconhecem a importância das mídias alternativas. Nas entrevistas, descobri outro elemento, um achado importante para a tese: o uso recorrente das informações que os próprios familiares produzem com seus celulares. São gravações em tempo real, da violência feita pela polícia, posteriormente muito utilizadas pelas mídias alternativas que prontamente as veiculam em suas redes, constroem a matéria escrita, denunciam, acionam a Ouvidoria e outros órgãos necessários. Essas mídias têm sido exemplares em chegar junto com a notícia acontecendo, com a violência sendo perpetrada. Esses registros têm sido usados inclusive como prova em alguns processos judiciais.

Minha hipótese de que os movimentos de familiares de vítimas, em articulação com as mídias alternativas, interferem na realidade social foi confirmada a partir dos relatos das(os) entrevistadas(os). As respostas evidenciaram essa articulação. Os movimentos sociais verbalizaram que resistem à violência policial via ação direta, ida a atos de rua, fazendo denúncias, não sucumbindo ou silenciando diante da barbárie sofrida. As mídias independentes posicionaram-se atuando contra a desinformação, pelo direito à memória, afirmando a importância de estarem articuladas aos movimentos de forma a manter a informação conectada à realidade do povo preto e periférico.

Movimentos sociais e mídias independentes atuam na contracorrente das narrativas das mídias de massa, as quais, como pesquisei, não dão visibilidade à realidade social, produzem estereótipos negativos sobre os moradores e o viver nas periferias. Impedem que a população tenha uma visão crítica sobre os fatos. Na contramão dessa lógica, as mídias alternativas têm como meta dar visibilidade ao que é invisibilizado na grande mídia, negando e denunciando essas construções. Têm como missão: dar visibilidade e quebrar estereótipos; seu viés formativo; a presença de forte recorte de raça, gênero e classe; a abordagem cultural.

Os diversos núcleos de produção de *mídia alternativa*, tais como Ponte Jornalismo e o Desenrola e Não Me Enrola, que foram sujeitos de nossa pesquisa de campo, são uma força relevante na nova forma de comunicação que vem se constituindo. Partindo da insatisfação com as mídias corporativas, que, como vimos com Marilena Chaui (2017), seriam comprometidas com os "interesses do capital", essas mídias visam oferecer uma outra maneira de pensar a função transgressiva da comunicação.

Com base nos referenciais teóricos, como John Downing, bem como dos entrevistados jornalistas, entendo como mídias radicais as mídias que *"trazem não o fatiamento da história, mas a história verídica. A mídia alternativa tem coragem de expor o que tá ali, sem montagem, para denunciar e fazer a transformação da negação dos direitos"* (Entrevistado 3, grifos nossos).

A relação estabelecida entre movimentos sociais e mídias alternativas foi evidenciada na pesquisa de campo como uma relação pautada pela confiança. As mães afirmaram que se sentem livres para contar os fatos ocorridos, percebem empatia e solidariedade nessa relação. Esse aspecto afetivo em situações de violência e muito sofrimento é, sem dúvida, essencial e, a nosso ver, é um achado importante.

Ao fim, aponto afirmativamente a nossa hipótese de que, nesse contexto de racismo, genocídio e numa gestão de necropolítica, a articulação entre esses dois sujeitos, mídias alternativas e movimentos sociais, conforme demonstrei, é absolutamente necessária e efetiva. Os movimentos sociais de familiares de vítimas desnudam e ecoam as barbáries da realidade social, estruturalmente racista e classista, prestando um serviço importante à sociedade. As mídias alternativas captam o pedido de ajuda dos familiares, garantem que essas demandas ressoem e ecoem de forma mais qualificada, tendo em vista que, como apresentei, tais mídias, além de ter uma missão nítida de democratizar a informação, viabilizando que a realidade social chegue sem manipulação às pessoas, também são produtoras de conteúdos que têm sido acessados por algumas mídias hegemônicas.

A referida articulação é orgânica e diuturna, pois, como abordei no primeiro capítulo, essa expressão de violência cresce de forma avassaladora, e movimentos sociais de familiares e as mídias alternativas mantêm-se em articulação 24 horas por dia, pois recebem novas demandas de que mais meninos negros e periféricos foram derrubados pelo Estado.

Compreendo que ainda há muito a se investigar acerca da articulação identificada. Este estudo, portanto, pode colaborar para um panorama a respeito desse debate. Ademais, abre espaço para empreendermos novas caminhadas investigativas. Espero que esta construção seja amplamente compartilhada para que desperte o interesse pelo debate em questão.

Com base no Código de Ética Profissional dos Assistentes Sociais e no projeto ético-político do Serviço Social, ou seja, nos valores e nos princípios que devem ser o norte e a base da nossa atuação profissional (cf. BARROCO, 2001), entendo que este livro está em consonância com a defesa intransigente dos direitos humanos, ao denunciar a violência policial, mas também por desvelar a realidade das estratégias de resistência e enfrentamento, via articulação entre movimentos de familiares de vítimas da polícia e mídias alternativas.

Referências

ABRAMIDES, Maria Beatriz Costa; DURIGUETTO, Maria Lúcia (org.). *Movimentos sociais e Serviço Social*: uma relação necessária. São Paulo: Cortez, 2015.

ALMEIDA, Ângela Mendes de. *Estado autoritário e violência institucional*. Meeting of the Latin American Studies Association. Montreal, Canadá, 5-8 set. 2007.

ALMEIDA, Ângela Mendes de. *O papel da opinião pública na violência institucional*. Meeting of the Latin American Studies Association. Rio de Janeiro, 11-14 jun. 2009.

ALMEIDA, Ângela Mendes de. Direita e esquerda no pós-golpe de 2016. *In*: LEONÍDIO, Adalmir *et al.* (org.). *Golpe & democracia no Brasil*. São Paulo: Hucitec, 2020.

ALMEIDA, Magali da Silva. *Mulher negra militante:* trajetórias de vida, identidade e resistência no contexto da política de ações afirmativas na Universidade do Estado do Rio de Janeiro. 2011. Tese (Doutorado em Serviço Social) — Programa de Pós-Graduação em Serviço Social, Pontifícia Universidade Católica do Rio de Janeiro, Rio de Janeiro, 2011.

ALMEIDA, Magali da Silva. Desumanização da população negra: genocídio como princípio tácito do capitalismo. *Revista Em Pauta*, v. 12, n. 34, 2014.

ALMEIDA, Matheus. Mães paridas por seus filhos: o Movimento Mães de Maio frente à democracia das chacinas. REUNIÃO BRASILEIRA DE ANTROPOLOGIA, 32., 2020, Rio de Janeiro. *Anais* [...]. Rio de Janeiro, 2020.

ALMEIDA, Silvio Luiz de. Estado, direito e análise materialista do racismo. *In*: KASHIURA JR., Celso Naoto; AKAMINE JR., Oswaldo; MELO, Tarso M.

de (org.). *Para a crítica do direito*: reflexões sobre teorias e práticas jurídicas. São Paulo: Dobra Universitário, 2015.

ALMEIDA, Silvio Luiz de. *O que é racismo estrutural?* Belo Horizonte: Letramento, 2018.

ALONSO, Angela. As teorias dos movimentos sociais: um balanço do debate. *Lua Nova*: Revista de Cultura e Política, São Paulo, n. 76, 2009.

ARANTES, Paulo. *Extinção*. São Paulo: Boitempo, 2007. (Coleção Estado de Sítio).

ARCARY, Valério. Duas teses sobre a situação internacional. *In*: ABRAMIDES, Maria Beatriz Costa; DURIGUETTO, Maria Lúcia (org.). *Movimentos sociais e Serviço Social*: uma relação necessária. São Paulo: Cortez, 2014.

ASSUNÇÃO, Clara. Mães de Maio denunciam Brasil à OEA por respostas sobre desaparecimentos forçados. *Brasil de Fato*, 13 maio 2021. Disponível em: https://www.brasildefato.com.br/2021/05/13/maes-de-maio-denunciam-brasil-a-oea-por-respostas-sobre-desaparecimentos-forcados. Acesso em: 28 fev. 2024.

BARROCO, Maria Lucia Silva. *Ética e Serviço Social:* fundamentos ontológicos. São Paulo: Cortez, 2001.

BAYLEY, David H. *Padrões de policiamento*: uma análise internacional comparativa. Tradução: Renê Alexandre Belmonte. 2. ed. 2. reimpr. São Paulo: Edusp, 2017. (Coleção Polícia e Sociedade).

BORGES, Rosane. O que é necropolítica. E como se aplica à segurança pública no Brasil. *Ponte Jornalismo*, 25 set. 2019. Disponível em: https://ponte.org/o-que-e-necropolitica-e-como-se-aplica-a-seguranca-publica-no-brasil/. Acesso em: 4 ago. 2020.

BORGES, Thiago. Após 30 anos de luta, comunicadores das quebradas ainda passam perrengue pra trampar. *Periferia em Movimento*, 23 ago. 2019. Disponível em: http://periferiaemmovimento.com.br/tag/forum-comunicacao-e-territorios. Acesso em: 28 fev. 2024.

BRITO, Felipe de *et al. Até o último homem*: visões cariocas da administração armada da vida social. São Paulo: Boitempo, 2013. (Coleção Estado de Sítio).

BRITO, Felipe de; VILLAR, André; BLANK, Javier. Será guerra? *In*: BRITO, F.; OLIVEIRA, P. R. de (org.). *Até o último homem*: visões cariocas da administração armada da vida social. São Paulo: Boitempo, 2013. (Coleção Estado de Sítio).

BUCCI, Eugênio; KEHL, Maria Rita. *Videologias*: ensaios sobre televisão. São Paulo: Boitempo, 2004. (Coleção Estado de Sítio).

CARTACAPITAL. Cinco famílias controlam 50% dos principais veículos de mídia do país. *CartaCapital*, 31 out. 2017. Disponível em: https://www.cartacapital.com.br/sociedade/cinco-familias-controlam-50-dos-principais-veiculos-de-midia-do-pais-indica-relatorio/. Acesso em: 3 mar. 2024.

CHAUI, Marilena. Comunicação e democracia. *Paulus:* Revista de Comunicação da FAPCOM, v. 1, n. 2, 2º sem. 2017. Disponível em: https://pt.org.br/wp-content/uploads/2018/03/artigomarilenachaui.pdf. Acesso em: 15 fev. 2024.

CHAUI, Marilena. Prefácio. *In*: BUCCI, Eugênio; KEHL, Maria Rita. *Videologias*: ensaios sobre televisão. São Paulo: Boitempo, 2004. (Coleção Estado de Sítio).

CHAUI, Marilena. *Simulacro e poder*: uma análise da mídia. São Paulo: Fundação Perseu Abramo, 2006.

CHAVES, Alessandro Rodrigues. Movimentos sociais no Brasil contemporâneo: o resgate do conceito de classe social e de luta de classes. *Revista Cadernos de Ciências Sociais da UFRPE*, v. 2, n. 7, jul./dez. 2015.

COSTA, Arthur Trindade Maranhão. *Entre a lei e a ordem:* violência e reforma nas polícias do Rio de Janeiro e Nova York. Rio de Janeiro: Editora FGV, 2004.

DIAS, Paulo Eduardo. Operação verão da PM chega a 30 mortos no litoral de SP. *Folha de S.Paulo*, 20 fev. 2024. Disponível em: https://www1.folha.uol.com.br/cotidiano/2024/02/operacao-verao-da-pm-chega-a-30-mortos-no-litoral-de-sp-e-so-fica-atras-do-massacre-do-carandiru.shtml. Acesso em: 22 mar. 2024.

DOWNING, John D. H. *Mídia radical*: rebeldia nas comunicações e movimentos sociais. Tradução: Silvana Vieira. São Paulo: Editora Senac, 2002.

DURIGUETTO, Maria Lúcia. Movimentos sociais e Serviço Social no Brasil pós-anos 1990: desafios e perspectivas. *In*: ABRAMIDES, Maria Beatriz Costa; DURIGUETTO, Maria Lúcia (org.). *Movimentos sociais e Serviço Social*: uma relação necessária. São Paulo: Cortez, 2014.

FANON, Frantz. *Os condenados da Terra*. Tradução: José Laurênio de Melo. Rio de Janeiro: Civilização Brasileira, 1968. (Coleção Perspectivas do Homem).

FANON, Frantz. *Pele negra, máscaras brancas*. Tradução: Renato da Silveira. Salvador: EDUFBA, 2008.

FERNANDES, Francilene Gomes. *Barbárie e direitos humanos*: as execuções sumárias e desaparecimentos forçados de maio (2006) em São Paulo. 2011. Dissertação (Mestrado em Serviço Social) — Pontifícia Universidade Católica de São Paulo, São Paulo, 2011.

FLORENTINO, Giselle; GOULART, Fransérgio. É possível o fim da polícia? *Iniciativa Direito à Memória e Justiça Racial*, 15 jun. 2020. Disponível em: https:// dmjracial.com/2020/06/15/e-possivel-o-fim-da-policia/. Acesso em: 20 fev. 2024.

FOUCAULT, Michel. *Segurança, território, população*. Tradução: Eduardo Brandão. São Paulo: Martins Fontes, 2009.

GÓES, Weber Lopes. A atualidade das práticas eugênicas no Brasil: uma discussão necessária. *In*: SILVA, Givanildo Manoel da (org.). *Quebrando as grades*: liberdade incondicional. São Paulo: Pueblo, 2017.

HADDAD, Fernando. Novo governo pode unir estabilidade e desigualdade. [Entrevista cedida a] Conrado Corsalette e Laila Mouallem. *Nexo Jornal*, 28 dez. 2018. Disponível em: https://www.nexojornal.com.br/entrevista/2018/12/28/Haddad-novo-governo-pode-unir-estabilidade-e-desigualdade. Acesso em: 1º jan. 2019.

IAMAMOTO, Marilda Villela. *Serviço Social em tempo de capital fetiche*: capital financeiro, trabalho e questão social. São Paulo: Cortez, 2010.

IANNI, Octavio. *Capitalismo, violência e terrorismo*. São Paulo: Civilização Brasileira, 2004a.

IANNI, Octavio. *O pensamento social no Brasil*. Bauru: Edusc, 2004b.

IASI, Mauro. As manifestações de massa e a dimensão estratégica. *In*: ABRAMIDES, Maria Beatriz Costa; DURIGUETTO, Maria Lúcia (org.). *Movimentos sociais e Serviço Social*: uma relação necessária. São Paulo: Cortez, 2014.

LAZZARINI, Álvaro. *Estudos de direito administrativo*. 2. ed. São Paulo: Revista dos Tribunais, 1999.

LEAL, Gabriel. *Fundamentos filosóficos, políticos e educativos da polícia*. 2015. Tese (Doutorado em Direito) — Pontifícia Universidade Católica de São Paulo, São Paulo, 2015.

LEITE, Marcelo. Ilusões reencontradas: a palavra da imprensa e suas aparentes facilidades. *Revista USP*, São Paulo, n. 37, p. 144-151, mar./maio 1998.

LOPES, Débora. Projeto de lei Mães de Maio quer apoiar vítimas da violência estatal em SP. *Ponte*, 8 dez. 2020. Disponível em: https://ponte.org/projeto-de-lei-maes-de-maio-quer-apoiar-vitimas-da-violencia-estatal-em-sp/. Acesso em: 28 fev. 2024.

MATOS, Ronaldo. *Pesquisa Fórum Comunicação e Territórios*. São Paulo: Fundação Rosa Luxemburgo, 2019.

MBEMBE, Achille. *Necropolítica*: biopoder, soberania, estado de exceção e política da morte. Tradução: Renata Santini. São Paulo: N-1 Edições, 2018.

MENDONÇA, Jeniffer. Tarcísio acata pedido e ex-PM absolvido por chacina de Osasco vai voltar a trabalhar na polícia. *Ponte*, 4 maio 2023. Disponível em: https://ponte.org/tarcisio-acata-pedido-e-ex-pm-absolvido-por-chacina-de-osasco-vai-voltar-a-trabalhar-na-policia/. Acesso em: 28 fev. 2024.

MONJARDET, Dominique. O *que faz a polícia*: sociologia da força pública. Tradução: Mary Amazonas Leite de Barros. 2. ed. 2. reimpr. São Paulo: Edusp, 2012. (Coleção Polícia e Sociedade).

MONTAÑO, Carlos; DURIGUETTO, Maria Lúcia. *Estado, classe e movimento social*. São Paulo: Cortez, 2010. (Biblioteca Básica do Serviço Social).

NETO, Paulo de Mesquita. Violência policial no Brasil: abordagens teóricas e práticas de controle. *In*: PANDOLFI, Dulce Chaves *et al.* (org.). *Cidadania, justiça e violência*. Rio de Janeiro: Editora FGV, 1999.

OLIVEIRA, Isaura Isoladi de Mello Castanho; PAVEZ, Graziela Acquaviva. Vidas nuas, mortes banais: nova pauta de trabalho para os assistentes sociais. *Serviço Social & Sociedade*, São Paulo: Cortez, ano XXIII, n. 70, p. 80-91, 2002.

ORTEGAL, Leonardo. Relações raciais no Brasil: colonialidade, dependência e diáspora. *Serviço Social & Sociedade*, São Paulo: Cortez, n. 133, p. 413-431, set./dez. 2018.

PEREIRA, Tatiana. Movimentos urbanos: lutas e desafios contemporâneos. *In*: ABRAMIDES, Maria Beatriz Costa; DURIGUETTO, Maria Lúcia (org.). *Movimentos sociais e Serviço Social*: uma relação necessária. São Paulo: Cortez, 2014.

PINHEIRO, Paulo Sérgio; ALMEIDA, Guilherme Assis de. *Violência urbana*. São Paulo: Publifolha, 2003.

PONTES, Beatriz Maria Soares. Os suportes epistemológicos dos movimentos sociais. *Revista Movimentos Sociais e Dinâmicas Espaciais*, Recife, v. 4, n. 1, p. 46-85, 2015.

PONTES, Maria Marcela Carvalho. Apartação, encarceramento e genocídio: fetichismo e violência estrutural da acumulação capitalista. *In*: SILVA, Givanildo Manoel da (org.). *Quebrando as grades*: liberdade incondicional. São Paulo: Pueblo, 2017.

RAMOS, Beatriz Drague. Novo julgamento da maior chacina da história de SP acontece na próxima semana. *Ponte*, 16 fev. 2021. Disponível em: https://ponte.org/novo-julgamento-da-maior-chacina-da-historia-de-sp-acontece-na-proxima-semana/. Acesso em: 28 fev. 2024.

RODRIGUES, Alda Gonçalves. *Direitos humanos:* a dignidade da pessoa humana nas relações da polícia militar do estado de São Paulo. 2018. Tese (Doutorado em Direito) — Pontifícia Universidade Católica de São Paulo, São Paulo, 2018.

ROSA, Paulo Tadeu Rodrigues. *Responsabilidade do Estado por atos das forças policiais.* 2000. Dissertação (Mestrado) — Faculdade de História, Direito e Serviço Social, Universidade Estadual Paulista, 2000. Disponível em: https://repositorio.unesp.br/items/72f49a6c-2919-4a4d-a1da-8ce15d3c4094. Acesso em: 18 fev. 2024.

RUIZ, Jefferson Lee de Souza. Comunicação como um direito humano. *In*: RUIZ, Jefferson Lee de Souza; SALES, Mione Apolinário (org.). *Mídia, questão social e Serviço Social*. São Paulo: Cortez, 2011.

SALES, Mione Apolinário. Mídia e questão social: o direito à informação como ética da resistência. *In*: RUIZ, Jefferson Lee de Souza; SALES, Mione Apolinário (org.). *Mídia, questão social e Serviço Social*. São Paulo: Cortez, 2011.

SALVADORI, Fausto. Sob Doria, PM de SP mata como nunca e prende cada vez menos. *Ponte Jornalismo*, 25 jul. 2020. Disponível em: https://ponte.org/sob-doria-pm-de-sp-mata-como-nunca-e-prende-cada-vez-menos/#:~:text=Nos%20%C3%BAltimos%20nove%20meses%2C%20entre,cometidas%20por%20policiais%20de%20folga. Acesso em: 20 fev. 2024.

SANTOS, Sales Augusto dos. *A formação do mercado de trabalho livre em São Paulo:* tensões raciais e marginalização social. 1997. Dissertação (Mestrado) — Universidade de Brasília, Brasília, 1997.

SCHERER-WARREN, Ilse. Movimentos sociais e pós-colonialismo na América Latina. *Ciências Sociais Unisinos*, São Leopoldo, v. 46, n. 1, p. 18-27, jan./abr. 2010.

SIMONINI, Léo. Entrevista: "Se bandido reagir, vai para o cemitério", diz João Doria em Minas. *O Tempo*, 12 fev. 2019. Disponível em: https://www.otempo. com.br/politica/se-bandido-reagir-vai-para-o-cemiterio-diz-joao-doria-em-minas-1.2135557. Acesso em: 20 fev. 2024.

SOARES, Luiz Eduardo. *Desmilitarizar*: segurança pública e direitos humanos. São Paulo: Boitempo, 2019.

SODRÉ, Nelson Werneck. *História militar no Brasil*. São Paulo: Expressão Popular, 2010.

SOUZA, Sávio Reis. *Quem comanda a segurança pública no Brasil*. Belo Horizonte: Letramento, 2015.

VARGAS, João Costa. A diáspora negra como genocídio: Brasil, Estados Unidos ou uma geografia supranacional da morte e suas alternativas. *Revista da ABPN*, v. 1, n. 2, jul./out. 2010. Disponível em: https://abpnrevista.org.br/site/article/view/289. Acesso em: 18 fev. 2024.

VAZ, Ana Lúcia. Jornalismo para escapar da correnteza *In*: RUIZ, Jefferson Lee de Souza; SALES, Mione Apolinário (org.). *Mídia, questão social e Serviço Social*. São Paulo: Cortez, 2011.

VELASCO, Clara; GRANDIN, Felipe; REIS, Thiago. Número de pessoas mortas pela polícia cresce no Brasil em 2019; assassinatos de policiais caem pela metade. *G1*, 16 abr. 2019. Disponível em: https://g1.globo.com/monitor-da-violencia/noticia/2020/04/16/numero-de-pessoas-mortas-pela-policia-cresce-no-brasil-em-2019-assassinatos-de-policiais-caem-pela-metade.ghtml. Acesso em: 5 maio 2019.

VELASCO, Clara *et al*. Número de pessoas mortas pela polícia cresce no Brasil no 1º semestre em plena pandemia; assassinatos de policiais também sobem. *G1*, 3 set. 2020. Disponível em: https://g1.globo.com/monitor-da-violencia/noticia/2020/09/03/no-de-pessoas-mortas-pela-policia-cresce-no-brasil-no-1o-semestre-em-plena-pandemia-assassinatos-de-policiais-tambem-sobem.ghtml. Acesso em: 28 fev. 2024.

VIEIRA, Hermes; SILVA, Oswaldo. *História da Polícia Civil de São Paulo*. São Paulo: Companhia Editora Nacional, 1955. (Coleção Brasiliana da Biblioteca Pedagógica Brasileira).

WACQUANT, Loïc. *As duas faces do gueto*. São Paulo: Boitempo, 2008.

GRÁFICA PAYM
Tel. [11] 4392-3344
paym@graficapaym.com.br